中國古代名女人

蘇同炳 著

序

中國素來被稱為是世界上文獻資料最豐富的文明古國，自古以來流傳至今的各種正、雜、野史及小說稗官之類有關歷史記載的資料，汗牛充棟，浩如煙海。但因古代中國人素來懷有重男輕女的性別歧視之故，總覺得既是女人，就應該老實待在家裡盡她的賢妻良母本分，如果也要像男人一樣地舞文弄墨，招權攬柄，未免是牝雞司晨，非家庭之福。基於這種「女子無才便是德」的不平等思想。自古以來，正不知有多少富於才華的女性活生生被剝奪了讀書求知的權利，當然也喪失了她們發明與創作的機會：即使其中偶然有少數女性得以稍露頭角，也決無廣大空間可以容其充份發揮。所以，一部二十四史的卷帙雖繁，有關古代女性的紀錄，卻不過只有幾百篇賢母，節婦、烈女的傳記，所謂閨藻、閨才，與閨奇，只在古今圖書集成的閨媛典中留著一些有限的資料，如果希望進一步從這些有限資料中為其中人物撰寫較為具體的傳記文字，往往因文獻無徵之故，而有無從入手之苦。人類文明的創建並非只是男性的貢獻；然而，古代女性對於國家與社會的貢獻雖多，卻因古人對女性的蓄意歧視而遭不合理之排斥，顯非事理之平。為此之故，自民國創建以來，也已曾有不少表揚女性同胞具體貢獻的著作出現，如中國婦女文學史、中國女性的文學生活、女性詞話等等，頗能使現代讀者了解到，古代中國女性在文學創造方面已有何等樣的不平凡成績。但因這些著作大多只著重於文學方面，對於古代女性在政治、軍事、藝術等等方面的成就如何，殊少涉及，則亦未免有偏枯之憾。所以筆者很希望在涉獵史書之餘，在這些方面能夠作一些補充，以為發揚古代中國女性的潛德幽光，略盡個人之棉薄。

民國七十一年前後，朱慧夫先生主持暢流雜誌的編政。朱先生邀我為暢流寫稿，我即以「中國歷史上的名女人」為總名，在該刊撰寫了二十位左右的中國古代女性的傳記，輯錄在一起，就成了這本小書。中國古代女性中的有名人物當然不止我所撰寫的這幾位，但一則因資料蒐集有困難，並不是每一個有名人物的事蹟都足夠寫成一篇內容充實的傳記；二則若干赫赫有名的人物早已有人寫過專傳，如果筆者別無新創，則為了避免剽襲雷同之嫌起見，亦不宜冒昧從事。因此，當時所寫成的就只有這些。其後，暢流雜誌社的內部人事有更迭，我亦停止撰寫。以致整個編撰工作未能照原定目標充分實現，說來殊堪惋惜。

當年在暢流雜誌上撰寫古代中國名女人的傳記時，雖然寫作成績不甚理想，但所投注下去的時間與精力卻甚為可觀，而且自覺也頗有若干新意。謬承國文天地雜誌社林社長慶彰先生之厚愛，特地將此書列入國文天地叢書之內，深感榮幸，謹在此申致誠摯之謝意。此外，對於朱慧夫先生當年約我寫稿的一段文字因緣，亦應永誌不忘，一併於此表示對朱先生的感謝。

蘇同炳　一九九〇年　聖誕節寫於南港寓廬

目次

一、萬里和親王昭君

中國歷史上有所謂「四大美人」——西施、貂蟬、王昭君、楊貴妃。她們當然都有資格被稱為中國歷史上的名女人，只可惜貂蟬不知道是否真有其人。至於其餘三人，則各有一段哀感頑豔的故事使她們名垂不朽。西施和楊貴妃的故事，留待以後再寫，現在且來談談王昭君的故事。

王昭君名嬙，湖北秭歸縣人，漢元帝時被選入後宮，後來以「和番」的故事名垂青史。關於她的故事，有一部通俗體的民間小說「昭君和番」，流傳極為廣泛。一般讀者對於王昭君的歷史認識，大半得之於這部小說的傳播。只可惜牠的內容太荒誕也太膚淺，實在不值得去讀牠。

根據通俗小說「昭君和番」中的描寫，昭君本是絕色美女，在漢元帝時應詔選入皇帝後宮。皇帝命畫工毛延壽為各地選來的美女畫像，毛延壽向王家索重賂。昭君自恃貌美，拒不應命。於是毛延壽就在昭君畫像的眼下加一黑點，對皇帝說是昭君面有淚痣，主不祥。因此昭君在入宮後就被冷落一旁，永不能得皇帝之召幸。其後，此一秘密在偶然的機會中被戳穿，皇帝發現昭君的臉上根本沒有什麼「淚痣」，大加寵幸，又追問出當初被冷落的原因是由毛延壽索賄未遂，在畫像上故意做了手腳之故，於是，毛延壽的欺君之罪發作了。皇帝下令逮捕毛延壽，欲將他置於死地，不料毛延壽卻藏了昭君的畫像逃往匈奴，以之獻於匈奴單于，並煽動單于興兵入侵，以圖奪取此一絕色美女。漢朝的兵馬無法抵敵匈奴的入侵大軍，京城被圍，情勢危急，單于指名要以王昭君為退兵講和的條件，皇帝雖愛昭君，苦無保全之力。昭君雖已被皇帝冊為皇后，此時卻不得不將她送與單于。和親成立，昭君隨匈奴單于北去，至大黑河，昭君投水自殺，結束了此一絕代美女的不幸遭遇。其後，昭君之妹長大成人，仍嫁與漢元帝，卒能興兵大破匈奴，為昭君復仇云。此一故事雖然極為荒誕不經，卻是廣大社會千千萬萬讀者所了解的昭君故事。通俗小說的傳播力量如此廣大而深入，著實使人震驚。

通俗小說的作者，因為不懂歷史而虛構妄誕不實的歷史故事，這種基於缺乏認識而來的錯誤，還可以原諒；如果知識水準很高的文化人也犯此錯誤，就未免太可笑了。然而，在唐宋以來所流傳的詩詞中，居然也多有以通俗小說的觀點而對昭君和番的故事大發其荒唐議論的。如元人王思廉的詩云：

黃沙堆雪暗龍庭，

馬上琵琶掩淚聽。
漢室和戎無上策，
錯教紅粉怨丹青。

又，清人林豪的詩云：

千秋哀怨寫琵琶，
萬里和戎出漢家。
果是安邊無別策，
忍教紅粉度龍沙。

又，清人郭名昌之詩：

北庭邊釁感初開，
太息官家乏將才。

意賴紅顏銷虜氣，
論功也合畫雲臺。

這些詩都以為，昭君之所以遠嫁匈奴，正是由於漢朝中國畏懼匈奴之強，靖邊無計，始不得不出此下策，而昭君乃成了可憐的犧牲品。所以詩中除了指摘漢朝政府之禦戎無策外，對於昭君的遭遇，也一貫出以「哀怨」、「太息」、「掩淚」之類的辭藻，與通俗小說所描寫的殊無二致。但如以漢元帝遣嫁昭君時的歷史背景而言，這些詩作所描寫的昭君心情顯然與事實不符。

對於漢元帝遣嫁昭君的史實，史書所記，殊欠詳盡，但亦仍不難窺見其大致之梗概。先摘敘有關史籍之記述，然後再加論列。前漢書匈奴傳：

竟寧元年，單于復入朝，禮賜如初，加衣服錦帛絮，皆倍於黃龍時。單于自言：願婿漢氏以自親。元帝以後宮良家子王嬙，字昭君，賜單于。單于懽喜，上書願保塞，上谷以西至敦煌，傳之無窮，請罷備邊塞吏卒，以休天子人民。……王昭君，號寧胡閼氏，生一男，伊屠知牙斯，為日逐王。

後漢書匈奴傳：

昭君字嫱，南郡人也，元帝時以良家子選入掖庭。時呼韓邪來朝，帝敕以宮女五人賜之。昭君入宮數歲，不得見御，積悲怨，乃請掖庭令求行。呼韓邪臨辭大會，帝召五女以示之。昭君豐容靚飾，光明漢宮，顧景裴回，竦動左右。帝見大驚，意欲留之，而難於失信，遂與匈奴。生二子。……

資治通鑑卷二十九漢紀第二十一：

漢元帝竟寧元年春正月，匈奴呼韓邪單于來朝，自言願婿漢氏以自親。帝以後宮良家子王嫱，字昭君，賜單于。

綜合這些記載，可知漢元帝之遣嫁昭君，乃出於匈奴呼韓邪單于入朝皇帝時所提出之請求，而昭君自動向掖庭令提出願意前往的願望，於是皇帝乃以之賜與呼韓邪單于。這些記事中沒有毛延壽畫像的情節，記載這一情節內容的，是「西京雜記」，其所說如此：

元帝後宮既多，不得常見，乃使後宮圖形，按圖召幸之。諸宮人皆賂畫工，多者十萬，少者亦不減五萬，獨王嬙不肯，遂不得見。匈奴入朝，求美人為閼氏，於是上案圖以昭君行。及去召見，其貌為後宮第一，善應對，舉止閑雅。帝悔之，而名籍已定，帝重信於外國，故不復更人。乃窮案其事，畫工皆棄市，藉其家貲，皆巨萬。畫工有杜陵毛延壽，為人形，醜好老少必得其真。安陵陳敞、新豐劉白、龔寬，並工為牛馬飛鳥眾勢，人形好醜，不逮延壽。下杜陽望……樊育，亦善布色，同日棄市。京師畫工，於是差稀。

西京雜記的作者是南北朝時的梁人吳均，其生存時間雖然已與昭君和番故事的發生時間相去五百餘年，其說未必無據。因為正史有其一定的體裁，無法詳記一切故事的內容曲折；而雜史無此顧慮，所以很多有關古代宮廷的雜事秘辛，反可藉此而流傳至今。我們很可以這樣推想，在吳均寫作西京雜記時，有關漢代宮廷的很多雜史秘史，必定尚有甚多流傳於世，吳均根據這些資料加以搜輯紀錄，乃使我們在今日仍能窺知其中之一二。如其不然，只由兩漢書及資治通鑑之簡單紀錄，決無法窺知若干史事之隱秘，如王昭君故事中的畫工圖形部分，即是其明顯的事例。皇帝後宮太多而無法一一召幸，不僅漢元帝有此困難，在後來的晉武帝身上，亦可找到類似的事例。

史稱晉武帝平吳之後，吳宮佳麗，悉充內陳，以致晉武帝的後宮美女，多至數千。晉武帝既因後宮人數太多而無法決定取捨，就特別製造了一輛以山羊來牽輓的小型座車。任憑駕車的山羊將他拉到那一個宮裡，就在那個宮裡歇宿。皇帝的妃嬪們為了爭取皇帝的雨露之恩，挖空心思來爭取駕車山羊的好感。她們或則在寢宮門前懸掛竹葉，以吸引羊兒的注意，或則在宮門外的車道上舖灑鹽汁，使羊兒嗅尋鹽味而將皇帝的座車拉到門前來。爭奇鬥勝，各出心智，在歷史上成為一個趣談。晉武帝的羊車，其妙處不遜於漢元帝的美女畫；只是，羊車故事有晉書胡貴嬪傳中的記載可憑，兩漢書未為王昭君立傳，以致我們只能在西京雜記中窺見其梗概，其價值不免稍遜於正史。不過，雜史的記載往往可補正史之不足，西京雜記的記載雖不見於兩漢書，仍有其一定的參考價值，不可因正史之缺載而忽視之。由此可知，通俗小說所寫的昭君和番故事雖然荒誕不經，有關毛延壽為昭君作畫像的部分，還是有史可證的。只是，這一部通俗小說，除了這一部分尚有史實可憑之外，其餘部分，就完全是荒誕不經的「齊東野語」了。別的不說，只就「和番」二字而言，就完全不合當時的歷史背景。

中國歷代以來所遭受的敵國外患，向來以北方的胡族為甚。如漢之匈奴，唐之突厥，宋之契丹、女真、蒙古，明之韃靼、建州等，均是顯著的事例。他們在種族上雖有差異，所處的地理位置都在中國的北方，所造成的侵略禍害亦大致相同。匈奴是漢朝中國的最大禍害，其盛衰的過程幾乎與漢朝的歷史為始終，但在最後卻為漢朝所臣服，則可證明，漢朝中國的抗敵禦外，還是很成功的。

匈奴崛起於戰國之末，盛於秦漢之際，秦始皇築長城，目的即在限制胡騎之南下。漢高祖平城之圍，賴陳平之奇計始能脫出困厄。在這一段時期中，匈奴的國勢最強，控弦之士百萬，隨時隨地都在虎視耽耽準備伺隙入侵中國。而中國則因在久亂之後，國力衰耗，無法展開有力的反擊，只好憑堅自守，努力防範匈奴之入侵。即使如此，北方的沿邊郡縣，還是屢次遭受匈奴的入侵之害，人口被殺，牲畜被擄，受害極深。一直到了漢武帝之世，中國在經歷了六、七十年的休養生息之後，國力漸充，士馬精強，有能力展開湔雪國恥的復仇行動了。於是，漢武帝採取了以攻為守的國防政策，調發數十萬大軍，先後以衞青、霍去病等人為大將軍，懸軍千里，絕漠遠征，開始對匈奴展開大規模的討伐。當時的中國，兵強將勇，騎射之術極精，匈奴戰既不勝，只有遠遁於沙漠之北，以逃避中國大軍之撻伐。據前漢書匈奴傳所記，在漢武帝大舉征伐匈奴的時期中，「漢兵深入窮追，二十餘年，匈奴孕重墮犢，罷極苦之。」這意思是說，由於長時期遭受漢朝大軍的窮追猛擊之故，匈奴部落竟至連立足喘息的時間都沒有，懷妊的人口與牲畜，都因為亡命窮奔而致墮胎死亡，狼狽之極。人畜不能繁衍，國力自然耗竭，如果再遇上災荒疫癘，自然更要死亡載途，凋殘之甚的了。可知早時的匈奴雖稱強大，到了漢武帝的時代，已經大非昔比。不過，這種情形到了漢武帝的後期，又漸有變化。

漢武帝時，中國之所以能大破匈奴，追奔逐北，除了士馬精強，國力富盛之外，主要原因，還是由於當時有衞青、霍去病等一班不世出的名將。霍去病死於漢武帝元狩六年；其後六年，即漢武帝之元封六年，衞青亦死。此後，漢武帝所倚以對付匈奴的主將，是貳師將軍李廣利。此人的才智，遠不及衞霍。衞青死後又十五年，即漢武帝之征和二年，皇帝再命李廣利領大軍出塞，在回師至燕然山之際，遭匈奴大軍遮截，漢軍久戰疲乏，竟告大亂崩潰，李廣利亦被擒投降。自此以至終武帝之世，漢軍再無大舉深入之能力。而匈奴雖一戰而勝，亦因國力虛耗，無力入侵，與漢朝中國形成對峙之局。歷昭、宣二帝而至元帝，中間相隔又五十餘年，漢朝雖再無衞青、霍去病的赫赫武功，也決不致於衰弱到一任匈奴大軍入侵而束手無策。反過來看，因國力虛耗而至於無以立國的，正是因一再戰敗而凋殘不堪的匈奴。這在前漢書的匈奴傳中，就有明白的敘述，可以參看。

前漢書匈奴傳的文字冗長，敘次雖詳。苦於難得要領，而其文字艱深，尤其容易使人望而卻步。今按其敘述內容略加整理，並以較淺明的文字為之說明，庶見次第，而清眉目。

西元前九十年，即漢武帝之征和二年，李廣利兵敗降敵。

征和四年，匈奴狐鹿姑單于致書漢朝，要求和親。其要點有三：第一，取漢女為妻；第二，中國歲給匈奴酒一萬石，米五千斛，繒一萬疋；第三，如約則匈奴不侵中國邊疆。漢武帝以匈奴有要挾勒索之意，置之不理，匈奴亦無可奈何。

漢武帝後元元年，冬，匈奴連雨雪數月，畜產死亡，穀稼不熟，人民疾病。自單于以下，愈有和親之意。

漢昭帝始元二年，匈奴狐鹿姑單于死，其弟右谷蠡王及右賢王等與左谷蠡王爭立，諸部分裂。

始元六年，匈奴遣漢使臣蘇武等歸漢，藉此通達匈奴欲與中國和平相處之意。

漢昭帝元鳳元年，匈奴寇邊，為漢軍所敗，俘獲其甌脫王。匈奴恐中國以甌脫王為嚮導來攻，遠遁西北。

元鳳二年，張掖太守及屬國都尉大破匈奴犁汙王所部。

元鳳三年，度遼將軍范明友破烏桓，匈奴聞而震恐。

元鳳四年，匈奴遣使至烏孫，索漢公主，公主求救。

漢宣帝本始二年，漢大發兵救烏孫，出塞大軍二十餘萬，分東西夾擊匈奴。匈奴老弱奔走，毆畜產遠遁。是役，匈奴人民及畜產因移徙而致死亡者數十萬，遂益衰耗。

本始三年，匈奴攻烏孫。還師之際，值大雨雪，一日深丈餘，人畜凍死，還者不能什一。於是烏桓、丁零、烏孫等乘虛攻之，所殺人馬數萬，牛羊不計其數，匈奴大困。

宣帝地節二年，匈奴歲飢，人民畜產死者逾半數。

地節三年，西域諸城邦共發兵，擊破匈奴之附庸車師。

地節四年至元康四年，匈奴發兵萬餘騎，與漢爭車師地，相持不下。

神爵元年，丁零侵掠匈奴之北境，殺虜其人畜。

神爵四年，匈奴握衍朐鞮單于凶暴殺戮，國人不附，共立虛閭權渠單于之子稽侯狦為呼韓邪單于，發兵攻之。握衍朐鞮單于兵敗被殺。其冬，匈奴左大且渠都隆奇等又立屠耆單于，攻呼韓邪單于而敗之。

宣帝五鳳元年，匈奴五單于並立，互相攻戰。

五鳳二年，匈奴分為三部，呼韓邪居單于庭，閏振單于居西，郅支單于居東，三部各不統屬。

五鳳四年，匈奴郅支單于攻殺閏振單于，乘勝攻呼韓邪單于，為呼韓邪所敗。

宣帝甘露元年，呼韓邪及郅支單于各遣子入侍漢朝。

甘露三年，呼韓邪單于入朝漢宣帝於甘泉宮，自請留居塞下，為中國盡保邊之責。郅支單于聞漢助呼韓邪，遂西向烏孫，謀與烏孫協力敵漢。

宣帝黃龍元年，呼韓邪單于再入朝，賜賚稠疊。

漢元帝初元四年，郅支單于徙居堅昆，其地東去單于庭七千里。

初元五年，匈奴呼韓邪單于所部人畜繁茂，郅支畏而西奔康居。

建昭三年，郅支單于侵西域，為西域都護甘延壽、副校尉陳湯所破，斬其首。呼韓邪單于畏懼，上書願朝見。

竟寧元年，呼韓邪入朝，元帝以昭君賜之。

上文所說中國匈奴之間的關係史事，起自漢武帝之征和四年，迄於漢元帝之竟寧元年，前後凡五十七年。在這五十七年之中，漢朝雖再無衛青、霍去病等一班名將可對匈奴大張撻伐，而匈奴之對中國，卻已由敵對地位而逐漸去其桀驁不馴之態，終且完全臣服於中國。匈奴自漢初即為中國的北方大敵，至此降服中國，自是中國之莫大喜訊。因此漢元帝特別為此下詔改元，稱為「竟寧」元年。所謂「竟寧」的意思，就是說，擾攘一百餘年的胡虜之患，至此而竟告寧息。此與王昭君之被賜號為「寧胡閼氏」，正是同一意義。這說明了一項明顯的事實——一百多年來中國與匈奴間的長期戰爭，至此告一段落，而中國則是勝利的一方。通俗小說的作者不明白這一段歷史的真相，竟以漢元帝之遣嫁昭君為被逼迫而不得已的「和番」，豈不是太荒唐的錯誤？

中國自漢唐以來，不乏以公主或皇室宗女遠嫁邊方四裔的事例；如漢代公主之嫁烏孫，唐代公主之嫁吐蕃，均是。這一類的中外通婚，其作用在增進民族間的情誼，改善外交關係，其立場是對等的而非屈辱的。所以，這種樣的婚姻，只可稱之為「和親」，而不可稱之為「和番」；因為和親是友善的，而和番則顯然寓有以屈辱條件換取和平之意，並不合於當時的事實。王昭君嫁與匈奴呼韓邪單于，當然是和親而並非和番。此不但兩漢書的記載甚明，由前述西漢時代中國匈奴間的關係史事試予覆按，更可以明白確定。後世文人，不明瞭這種歷史背景，專以悲歎昭君身世及指責漢朝政府之積弱無能，惟恃昭君為和番退敵之計云云為著眼點，大做其悼傷惋惜的詩詞，無疑是很失實的描寫。不過，歷史上以公主身分擔任和親使節的女子，並不僅只王昭君一人。如漢朝之細君公主遠嫁烏孫，唐朝的文成公主遠嫁吐番，她們在融和民族感情、交流文化關係中的貢獻都很大，有關她們的生平事蹟卻很少流傳，這就與「昭君和番」故事把昭君寫成了一個不幸的悲劇人物，大有關係了。由此而言，昭君和番的故事雖然不合史實，卻也未始不是昭君的功臣。如其不然，王昭君遠嫁匈奴，勢必也不會在人們的記憶中烙下如此深刻的印象了。

二、燕啄皇孫漢祚衰——趙飛燕的故事

唐人駱賓王所作的「討武曌檄」中，有這樣幾句話：

燕啄皇孫，知漢祚之將盡；

龍漦帝后，識夏庭之遽衰。

這兩聯對偶的文句分別代表兩個典故：前一個典故指漢成帝因寵愛趙飛燕而致子嗣零落，後一個典故指周幽王因寵愛褒姒而致失國。周幽王的故事與本文無涉，可以不論。至於漢成帝寵愛趙飛燕，何致就是「燕啄皇孫」？則可以看漢書外戚傳中的記載：

先是，有童謠曰：「燕燕尾涎涎，張公子，時相見。木門倉琅根，燕飛來，啄皇孫。皇孫

死，燕啄矢。」成帝每微行出，常與張放俱，而稱富平侯家，故曰張公子。倉琅根，宮門銅鍰也。

童謠出現於漢成帝出宮微行之時。此時漢成帝尚未與趙飛燕相遇，童謠中就預言她要啄盡漢家之皇孫，足證趙飛燕果真是「上應圖讖」之人。趙飛燕是否真的上應圖讖，註定要由她來斷送漢家的江山？這種說法顯然太迷信附會。事實上，如果不是漢成帝性好漁色而屢屢微行私出，漢朝的江山又何致斷送於趙飛燕之手？所以，這個問題的關鍵還是在漢成帝身上，趙飛燕只是故事中的次要人物而已。

趙飛燕的事迹，見於漢之外戚傳。但漢書文字殊為簡單，寥寥數百字之中，略述趙飛燕和她的妹妹合德如何得成帝專房之寵，以及如何殘害後宮妃嬪所產皇子的情形，只略見梗概而已。「飛燕外傳」所述雖詳，但卻多涉誇誕不可信。在文獻缺略的情況之下，只能就史料所及的範圍內作儘可能的研究探討，藉以明其大概。

首先所需要了解的，是漢成帝究竟是怎樣一個皇帝？

西漢的皇帝，比較為人所熟悉的是漢高祖、漢文帝、漢景帝、漢武帝、與漢宣帝。漢高祖是流氓氣息極重的草莽英雄人物，因為他是漢朝的開國皇帝，所以大家對他都有深刻的認識。漢文帝節儉愛民，漢景帝謹守祖父基業，文景之治，卓然可觀。漢武帝雄才大略，開疆拓土，振大漢天威於絕域之外，就這一份不平凡的英主氣慨，就足以在歷史上名垂不朽。漢宣帝英明幹練，政柄獨操，是振衰起敝的有為之君。除此之外，則漢惠帝只是庸黯無識之愚人，漢哀帝性好龍陽，而漢元帝漢成帝父子則是最耽溺於女色的登徒子，雖然都沒有賢聲可稱，其生平行事，卻也別具一格。西漢的國運從漢宣帝以後開始走下坡，就是因為元、成、哀、平這一連串中下之材成為國家領袖之故。至此，我們對於漢成帝究竟是怎樣一個皇帝的問題，多少可以有了大致的觀念。

西漢在宣帝之後，何以會接連出現元帝和成帝這兩個沉溺女色的荒唐皇帝？這顯然與當時的政治環境有關。

漢武帝在位凡五十四年，死時年七十一歲，繼位的昭帝弗陵，乃武帝之幼子，年只八歲。由於嗣皇帝的年紀太小，武帝在生前預作安排，以侍中奉車都尉霍光為大司馬大將軍，受遺詔輔立幼主。昭帝在位十三年而崩，無子，昌邑王賀繼之，淫亂無道，霍光奏請皇太后廢之，另立武帝曾孫病已為帝，是為宣帝。宣帝初立，霍光仍以大將軍身分輔政，直到五年後霍光病死，宣帝方才親政。其後元帝繼立，仿照霍光輔政的故事，以生母許皇后之堂弟許嘉為大司馬車騎將軍輔政，委以朝政大權，而皇帝自己晏然享樂。這種政治慣例一經建立之後，大司馬大將軍或大司馬車騎將軍變成了代行皇帝職權的總管家，相沿而到成帝之世，仍依然不改。由於國家大事有大司馬代為操勞，皇帝可以省去無數的時間與精力來做他自己喜歡做的事，於是乃有元、成二帝之荒唐逸樂，其放縱舒適，遠勝於宣帝以前的任何一個皇帝。西京雜記說：「元帝後宮既多，不得常見，乃使畫工圖形，按圖召幸之。諸宮人皆賂畫工，多者十萬，少者亦不減五萬。獨王嬙不肯，遂不得見。」這就是歷史上最著名的王昭君與毛延壽的故事由來，其發生原因就是因為元帝的後宮美女太多，無法一一召幸，只好畫為圖形，憑畫像所見的妍媸決定取捨，結果乃因毛延壽之作弊而失掉了最美麗的王昭君。漢元帝如此風流好色，根據有其父必有其子的道理，漢成帝必然會因為長時間耳濡目染之故，而變得較其父更為加甚。由其後的事實看來，可以證明此說不錯。

漢成帝名劉驁，元帝之長子，皇后王政君所生。漢元帝生平傷於酒色過度，二十七歲即位，只做了十六年皇帝就死了。死時年只四十三歲。成帝繼立，時年二十歲。當時，他的生母皇太后王氏健在，而皇太后的兄弟甚多。援照宣帝以來歷代皇帝的前例，新皇帝即位，照例要推恩外家，使他們一門富貴。漢成帝為了要取悅母親，當然要照例辦理。因此他一方面使長舅王鳳為大司馬大將軍輔政，一面又盡封王鳳以次諸弟為侯。建始元年正月，亦即成帝即位之第一年，王鳳先封為陽平侯，其諸弟王譚、王商、王立、王根、王逢時並封關內侯。五年之後，王譚封平阿侯，王商封成都侯，王立封紅陽侯，王根封曲陽侯，王逢時封高平侯，一門六侯，貴盛無比。而且不僅如此，在王鳳身死之後，其諸弟王商、王根及姪王莽相繼代為大司馬輔政，權勢鼎盛。皇帝倚信諸舅，事事都由輔政的大司馬代為處理，他自己的空閒時間就太多了。富貴之人多空閒，消遣之法當然很多。上焉者寄志於讀書吟詠，或者從事於考訂古籍金石碑版之學，也就是俗語所說的玩古董；等而下之者，就只是奢侈逸樂，日尋聲色狗馬之好，近於紈袴之一流。明朝的神宗皇帝，二十餘年不視朝，日日宴處深宮，據傳說是因為吸上了鴉片煙之故。這當然又是懶惰皇帝怠荒國事的另一種形態，漢成帝之時，中國尚無鴉片煙，不足以論此。因此之故，這個紈袴皇帝當時所愛好的，不免也還是他得自父親遺傳的那一套：性好漁色，日日與美貌妃嬪為伍而樂此不疲。資治通鑑漢紀在成帝初立皇后許氏之時，就有關於這方面的記載，說：

上自為太子時，以好色聞。及即位，皇太后詔采良家女以備後宮。大將軍武庫令杜欽說王鳳曰：「禮，一娶九女，所以廣嗣重祖也。娣姪雖缺不復補，所以養壽塞爭也。故后妃有貞淑之行，則胤嗣有聖賢之君；制度有威儀之節，則人君有壽考之福。廢而不由，則女德不厭；女德不厭，則壽命不究於高年。……」

杜欽的意思是皇帝正當少年，血氣方剛，不知節制，雖然禮經有皇帝一娶九女，以廣嗣續的說法，實在應該酌量裁節，以免因「女德不厭」而不能克享遐年。假如大將軍王鳳和皇太后都懂得這種節慾以保健康的道理，他們確實應該在這方面多開導皇帝，以免少不更事的皇帝一開始就誤入歧途。然而由上文的敘述中可以知道，少不更事的皇帝不但從小就以「好色」著聞，及即位之後，皇太后還要根據前朝故事，廣采良家美女以備皇帝後宮之選，據說這樣就可以多生兒子，以鞏固嗣統之延續。這真是從那裏說起的話！氣血未充的少年皇帝在二十歲時就開始放縱色慾，所能得到只是反效果——因身體之斲傷過甚而致嚴重影響生育能力，所以雖然即位多年而妃嬪眾多，卻始終未能達到皇太后和大將軍所希望的目標；後宮羆熊無兆，皇帝始終沒有兒子，這真是急煞人的事。此時，皇帝所最寵幸的是皇后許氏與婕妤班氏。建始三年冬十二月初一日，日食。其夜，長安地震。皇帝降詔內外大臣薦舉賢良方正能極言直諫之士，太常丞谷永應詔陳言，以為日食地震的徵兆是因為皇后專寵而起。他說：

陛下即位，委任遵舊，未有過政。元年正月，白氣較然，起乎東方，至其四月，黃濁四塞，覆冒京師，申以大水，著以震蝕，各有占應，相為表裏。百官庶事無所歸倚，陛下獨不怪與？白氣起東方，賤人將興之表也；黃濁冒京師，王道微絕之應也。……

谷永此奏之主要目的，是希望皇帝不要專寵許后，而應該顧及白氣起乎東方，乃「賤人將興之表」的天象感應。所以他建議皇帝，此時應該廣納婦人，「毋擇好醜，毋論年齒」，「陛下得繼嗣於微賤之間，乃反得福」，「解謝上帝之譴怒，則繼嗣蕃滋，災異訖息。」此奏看似根據五行休咎的理論立說，其實別有深意。原來大將軍王鳳深憂皇帝多年無子，特地選擇了一個結過婚又生過兒子的張美人送進宮中，希望借重這個富有生育能力的女人，能為皇帝生個兒子，以資延續皇嗣。但因這個張美人恰好是王鳳小妻之妹，以致引起朝臣之攻訐，以為張美人已曾嫁人生子，如何可以作配至尊？「託為宜子，內之後宮」，祇是王鳳個人的固寵結恩之計，大不敬之甚，因此王鳳的處境極為狼狽。谷永志在結好權門，於此時提出天道感應之說，其目的無非在為王鳳解圍，並不是真有所謂「賤人將興」的天象示警。不過，亦因為谷永憑空結撰了這一番理論，終於為趙飛燕之入宮為后預先舖好了道路，則是他所萬萬想不到的。

谷永的「白氣起乎東方」，乃「賤人將興之表」的五行休咎之說，如何能為趙飛燕之入宮舖路？關於這個問題，當然得從趙飛燕的出身由來說起。

漢書外戚傳中敘述趙飛燕之出身由來，如下文所述：

> 孝成趙皇后，本長安宮人。初生時，父母不舉，三日不死，乃收養之。及壯，屬陽阿主

家，學歌舞，號曰飛燕。成帝嘗微行出，過陽阿主，作樂。上見飛燕而悅之，召入宮，大幸。有女弟復召入，俱為倢伃，貴傾後宮。

照漢書注者顏師古的解釋，「宮人者，省中侍使官婢，名曰宮人，非天子掖庭中也。言長安者，以別甘泉等諸宮省也。」據此云云，則趙飛燕的出身，原是給使長安宮中的侍婢之類；甚至連她的父母亦是這一類的身分，如其不然，就不會在成年之後，被派發到陽阿公主家去擔任歌舞伎的了。以上是根據漢書外戚傳中的記載，若由野史「飛燕外傳」所說，則趙飛燕的出身，又似乎充滿了怪誕神奇的成份，飛燕外傳所記如此：

趙后飛燕，父馮萬金，祖大力，工理樂器，事江都王協律舍人。萬金不肯傳家業，編習樂聲亡章曲，任為繁手哀聲，自號凡靡之樂，聞者心動焉。江都王孫女姑蘇主，嫁江都中尉趙曼。曼幸萬金，食不同器不飽。萬金得通趙主，主有娠。曼性暴妒，且早有私病，不近婦人。主恐，稱疾居王宮，一產二女，歸之萬金，長曰宜主，次曰合德，然皆冒姓趙。宜主幼聰慧，家有彭祖方脈之書，善行氣術，長而纖便輕細，舉止翩然，人謂之飛燕。合德膏滑，出浴不濡，善音辭，輕緩可聽。二人皆出世色。萬金死，馮氏家敗，飛燕妹弟流轉至長安。於時人稱趙主子，或云曼之他子。與陽阿主家令趙臨共里巷，託附臨，屢為組文刺繡獻臨，臨愧受之。居臨家，稱臨女。……

這一大段文字敘述趙飛燕趙合德姊妹的出身來歷雖稱詳盡，但其中卻大有矛盾。例如，馮家雖然在馮萬金死後變為貧困，以致飛燕姊妹流落長安，窮無可倚；但在馮萬金死前並不貧困，何致將所生之二女，不姓馮而冒姓為趙？既然冒姓為趙並無實際利益，則又何必多此一舉？更湊巧的是，趙飛燕姊妹後來託附為陽阿公主家令趙臨的兩女而得以給事主家，由此方能為漢成帝所垂青，選入宮中。然則當年之所以冒姓為趙，恰好便於此時冒充為趙臨之女之名，天下事雖多巧合，恐怕亦不致巧合到如此程度。以與漢書外戚傳所記，趙飛燕姊妹本為長安宮人的情形相比，漢書的記載顯然比較合理。飛燕外傳多此一段曲折，想來只不過是故炫神奇，藉以顯示其書確屬不同凡響，如此而已。由此可以證明，飛燕外傳其實只是一部附會假託成份非常濃厚的小說家言，其可信程度不高，在若干地方或可供參考之用，大部份的內容都不很可信。稗官野史的記載既不足採信，正史的記述雖然簡略，也還是只好取材於正史。

漢成帝在位凡二十六年，其即位後所用年號，稱為建始。其後每四年一改元，在二十六年之中，凡改元七次，前六次的年號均只用至四年為止，後一次的年號更只用到二年，成帝就告崩駕了，享年只有四十七歲，比他的父親漢元帝不過多活了三年而已。漢成帝在即位之初，寵愛許皇后及班倢伃，其後班倢伃又獻進美女李平，亦被立為倢伃，而改其姓為衛，稱衛倢伃。除此之外，後宮之得幸者尚多，但最得寵者只此三人。這種情況維持到漢成帝第四次改元「鴻嘉」之後，逐漸有了轉變。此時皇帝年已三十三歲，不耐於偏促宮禁的單調生活，開始在他的弄臣張放引導之下，出宮微行，四處活動，於是才有與趙飛燕姊妹相遇的機會。張放，即是前引童謠中的「富平侯」，其人在漢書佞幸傳中有名，雖與成帝有中表之親——張放之母為元帝之妹敬武公主，又娶許皇后之妹為妻，與皇帝成為連襟，但竟在佞幸傳中與列朝皇帝的男寵連名並列，實在使人覺得他只夠資格成為皇帝的弄臣。既然身為弄臣，當然會以各種各樣的方式討好皇帝，君臣之間不以道義相結合，其趨勢必然如此。照資治通鑑的記述：「鴻嘉元年正月，上始為微行。從期門郎或私奴十餘人，或乘小車，或皆騎，出入市里郊野，遠至旁縣甘泉、長楊、五柞。鬥雞走馬，常自稱富平侯家人。」這裡面雖然沒有張放的蹤跡，但若由漢書五行志中所記的內容看來，張放常是其中的主要角色。漢書五行志卷中之上記云：

成帝時童謠曰：「燕燕尾涎涎，張公子，時相見。木門倉琅根，燕飛來，啄皇孫。皇孫死，燕啄矢。」其後帝為微行出遊，常與富平侯張放俱稱富平侯家人，過陽阿主家作樂，見舞者趙飛燕而幸之，故曰「燕燕尾涎涎」，美好貌也，「張公子」，謂富平侯也。「木門倉琅根」，謂宮門銅鍰，言將尊貴也。后遂立為皇后。

皇帝與張放同至陽阿主家作樂，在陽阿主家中得遇舞伎趙飛燕而愛幸之，此時的張放，其身分在弄臣與清客之間。這是隨侍在尊貴人物身邊所必不可缺之人，沒有了這樣的清客篾片之人，即使去玩也不能太盡興。因為惟有這樣的人物才會湊熱鬧，出主意，把本來不太有趣的場面變得有趣熱鬧起來，此時如果再有可意之人出現在其間，就更能使皇帝盡情歡樂，至於流連忘返的了。張放所扮演的角色如此，一旦發現皇帝對陽阿主家的舞伎趙飛燕大有顧盼之意，當然會代替皇帝去向公主示意，終於將趙飛燕取回宮中。張放之所以不免歸入佞幸傳而與皇帝的男寵同列，相信這便是他最大的罪過。而自趙飛燕入宮之後，宮廷關係就發生了極大的變化，皇后與班婕妤俱皆被廢，趙飛燕與他的妹妹合德同被專房之寵，趙飛燕在後來並且被立為皇后，充分應驗了「賤人將興」的預兆，實在大大出乎當時人之意料。

飛燕外傳中有一段話描寫漢成帝初幸趙飛燕的情形，十分奇妙而有趣，引述於後：

及幸，飛燕瞑目牢握，涕交頤下，戰栗不迎帝。帝擁飛燕，三夕不能接，略無譴意。宮中素幸者從容問帝，帝曰：「豐若有餘，柔若無骨，遷延謙畏，若遠若近，禮義人也，寧與汝曹婢脅肩者比耶？」……

這一段話說明趙飛燕之能夠特蒙皇帝之寵愛，乃是由於她那種「豐若有餘」而「柔若無骨」的特殊體態，揆之事實，恐不盡然。大家都知道，芭蕾舞家的全身肌肉特別健美而結實，這是因為她們長時間接受艱苦訓練的必然結果，不如此不能使舞姿美妙而體態輕盈。趙飛燕出身於陽阿公主家的歌舞伎，所擅長的是「纖便輕細」而「舉止翩然」的舞技。具備如此條件的女人，必然也曾經過長時間的舞技訓練，又怎能再使她的肌肉保持「豐若有餘」而「柔若無骨」的未訓練以前狀態？所以我們很可以作這樣的推想：飛燕外傳所述的如上種種，其實只是想像揣測之辭，趙飛燕之能得皇帝特殊之愛寵，實情未必如此。至於真正的內情究竟如何？這就必須與趙飛燕後來的情形相參看研究的了。

資治通鑑漢紀，記漢成帝立趙飛燕為皇后以後的情形說：

皇后既立，寵少衰，而其女弟絕幸，為昭儀，居昭陽舍。其中庭彤朱而殿上髹漆，切皆銅沓，黃金塗；白玉階，壁帶往往為黃金釭，函藍田壁，明珠、翠羽飾之，自後宮未嘗有焉。趙后居別館，多通侍郎宮奴多子者。昭儀嘗謂帝曰：「妾姊性剛，有如為人構陷，則趙氏無種矣！」因泣下悽惻。帝信之，有白后姦狀者，帝輒殺之。由是后公為淫恣，無敢言者。然卒無子。

這一段話記述趙飛燕在被立為皇后之後，因為皇帝專寵其妹合德之故而恣為淫亂，足見趙飛燕本是好淫之人。這就與許皇后班婕妤等人有了基本上的區別。中國古代的婦女性情保守，尤其是出身大家閨秀的婦女更重視所謂「婦德」，以貞靜賢淑為尚，決不會以齷齪的房闈之事取悅丈夫，更何況是正位中宮的皇后？班婕妤即是文名籍籍的班昭，漢書外戚傳中有其傳記，稱述她不肯與皇帝同乘一輦，足以媲美於古之樊姬；拘謹如此，當然更不肯以嬖寵自待。與趙飛燕相比，她們之間恰是相去懸絕的兩個極端——許皇后與班婕妤拘謹保守，雖曾得皇帝之愛寵，卻決不肯逾越禮儀，有蕩檢逾閑的放佚之行，而趙飛燕之能得皇帝之寵者恰正在此！試想一想看，趙飛燕身為微賤的舞伎，一旦得蒙皇帝眷顧，凡所以謀結歡固寵的手段，必定無所不用其極。她的個性既然淫蕩，對於房闈之間的事必定十分擅長。皇帝雖然出身天家富貴，對於放浪形骸的房闈之事未必素有經驗，一旦逢此奇遇，豈有不驚為人間仙境而迷戀特甚的道理？這就好像鄉下土財主遇上煙花名妓一樣，在色授魂與之餘，必定甘心拜倒石榴裙下，永為不貳之臣，非傾囊倒篋，耗盡其平生積蓄不止。趙飛燕在得蒙成帝愛幸之後，即刻能得皇帝非常之寵，相信其中的道理必定在此。飛燕外傳中所謂豐若有餘，柔若無骨之說，其實只是三家村學究式的迂腐之談，可供一笑，而並無可信之價值。至於她之終於能夠被立為皇后，顯然也是拜賜於谷永當年所說的那一套「天道感應」的鬼話。

趙飛燕、合德姊妹二人初入宮時，立為倢伃。而自飛燕姊妹入宮之後，許皇后、班婕妤、衛婕妤等人皆失寵，很少再能看到皇帝的面。鴻嘉三年，趙飛燕譖告皇后及班婕妤「挾媚道，詛咒後宮，詈及主上」，許后從此被廢，班婕妤避居太后長信宮以求遠禍，而趙飛燕得立為皇后。這其間還有一段小曲折，引漢書外戚傳所述如下：

許后之廢也，上欲立趙倢伃，皇太后嫌其所出微，甚難之。太后姊子淳于長為侍中，數往來傳語，得太后旨，上立封趙倢伃父臨為成陽侯，後月餘，乃立倢伃為皇后。

皇太后不肯接受以趙飛燕為皇后的事實，是因為趙飛燕的出身實在太微賤。不過這也已經有了谷永的理論可以作擋箭牌：「白氣起東方，賤人將興之表也。」立微賤之人為皇后，由此得生皇子，可以上應天象，「解謝上帝之譴怒，則繼嗣蕃滋，災異訖息。」既有此理論為憑，皇太后自然沒有堅決拒絕的理由。何況成帝乃太后之獨子，素來姑息成習，事實上亦決無法堅拒到底。

所以，在經過淳于長的一番折衝奔走之後，皇太后終於只好接受皇帝的要求，在先封趙飛燕之父趙臨為侯之後一個多月，趙飛燕乃可以成陽侯之女的身分，冊立為皇后，其妹合德亦進位為昭儀。姊妹專寵的結果，接下來便是「燕飛來，啄皇孫」的故事了。

趙飛燕被立為皇后，時在漢成帝永始元年之六月，亦即皇帝即位後之第十七年，距許皇后之廢，歷時一年有半。當時，皇帝三十七歲。自此以至成帝之崩，尚有九年，正是趙飛燕姊妹專寵後宮的全盛時代。漢書成帝本紀在趙后既立之後的第四年，有如下一條記事，說：

是歲，昭儀趙氏害後宮皇子。

按漢書成帝本紀的紀年，這一年是元延元年，皇帝即位之後的第六次改元。昭儀趙氏殘害後宮皇子的事實，漢書外戚列傳在哀帝即位之後方纔因司隸校尉解光之奏陳予以公開披露，解光的奏本，大致內容如下：

根據傳聞所說，成帝後宮的許美人已故中宮史曹宮二人，都曾蒙成帝之御幸，產有皇子，而此二皇子目今都已不知下落。

臣遣從事掾史二人按問知悉此事的掖庭獄丞籍武，已故中黃門王舜、吳恭、靳嚴，宮婢曹曉、道房、張棄，及已故的趙昭儀御者于客子、王偏、臧兼等人，知道曹曉即是曹宮之母，道房則是與曹宮有假夫婦名義的「對食」。早在元延元年，曹宮曾對道房洩漏一件秘密，說她已被皇帝所幸。幾個月之後，曹曉給事殿中，看見曹宮果然腹部彭亨，問她原因，亦說是「御幸有孕。」到了這年十月間，曹宮在掖庭牛官令舍中產下一子，有侍婢六人隨同照料。生育未久，中黃門田客持皇帝詔記予掖庭獄丞籍武，說：「有旨取牛宮令舍婦人之新生嬰兒，并侍婢六人，悉置暴室獄中，不必問嬰兒是男是女，亦不必問是誰人之子！」此詔記盛於綠綈製成之書囊中，以御史中丞之印信鈐封。籍武遵旨置曹宮於獄中，曹宮囑籍武善藏嬰兒之胞衣，並以警告口氣對籍武說：「丞知是何等兒也！」三日之後，中黃門田客又持詔來問嬰兒死了沒有？令籍武據實登答於牘背。籍武書曰：「兒現在，未死。」田客持去不久，便轉來說道：「皇帝與昭儀俱大怒，為何不殺此兒？」籍武即跪下叩頭，哭曰：「不殺兒，自知有罪當死，但即使遵旨殺兒，亦難逃一死。」因即寫上一奏，請田客遞呈皇帝，曰：「陛下尚無繼嗣，皇子並無貴賤之別，幸請留意！」奏入，田客復持詔記來，命籍武於今晚漏上五刻時將嬰兒送至東交掖門，交與中黃門王舜。籍武乘機詢問田客，皇帝看了他的奏本之後有何反應？田客說，皇帝讀奏之後，瞠目直視。當天晚上漏下五刻，籍武將嬰兒送至東交掖門，由王舜抱去。皇帝命王舜為此兒善擇乳母，小心撫養，後且有賞，但不得漏洩秘密。又過三天之後，田客又持來盛於綠綈書囊中之詔記一通，仍用御史中丞之印鈐封，中附一小綠篋，所裝乃是毒藥二小包，命籍武親自監視曹宮服下，詔記內容說：「告知偉能，努力飲下此藥，不可復入，汝自知之！」偉能即是曹宮。曹宮讀畢詔記，說：「果然是要由姊妹二人專制天下了！我生的是兒子，額上有髮向下而生，就像是當年的孝元皇帝一樣。如今我兒何在？是不是被他們害死了？怎能使皇太后得知此事纔好哪！」曹宮當然是飲藥而死，侍婢六人自殺，籍武據實奏報其事。至於曹宮所生的男嬰，則在張棄奉命乳養十一天之後，被宮長李南以詔書取去，不知下落。

這是中宮史曹宮所生皇子的遭遇。至於許美人所生的另一皇子，據解光查問所得的情形，略如下述：

許美人前在上林琢沐館數蒙成帝召幸，元延二年懷孕，其年十一月分娩，皇帝曾使中黃門靳嚴持產婦所需調理藥物送至許美人所。其後，趙昭儀的御人于客子、王偏、臧兼等聽到趙昭儀為此事向皇帝大興問罪之師，說：「屢次騙我說是從皇后宮中來，如果真的住在皇后宮中，許美人怎生出兒子來？如今許美人生了兒子，你是要再立她為皇后了吧！」一面哭鬧，一面以手搗胸，又以頭撞壁，從床上滾落地下，終日啼哭不食，說：「如今該安置我了，送我回去吧！」皇帝亦憤恚不食，但因迫於昭儀之故，終於還是使靳嚴持詔書致許美人，將所生嬰兒送來皇帝處。許美人遵旨將所生嬰兒置於一葦篋中，緘封，另附一書，使靳嚴送來。靳嚴將葦篋及書信一併置於飾室之簾南，就退出來了。皇帝與昭儀同坐室中，使于客子啟篋封。然後吩咐于客子、王偏、臧兼等人盡皆退出，又親自關上房門，不知道與昭儀在裡面做什麼。等到房門再開啟時，葦篋又已緘封完固。皇帝隨即召喚于客子等三人，將葦篋及綠綈書囊一個，一起推置於屏風之東，然後使中黃門吳恭捧持詔書及葦篋交付掖庭獄丞籍武。詔書封以御史中丞之印，開啟捧讀，其內容是：「告武，篋中有死兒，埋屏處，勿令人知。」籍武遵旨在獄樓的牆下掘一坎穴，將葦篋埋於其中。

上面這兩段話，明白說出了成帝後宮所生兩個皇子的不幸遭遇：曹宮所生之子被害死後不知棄置何處，許美人所生之子則由皇帝及趙合德親自下手害死，然後緘置於葦篋之中，交付掖庭獄丞籍武代為掩埋。上文所說的許美人，即是被廢的許皇后，成帝眷念舊情，未免再續前緣，不料卻在此時生下一子。但是，她在此時所生的兒子實在來得太晚了，如果能在皇后未廢之時出世，又何致有此不幸遭遇？身為帝后而竟不能保全他們惟一的兒子，宮闈間的不幸之事，恐怕再無逾於此的了。讀史至此，怎不令人擲筆三歎！

漢成帝在元延元、二兩年時，年已四十一、二歲了。中年得子，在平常人家已經視如珍寶。皇帝在即位以後就朝夕以嗣續為念，到此方纔天從人願，理應格外珍惜，加倍護持，決不能任令發生意外，方是正理，怎能忍心割捨這盼望二十餘年方纔得到的寶貝兒子，任令趙昭儀置之死地？然而擺在眼前的事實如此明顯，足見趙昭儀具有足夠的力量可以脅制皇帝，即使必須忍心殺死他四十多歲纔能得到的兒子，亦在所不惜。趙昭儀迫使皇帝作此殘忍的殺子之行，當然有她的目的。第一是為了固寵——如果皇子是別的後宮妃嬪所生，皇帝勢將因愛屋及烏而致移情別戀，如此則她的專房之寵勢將為人所奪。第二是為將來打算——自己沒有兒子而皇帝的後宮有子，一旦皇帝宴駕而皇子繼立，其生母勢將因「母以子貴」而凌駕於無子妃嬪之上；為了預防這種情勢出現，皇帝的惟一兒子必須為自己所出，因此不能容忍其他妃嬪能有皇子。這種打算誠然不錯，但成為問題的是，成帝年逾四十而尚無皇子，如今這惟一的胤裔亦遭荼毒，趙昭儀又如何能保證，她必定能在短時間之內為皇帝生出兒子？如此則皇帝勢將有絕後之虞，這一個問題，似乎不是趙昭儀所曾考慮過的。於是，皇孫終被燕啄，而且所啄不止一個。於是，漢成帝終於因自己殺害兒子之故而畢竟沒有兒子。

看漢書外戚傳所記中宮史曹宮生子被奪時，掖庭獄丞籍武所上封事，其辭極為懇切：「陛下尚無繼嗣，皇子並無貴賤之別，幸請留意！」以及皇帝看到此奏之後，「瞠目直視」的表情，可知成帝此時，內心實在非常矛盾痛苦。只因趙合德的態度實在太強橫兇狠，使他不敢再存觀望之心，終於只好狠心下辣手，雖中心痛苦而無可奈何。趙合德究竟憑藉了什麼力量，能夠迫使皇帝非接受她的脅迫不可？這是宮廷中的另一個秘密，既不見於文獻紀錄，後人勢難妄加猜測。惟一可以作為線索的，是見於飛燕外傳中的記載。此書記合德與漢成帝的初遇情形，有如下一段話：

后德嫕計，是夜，進合德。帝大悅，以輔屬體，無所不靡，謂為溫柔鄉，謂嫕曰：「吾老是鄉矣，不能效武皇帝求白雲鄉也。」嫕呼萬歲，賀曰：「陛下真得仙者。」上立賜嫕鮫文黃金錦二十四匹。合德尤幸，號曰趙婕妤。

趙飛燕聽從女官樊嫕之計謀，獻進其妹合德。皇帝在召幸之後，大喜過望，至於說他已尋到了可以終老世間的溫柔鄉，不想效法漢武帝之求神仙了。而樊嫕之獻諛皇帝，居然亦以真得神仙為說，足見趙昭儀所給予皇帝的性滿足，又勝於其姊飛燕。其後飛燕遭冷落而合德大受寵眷，其原因當在此。惟其因為趙昭儀有此異乎常人的天賦異稟，足以使皇帝在歡娛之餘，甘心俯首弭耳地任其驅策擺佈，所以趙昭儀纔有此可以挾持皇帝的本錢。飛燕外傳雖是小說家言，但這一段話所提供的解釋理由頗為合理，殊不能小覷其說。另外還有一種可能情形，亦見於飛燕外傳的記述。其內容大致是說，漢成帝後來因縱慾過度而得了性機能衰退之病，必需每夜服用一種名為「昚卹丸」的特殊藥物，每次一丸，供其春風一度。某夜，昭儀酒醉，糊裏糊塗之中，給皇帝服了七丸之多。這天晚上，宮女們只聽得皇帝和昭儀在帳中輕笑不絕，到了第二天早上，精關不禁，皇帝竟告脫陽而死云云。這種說法顯示了另一種事實：皇帝早已犯了心有餘而力不足之病，自覺愧對合德，所以更不能不在畏威懷德之餘，俯首接受她的指麾行事。這些話雖是出於小說家言，仔細推敲，覺得彼此之間頗能若合符節。因為在除此之外，實在也尋不出更適當的理由，可以為皇帝的這種反常行為提供合理的解釋。

漢成帝只活到四十六歲就死了，其死因由於縱慾過度的可能性極大。只是正史較多顧忌，不能不為尊者諱，所以只能作如下方式之記述，說：

> 帝素彊，無疾病。是時，楚思王衍、梁王立來朝，明旦當辭去，上宿供張白虎殿。又欲拜左將軍孔光為丞相，已刻侯印書贊。昏夜平善，鄉晨，傅袴韤欲起。因失衣，不能言，晝漏上十刻而崩。

果如所說，則成帝之暴崩原因，似乎是由於猝然而來的中風。皇帝中風，似乎與後宮無涉。而且成帝此晚住於白虎殿，並非趙昭儀之寢宮昭陽殿，似乎更與昭儀不相干涉。但因皇太后在成帝死後降旨令大司馬王莽及丞相大司空等推問皇帝之生活起居及發病情形，趙昭儀因而自殺，足見此事畢竟與趙昭儀有密切關係，而飛燕外傳所記，亦不會是捕風捉影之談。就事論事，縱慾無度必將促壽早夭。漢成帝在未得趙家姊妹之前，雖然亦以「好色」著聞；但此所謂好色，只是愛好漁色而已，若無蕩姬淫娃之類的人間尤物促使他縱慾無節，皇帝即使好色，亦未必有此濃厚興趣旦旦而伐。但自趙家姊妹先後得幸之後，這種情況顯然有了極大的改變。皇帝既以溫柔鄉為最可愛的銷魂之處，自然會不顧一切地儘情歡娛。試看他連趙昭儀逼他殺死親生兒子的事都做得出來，其他更有何事可以改變他熱愛趙昭儀的決心？亦唯其因為如此，皇孫方為燕燕所啄，如其不然，趙家姊妹的大名又何能在歷史上永垂不朽呢？

漢成帝因為沒有兒子，早在他崩駕一年之前，就選定了其親姪劉欣為太子，至此遂繼立為帝，是為哀帝。哀帝之生父定陶王劉康，乃元帝之子，成帝之弟，倫序雖稱相當，但成帝之另一弟中山王劉興其時尚在，亦具有繼立之資格。為了希望能使劉欣立為太子，劉欣之母傅昭儀當時賚巨貲來京師運動各重要人物，而趙飛燕亦是曾經出力幫助之人。所以當哀帝繼立，輿論將成帝之死因歸罪於趙家姊妹時，傅昭儀亦出力保全趙飛燕，並且尊之為皇太后，以報答其援立哀帝之恩。其後，司隸解光揭發了當年趙昭儀殺害皇子之事，哀帝亦只將趙家子弟之封為新成侯及成陽侯的趙欽、趙訢廢為庶人，趙飛燕的太后地位如故。不幸哀帝夭死，成帝之母太皇太后王氏再握政柄，復用王莽為大司馬，命他追究當年殘害皇子之往事。至此，趙飛燕與合德姊妹「專寵錮寢，殘滅繼嗣」的罪名無可諉卸，趙飛燕亦被廢為庶人，即日自殺。雖然她比其妹趙昭儀多享了六年皇太后的福，其最後的結局還是與趙昭儀一樣的。

由漢書外戚傳的記錄看，燕啄皇孫，其實是趙昭儀所造下的罪孽，趙飛燕當時已遭皇帝之冷落，並非元凶首謀之人，謂之燕啄皇孫，顯有失實之處。不過若以趙家姊妹奢靡淫亂、專寵錮寢的事實看來，姊妹二人之行為如出一轍，可謂厥罪惟均。而且合德之進由於飛燕，目之為罪魁禍首，於理亦有可通。於是，這件歷史公案在後來形成了一個專用的典故，只要一提起趙飛燕之名，就使人聯想到趙家姊妹之奇妒故事，在歷史上永遠留下了污名。自古以來的紅顏禍水故事雖多，這應該是惡名最為昭彰的一個了。

三、謗累千年甄夫人

三國時代，曹丕假禪讓之名篡漢祚，是為歷史上的魏文帝。曹丕在未受禪之前的身分是「魏王」。他的正妃是甄夫人。但在他做了皇帝之後，甄夫人未能被立為皇后，其後甚且被未來的皇后郭氏所譖害，由曹丕降旨將她「賜死」。一個新的皇朝在開國伊始之時，何至於連新皇帝的原配妻子都不能得到容身之地，以致非死不可？實在使人感到大惑不解。有人懷疑，甄夫人之所以不免一死，是因為他所生的兒子魏明帝曹叡來歷不明之故，事實恐不盡然。異姓亂宗，昔人所忌，曹丕的兒子很多，如果他懷疑曹叡並非曹家血胤，儘可以另立別子，又何必要出以「殺母留子」的無聊手段來掩人耳目？所以，這一宮闈疑案的真正內情，必定另有文章，值得我們的研究、推敲。

甄夫人在三國志一書中有傳，稱之為「文昭甄皇后」。這稱號乃是曹叡繼立為帝後所追尊，甄夫人生前，並未成為正式的皇后。封建時代通行「母以子貴」，曹叡既已成了皇帝，他的生母當然有資格追尊為先帝之皇后。但如因此而直接稱之為甄皇后，則殊有未妥，因為在她生前並未真正成為曹丕的皇后故也。

據魏書本傳所記，甄夫人是中山郡的無極縣人，上蔡令甄逸之幼女，生於漢靈帝光和五年，在未曾成為曹丕的夫人之前，本是袁紹次子袁熙之妻。漢獻帝建安九年八月，曹操滅袁紹，袁氏的女眷都成了曹家的戰利品，甄氏因此被曹丕劫奪為妻。這一年，甄夫人二十三歲，曹丕十八歲。

十八歲的曹丕，以隨征的身分跟隨其父曹操出征在軍，如何就有這膽量在未得其父同意之前，擅自劫收戰敗者的眷屬為妻？這是一個很有趣的問題。在這裡，魏書后妃傳「明悼毛皇后」傳中的一段文字，很可以作為參考。傳云：

> 初，明帝為王，始納河內虞氏為妃；帝即位，虞氏不得立為后。太皇卞太后慰勉焉，虞氏曰：「曹氏自好立賤，未有能以義舉者也。」……

魏明帝曹叡在藩邸時的原配妻子是王妃虞氏，照常理而言，在他繼立為帝時，就應該將虞妃冊立為皇后，不可以棄虞妃於不顧，而另立新寵為后。這就是前人所深戒的「無以妾為妻」，乃是紊亂綱紀倫常的不義之行，為有識者所不齒。注通鑑的元代史學家胡三省，在這一段史文下加了一段注釋，說：

武帝立卞后，文帝立郭后，皆非正室。

原來這還是曹操、曹丕、曹叡祖孫三代所一貫奉行的家範懿訓！祖父與父親所遺留的懿範如此，曹叡遵而行之，當然無話可說，值得注意的是這些行為後面所蘊藏的真正意義是什麼？曹操為魏王時所立的王后卞氏，出身倡家之女，本是曹操所納之妾，其所以能代丁夫人而為王后，當然是由於她的美色。曹丕先娶甄氏為夫人，及即位為帝時，甄夫人年已三十九歲，是否因甄夫人色衰愛弛而另立年輕貌美的郭氏為皇后？由於當時郭氏已是曹丕的新寵，這一點當然有其可能。至於曹叡捨虞妃而另立毛皇后的原因，顯然亦與乃父乃祖的情形相同。祖孫三世都有喜新厭舊的德行，毫不顧及「糟糠之妻不下堂，貧賤之交不可忘」的古訓，因此可以知道他們都是「好色甚於好德」的一類，不會理會什麼「無以妾為妻」，「無以妾為夫人」的禮教觀念。亦正因為他們祖孫相傳都有「好色甚於好德」的天性，甄夫人與虞妃之不免色衰愛弛，當然也正是事所必至，無足深怪。不過由這裡亦可看出，甄夫人當時之所以被曹丕所看中，在冀州城破之後，立即被曹丕所劫取，亦正是因為她十分美麗的緣故。關於這一點，野史中亦有資料，可為證明。引述兩條如下：

世語：「太祖下鄴，文帝先入袁尚府。有婦人披髮垢面，垂涕立袁妻劉後，文帝問之，劉答是熙妻。顧攬髮髻，以巾拭面，姿貌絕倫。既過，劉謂后：『不憂死矣！』遂見納，有寵。」

世說新語：「魏甄后惠而有色，先為袁熙妻，甚獲寵。曹公之屠鄴也，令疾召甄。左右白：『五官中郎已將去。』公曰：『今年破賊正為奴！』」

這兩條資料，一則曰甄后「姿貌絕倫」，一則曰甄后「惠而有色」，可以想見年輕時的甄后，一定是馳名北地的絕代佳人，如其不然，何致於使曹操在甫經攻下鄴城之時，就迫不及待的下令搜取甄氏，還說什麼「今年破賊正為奴」！曹操好色，而有自取甄氏為妾的意向，在這裡表露無遺。卻不料有其父必有其子，而且曹丕的動作比曹操還要來得快，一旦甄氏成了自家兒子的枕邊人，曹操空有滿腔的怒火，也無可發洩，只好徒呼負負，眼巴巴地看著自己所心嚮往之大美人成了兒子的新婦，卻毫無辦法可想。站在曹操的立場上替他設想，他對於曹丕這種「橫刀奪愛」式的作法固然無法反對，卻必定會因此而對曹丕深為不滿，而且從此永難忘懷。至於曹丕，也許他在當時並不知道曹操已視甄氏為禁臠，有必欲得之而後快的意圖，一旦貿貿然地將甄氏搶到手中，然後發現了曹操眈眈而視的神態，這時卻苦於大錯業已鑄成，雖萬分憂懼卻已騎虎難下。在這種情形之下，一旦體認到他與甄氏之間的掠奪婚姻勢將危及他的政治前途時，他將作何選擇？倒也是一個十分微妙而耐人尋味的有趣問題。

曹丕與甄氏之間的掠奪婚姻成立之時，曹丕十八歲而甄氏廿三歲。雖然妻子的年齡比丈夫還大五歲，理論上實該不會有什麼嚴重的問題發生。因為中國北方民間習慣容許這種情形存在，絕不因妻長於夫而有什麼不好的影響。如果是官宦人家，這種情形更容易有解決辦法——納妾，即使因夫妻雙方的生理情形發生變化而使年齡差異的事實顯得十分突出，只要有姬妾可以滿足丈夫的愛情需要，老年妻子的地位一樣十分穩固可靠。惟一成為問題的是，曹丕雖是曹操的長子，卻不能保證他必定有被立為冢嗣的希望。假如他因為當年「納甄」之事而使曹操對他的印象極為惡劣，從而影響他的立儲希望時，姬妾間的讒言，就容易使他對元配妻子的感情發生重大的變化；在那種情形之下，妻子因年長色衰之故，更容易惹起丈夫的厭惡，那就是十分麻煩的事。非常不幸地，甄夫人與曹丕之間的愛情，在後來似乎就是朝著這種方向演變的。

曹丕由「納甄」而至他正式被曹操立為冢子，中間相隔有十三年之久。這其間的主要原因，是由於曹操的意向不定，而曹丕之三弟曹植有才學，為曹操所寵愛，在曹丕與曹植之間難作適當的選擇的緣故。魏書陳思王曹植傳中，有關於這方面的記載，摘引一段如下，以作參考：

陳思王植，字子建。年十餘歲，誦讀詩篇及辭賦數十萬言。善屬文。太祖嘗視其文，謂植曰：「汝倩人耶？」植跪曰：「言出為論，下筆成章，顧當面試，奈何倩人？」時鄴銅雀臺新成，太祖悉將諸子登臺，使各為賦。植援筆立成，可觀，太祖甚異之。性簡易，不治威儀，輿馬服飾，不尚華麗。每進見難問，應聲而對，特見寵愛。建安十六年，封平原侯。……植既以才見異，而丁儀、丁廙、楊修等為之羽翼，太祖狐疑，幾為太子者數矣。而植任性而行，不自彫勵，飲酒不節。文帝御之以術，矯情自飾，宮人左右，並為之說，故遂定為嗣。……

照這段話的說法，曹植之所以終於不能被立為太子，一方面是由於他自己任性而行，不拘細節，致為曹操所惡；另一方面，則曹丕恰好反其道而行之，事事謹慎小心，在表面上做得儘量符合曹操的意向，而「宮人左右」，又隨時能為曹丕說好話，故而終於影響了曹操的決心，決定以曹丕為冢嗣。這所謂「宮人左右」，應當分兩部分來說，「宮人」指曹操後宮的妃嬪姬妾，「左右」則是曹操身旁的謀臣策士。這在魏書崔琰、毛玠等人的傳記中都有記載，可以參看。如魏書崔琰傳云：

魏國初建，拜尚書。時未立太子，臨菑舊侯曹植有才而愛，太祖狐疑，以函令密訪於外。唯琰露板答曰：「蓋聞春秋之義，立子以長。加五官將仁孝聰明，宜承正統，琰以死守之。」植，琰之兄女婿也。太祖貴其公亮，喟然嘆息。

又同書毛玠傳：

魏國初建，為尚書僕射，復典選舉。時太子未定，而臨菑侯植有寵。玠密諫曰：「近者袁紹以嫡庶不分覆宗滅國，廢立大事，非所宜聞。」後羣僚會，玠起更衣，太祖目指曰：「此古所謂國之司直，我之周昌也。」……

又同書賈詡傳：

是時，文帝為五官將，而臨菑侯曹植才名方盛，各有黨與，有奪宗之議。文帝使人問詡自固之術，詡曰：「願將軍恢宏德度，躬素士之業，朝夕孜孜，不違子道，如此而已。」文帝從之，深自砥礪。太祖又嘗屏除左右問詡，詡嘿然不對。太祖曰：「與卿言而不答，何也？」詡曰：「屬適有所思，故不即對耳。」太祖曰：「何思？」詡曰：「思袁本初劉景升父子也。」太祖大笑，於是太子遂定。

袁紹（本初）與劉表（景升），都因廢長立愛之故而引起內部分裂，致為曹操所滅，毛玠賈詡以此為言，曹操當然不會忘記這現實的教訓，所以在曹丕與曹植兩人的爭儲角鬥中，曹丕比較容易得到公論的支持。至於曹操的妃嬪姬妾等人何以亦肯幫助曹丕，這就與曹丕此時的新寵有關了，魏書文德郭皇后傳中，有關於這方面的記述，說：

文德郭皇后，安平廣宗人也。祖世長吏，早失二親，喪亂流離，沒在銅鞮侯家。太祖為魏公時，得入東宮。后有智數，時時有所獻納，文帝定為嗣，后有謀焉。……

此「文德郭皇后」，就是曹丕稱帝之後，在黃初三年所冊立的皇后：其時甄夫人已被曹丕降旨賜死，其死因據說即是「由后之寵也。」郭后有寵於曹丕，一方面是由於她聰明多智而善解人意，另一方面，更是因為她曾在幫助曹丕爭奪儲位的明爭暗鬥中，為曹丕提供很多的計謀，立有極大的功勞之故。郭后當時身為曹丕之姬妾，如何能在曹丕奪位之鬥爭中建立汗馬功勞？可以想像得到的情形，必定是以殷勤的禮數及能言善道的如簧口舌，在曹操的妃嬪姬妾羣中廣事結納，藉以爭取她們站在曹丕的一方面，時時為曹丕延譽。在這種情形之下，珍寶之賂遺固在情理之中。相機為曹丕洗滌謗讟，當然亦是很必要的事。曹丕在篡漢之前，沒有太大的罪惡可言，惟一使曹操最為痛心的，就是他當年的「納甄」之事。由於曹丕年甫十八便即有如此大膽妄為的好色之行，在曹操心中必定留下極其惡劣的印象。要怎樣纔能使曹操改變他因此事而對曹丕所產生的厭憎，最好的辦法，莫過於移禍江東，把曹丕的「納甄」說成是甄氏的主動，以醜化甄夫人形象的手法來轉變曹操的觀感，藉以博取曹操對曹丕當年惡行的寬恕。這種移花接木式的嫁禍他人之計十分重要，不如此從何改變曹操對曹丕的觀感？亦正因為郭氏使用這一惡毒的手法為曹丕洗刷謗名，曹丕勢必要在表面上作出對甄夫人的疏遠，以表示他的憎厭。凡此種種，雖屬推測之辭，卻有事實可為徵驗。

魏書文昭甄皇后傳說，曹丕在建安九年八月納甄之後，「有寵，生明帝及東鄉公主。」以甄夫人之美色來說，她在被曹丕所納之後極得曹丕之寵愛，乃是情理所必有之事；如果尚未到年長色衰的年齡，就有秋扇見捐的事實，看起來反倒是非情理之常了。但是在事隔不久之後，郭氏就成了曹丕的新寵，言聽計從，遇事都有好主意提出來得蒙曹丕之採納，最後甚至連儲位之決定都出於郭氏之計謀，可以想見郭氏在曹丕心目中的地位已日見重要。在甄、郭二人的愛憎消長之間，固然可以看出她們的地位升降變化，然而這也並不就能直接證明甄夫人此時真的已經失寵。真正造成甄夫人失寵的原因，事實上還是由於甄夫人因遭曹丕疏遠而生的怨恨；而這種有意安排的疏遠，卻不一定是由於真正的感情變化。魏書文昭甄皇后傳說，曹丕在篡漢之後，並未冊立甄夫人為皇后，後宮有寵的妃嬪，則是郭貴嬪、李貴人、和張貴人這幾個。因此之故，「后愈失意，有怨言。帝大怒，二年六月，遣使賜死。」這段話中所用到的一個「愈」字，很值得注意；因為這表示甄夫人此時的「失意」狀態，是由來已久，愈益加甚，而並非此時纔有的反應狀態。然則甄夫人在此以前的長久失意，豈不就明白顯示出她早已被曹丕所疏遠的事實麼？身為曹丕所最垂愛的美人，又是事實上的正妻嫡室，曹丕應當沒有理由要疏遠她，以致甄夫人因痛於失寵之故而有傷心失意之感。這就是值得研究推敲的問題所在。然而因為此事直接與郭后之得寵與曹丕之得立為太子有其關聯，就不能不使人懷疑這裡面一定有政治因素摻雜其中，否則就很難得到合理的解釋了。

甄夫人因遭曹丕之疏遠而生怨言，如果再有讒言搆間於其中，當然可以使曹丕因而發怒，並且因此而促成甄夫人的死亡。此一讒言搆間的人，魏書文德郭皇后傳已經明白說出，就是這個後來代替甄夫人成為曹丕皇后的郭氏，至於其詳細經過究竟如何？則因文獻缺略之故，已經無可稽考，現在只能根據兩種野史的記載，約略窺見其大概情形如次：

「漢晉春秋」：「初，甄后之誅，由郭后之寵。及殯，令被髮覆面，以糠塞口，遂立郭后，使養明帝。帝知之，心常懷念，數泣問甄后死狀。郭后曰：『先帝自殺，何以責問我？且汝為人子，可追讎死父，為前母枉殺後母邪？』明帝怒，遂逼殺之，勅殯者使如甄后故事。」

又，「魏略」云：

明帝既嗣立，追痛甄后之薨，故太后以憂暴崩。甄后臨沒，以帝屬李夫人。及太后崩，李夫人乃說甄后見譖之禍，死不獲大斂，被髮覆面。帝哀恨流涕，命殯葬太后皆如甄后故事。

「被髮覆面」與「以糠塞口」的意義是甚麼？現在已經無法完全明瞭：推測其用意，大概是希望避免甄夫人死後不致化為厲鬼，來向仇家報怨。果屬如此，則甄夫人確實是由於郭后之譖，當無可疑。甄夫人久被疏遠，早已形同放廢，即使確曾口出怨言，亦沒有理由需要將她置於死地。前引「明悼毛皇后」傳中曾說，明帝的元配妻子虞氏未能被立為皇后，痛罵曹操曹丕曹叡祖孫三代都是「自好立賤，未有能以義舉」之人，假如郭氏亦曾以諸如此類的毒罵告之曹丕，並說這些都是甄夫人所說的話，曹丕怎能不信，怎能不恨？這些話更能引發他當年的隱痛，自慚昔日之「納甄」一事實為最不名譽的玷污。於是，甄夫人不免因曹丕之新仇舊恨併發於一時而遭到不幸，亦是事理之所必至的了。容華絕代的甄夫人，其命運坎坷多舛如此，實在值得後人之同情。然而事實上卻還有更不幸的遭遇在後面，那就是她在冤死之後，還被莫明其妙的文人橫加以莫須有的謗言，誣說她與夫弟曹植之間，有過不明不白的私戀之說。這種說法，後來被編為詩詞戲曲之類廣為流傳，那就是大多數讀者都熟悉的「洛神賦」故事。

唐人李善為文選作注，首先說到這件故事：云：

魏東阿王，漢末求甄逸女，既不遂，太祖回與五官中郎將，植殊不平，晝思夜想，廢寢與食。黃初中入朝，帝示植甄后玉鏤金帶枕，植見不覺泣下。時已為郭后譖死，帝意亦尋悟，因令太子留飲宴，仍以枕賚植。植還渡轘轅少許，時將息洛水上，思甄后，忽見女來，自云：「我本託心君王，其心不遂。此枕是我在家時從嫁，前與五官中郎將，今與君王。遂用薦枕席，權情交集，豈常辭能具？我為郭后以糠塞口，今被髮，羞將此形貌重覩君王爾。」言訖，遂不復見所在。遣人獻珠於王，王答以玉珮，悲喜不能自勝，遂作感甄賦。後明帝見之，改為洛神賦。

曹植的許多封號中，有一個是「東阿王」，所以「東阿王」與「陳思王」、「臨菑侯」等等封爵之名，所代表的都是曹植；「黃初」，則是曹丕為帝時所用的年號。曹植在洛神賦前面曾說：「黃初三年，余朝京師，還濟洛川。古人有言：『斯水之神，名曰宓妃。』感宋玉對楚王說神女之事，遂作斯賦。」這證明了李善注文中所說，曹植在黃初中入朝，還渡洛水之時撰成此賦，是有根據的說法。但是他以為洛神賦的原名是「感甄賦」，其寫作動機是為感念甄后之舊情而作，就是太偏重於臆測的無根之言了。清人何焯曾經撰文駁斥這種說法的荒謬可笑，其言極有見地，抄兩段作為參考。何文說：

> 示枕，賚枕，里巷之人所不為。況帝方猜忌諸弟，留宴從容，正不可得，感甄名賦，其為不恭，夫豈特醉後悖慢，劫脅使者之可比耶？

曹植在黃初二年由臨菑侯貶爵為安鄉侯，據魏書曹植傳所記，是由於監國謁者灌均希文帝之意旨，奏陳曹植曾有「醉酬悖慢，劫脅使者」之事。有司請依律治罪，曹丕因太后干涉之故而不得不從輕發落，只處以「貶爵」了事，如其不然，其後果一定很嚴重。「醉酒悖慢，劫脅使者」所得到的處分已經如此可怕，對死去的皇帝夫人表示愛戀之情，又豈是曹植所敢於輕易嘗試的事？何焯以此駁斥李善的說法荒唐無稽，當然十分有理。其後更說：

離騷云：「吾令豐隆乘雲兮，求宓妃之所在。」植既不得於君，因濟洛川而作為此賦，託辭宓妃，以寄心文帝，其亦屈子之志也。自好事者造為「感甄」無稽之說，蕭統未辨，遂分類入於情賦，於是植幾為名教所棄。

照何焯的看法，曹植作洛神賦，其真正的動機是希望藉此表示他對於曹丕的依戀之忠，與「感甄」之說毫無關係。這種說法是否能夠成立，固然仍有商榷之餘地，但是他之絕對不相信曹植的洛神賦是由「感甄」而作，倒是確切不移之論。同時，由曹植與甄夫人的年齡差距，更可證明此說之荒謬離奇。

曹植卒於魏明帝的太和六年，得年四十一歲。以此上推其出生之年，應是漢獻帝的初平三年，下距建安九年曹操破袁紹於冀州，只有十三年而已。由這一事實可以知道，當建安九年八月曹操克冀州，曹丕在袁尚的邸第中掠得袁熙之妻甄氏據為己有之時，曹植不過只有十三歲。甄氏被掠時已二十三歲，距離她之嫁與袁熙為妻，當然已有好幾年。據此推算，則在甄氏作新嫁娘之時，曹植應該只是七、八歲左右的小孩子。七、八歲左右的孩子怎有可能去求娶當時有名的美女？更在求娶不遂之後「晝思夜想，廢寢與食」，即使曹植是有名的才子，亦不可能早熟到此地步！這種明顯不過的證據，儘足以粉碎一切「感甄」之類的謬說。所以，到今天如果仍要迷戀於舊時文人的荒誕謬說，以為曹植與甄夫人的叔嫂之間，曾經有過甚麼戀情之類，那就是太不負責任的謊言了。

四、孝女木蘭振古奇

唧唧復唧唧，木蘭當戶織；不聞幾杼聲，唯聞女嘆息。問女何所思？問女何所憶？女亦無所思，女亦無所憶。昨夜見軍帖，可汗大點兵，軍書十二卷，卷卷有爺名。……

木蘭從軍的故事，家喻戶曉，上面的這首木蘭辭，多數讀者亦都耳熟能詳。可是，就這個家喻戶曉而耳熟能詳的故事，流傳到了今天，還是無法弄清楚木蘭究竟是那一時代的人？以及她姓什麼，籍貫何處？等等。一個流傳了千百年之久而且家喻戶曉的故事，對於這些關鍵性的重要內容，竟然眾說紛紜而難衷一是，說起來豈不是笑談？然而這便是民間故事難以避免的缺點，為的是它原來的故事結構太簡單了，在原本簡單的故事結構上加枝添葉，固然可使故事顯得完整，無奈卻使原來的故事減低了真實性，這就不是可稱讚的了。迄今為止。對於木蘭從軍故事的傳述情況，我們應有此認識，而不可輕信後人所附加的各種故事情節，因為那是經不起考驗的。

最早著錄這首木蘭辭的書，現在所能見到的，自以宋人郭茂倩之樂府詩集為最早。此書中說：「歌辭有木蘭一曲，不知起於何代。」郭茂倩之說，當然有其所本。樂府詩集所錄木蘭辭之前，附有郭茂倩所加之解題，說：「古今樂錄云：木蘭不知名。」由此可知，早在郭茂倩將木蘭辭收入樂府詩集之時，對於木蘭其人的姓氏、貫里、生存時代等等，已經無人知道了。但漸到後來，這些不能知道的細部內容，卻有了後人的補充。據倘湖樵書所說，木蘭是隋時的亳州譙縣人，姓魏。時方征遼募兵，木蘭因父老弟幼而代父從軍，歷時一十八年，人不知其為女子。及戰勝凱旋，論功行賞，木蘭可以得官為尚書郎。但木蘭不願為官，只願回家侍奉父母。回抵故鄉之後，脫戰衣而復著舊時之女裝，隨行之伙伴方知木蘭本是女子，云云。類此的記載，亦見於大清一統志及江南通志，太平寰宇記等書，但以倘湖樵書之記載最詳。其他書籍亦有稱木蘭不姓魏而姓朱、姓花，其籍貫亦有說是湖北黃岡、直隸完縣、河南商邱等地的。凡此自不免使人發生困惑——這些紛歧錯雜的傳說，究以那一種記載為可信？要弄清這一疑問，不妨將陳寅恪先生論述鶯鶯史蹟問題的意見提出來作一參考，因為這裡面也很有相似之處的。

崔鶯鶯，是西廂記中的女主角。西廂記的故事，源出於唐人元微之所撰的傳奇小說「鶯鶯傳」，要知道崔鶯鶯是否真有其人，元微之是很重要的關係人物。照陳寅恪先生寫在「讀鶯鶯傳」中的意見，元微之所撰鶯鶯傳中的張生與鶯鶯遇合故事，如以唐朝的社會風氣及人物心理加以推敲，極可能便是元微之自己的真實戀愛故事。但元微之既已將他自己改名為張生，則女主角崔鶯鶯之名，當然亦是假託，不可因元微之在鶯鶯傳中寫了崔鶯鶯之名，便相信故事中的女主角真的便叫崔鶯鶯。故事的女主角既不是真的名叫崔鶯鶯，後世之人從所謂崔氏家譜及鄭恆墓誌中發現崔鶯鶯的有關資料之說，便顯然只是無聊之偽作了。陳寅恪先生之所以作此主張，當然有其理由；據他寫在「讀鶯鶯傳」中所說的話，其理由蓋如此：

「其所謂張生，即微之之化名，此固無可疑。但崔非真姓，而其所以假託為崔者，蓋由崔氏為北朝隋唐之第一高門，故崔娘之稱，實與其他文學作品所謂蕭娘者相同，不過一屬江左高門，一是山東甲族，南北之地域雖殊，其為社會上貴婦人泛稱，則無少異也。楊巨源詠元微之會真詩云：「清潤潘郎玉不如，中庭蕙草雪消初。風流才子多春思，腸斷蕭娘一紙書。」，楊詩之所謂「蕭娘」，即指元傳之崔女，兩者俱是使用典故也。倘泥執元傳之崔姓，而穿鑿搜尋一崔姓之婦人以實之，則與拘持楊詩之蕭姓，以為真出於蘭陵之貴女者，豈非同一可笑之事耶？……然則世人搜求崔氏家譜以求合，偽造鄭恆墓誌以證妄，不僅癡人說夢為可憐，抑且好事欺人為可惡矣。」

世人為了穿鑿附會崔鶯鶯確有其人而多方搜求妄誕不實的證據，以為欺世惑人之計，這種情形，與倘湖樵書之類的書籍造作木蘭故事為人所不能詳悉的部分，大概都屬於同一種心理狀態，其動機既不純正，所述自不足採信。何以知倘湖樵書之類書籍中的木蘭故事係出於穿鑿附會？這在郭茂倩的樂府詩集中就留有證據，只是作偽者未曾留心查考，致貽人作偽之證耳。

按，郭茂倩為木蘭辭所作的解題中曾說：「古今樂錄云，木蘭不知名。」「古今樂錄」是郭茂倩編樂府詩集時的參考書，木蘭辭可能即由古今樂錄中傳錄而來。「古今樂錄」原書久佚，但史籍仍著錄其書名。如隋書經籍志云：「古今樂錄十二卷，陳沙門智匠撰。」又宋史藝文志：「陳釋智匠古今樂餘十二卷。」這兩條資料顯示出一項事實——郭茂倩所引錄的「古今樂錄」一書，乃南北朝時陳沙門智匠所撰。既然撰此書的智匠和尚乃是南北朝時的陳朝人，那麼，收錄在此書中的木蘭從軍故事，豈有發生在陳朝以後的可能？這是一個非常重要的關鍵，一方面可以使我們知道倘湖樵書等書所記的木蘭事迹出於偽造。二方面可以使我們了解木蘭所生存的時代應在陳朝的和尚智匠編集「古今樂錄」一書之前。後一點所提示的時間指標尤其重要。由此可以使我們確信木蘭決非隋唐時代之人。而木蘭辭既是北歌之一，當然表示她不可能是南方中國之人。中國在南北朝對立的時代裡，南方的朝代遞嬗頻仍，北方卻始終只有一個北魏。細考木蘭辭中的有關情節，當可使我們了解，木蘭究是何時之人。

從前徐中舒撰「木蘭歌再考」，曾經根據南北風俗之不同，推定木蘭之所以能以一介女流而代父從軍，正因為木蘭乃是居住北方的異民族之故。他說：

木蘭以女子從軍，必屬萬不得已之事，使其時非府兵制，或有可以避免此行者，則木蘭從軍或無從發生。又我國女子束縛於幾千年禮教之下，自甘卑弱，不但不能與聞閫外之事，即男女授受，亦干厲禁，安得忽有如此奇女子出於其間，至與士卒同伙互十二年之久？其乃難能，程大昌疑為寓言，不為無見。雖然，自其反面言之，木蘭之所以能代父從軍者，正以其為中原之異族。雖其鄉里有城郭街市，其居處有東閣西床，其妝飾則「當窗理雲鬢，對鏡帖花黃」，又自能當戶織，弟能殺豬羊，生活已完全同化於漢人，又受中國禮教相當之涵養，能孝其親，能不失其貞操，而其先世所遺留之習性；終非禮教所能全部征服。故木蘭易裝從軍，無所屈撓，此又木蘭為中原異族之證。

對於木蘭生存時代之說，徐中舒本來亦是主張「非隋即唐」的。所以他雖然由木蘭詩中的特殊背景及不同民族性等等因素，看出木蘭不可能是漢族女子，甚至極可能是鮮卑族人，亦因拘於他自己所認定的「非隋即唐」之說故，只能勉強揉合兩種幾乎不能並存的說法，認定木蘭乃是生存在唐代時之鮮卑遺族，雖住居中原而不脫其本民族之剛毅尚武遺風，故雖長時間浸潤於漢文化之陶冶，仍未完全為漢民族之禮教生活所同化，故能以女子而代父從軍。就事論事，徐中舒的說法，有一半是說對了，其另一半當然是錯誤的。因為木蘭詩既然在陳朝時代就被釋智匠收進了他所編集的「古今樂錄」中去了，木蘭從軍的故事，當然不可能會發生在釋智匠所生存的陳朝之後；所謂「非隋即唐」之說，即此已證其不確。徐中舒如果能及早了解這其中的關係，他就不必要作「削足就履」式的考證，勉強將他那種極有價值的高明見解，與完全不可信的「非隋即唐」之說相牽混，從而貶低了他自己的考證成果。不過，不管徐中舒所犯的錯誤如何，他能夠從木蘭詩的特殊背景及不同民族性的因素，看出木蘭極可能是位居中國北方而久受漢文化浸潤的鮮卑族女子，其識見殊為正確。這不但可從木蘭辭中所顯示的矯捷勇武風格看出它不可能是柔靡荏弱的南方文學所能比擬，由詩中所透露出來的從軍情形、從軍地點等等證據，也可以確定木蘭是生活在中國北方的鮮卑女子。至於其從軍出征的時間，則大致是在北魏孝文帝在位時的太和年間，下文的論述，就可以證明這一點。

木蘭辭：

阿爺無大兒，木蘭無長兄，願為市鞍馬，從此替爺征。

東市買駿馬，西市買鞍韉，南市買轡頭，北市買長鞭。
……

上面這些詩句，說明了木蘭雖代父從軍，但需在出征之前自備鞍馬武器，以供征戰之用，其情形顯與唐代所行之府兵制不同。新唐書兵志：「其介冑戎具藏於庫，有所征行，則視其人而出給之。」可知在府兵制度下服行兵役的軍兵，其兵器及戰馬悉由公家供給，並不需要由私人自行購置。又，自北周武帝時所創始的府兵之法，籍全國丁壯悉為兵士，自十八以上成丁，至六十而免，規定每人每年服兵役的時間為一個月，週而復始，輪番替代，其辦法具見於隋書食貨志、資治通鑑胡注、及陳寅恪著隋唐制度淵源略論稿等書。而木蘭從軍故事中的木蘭從軍時間，或云十八年，或云十二年，不但其性質完全不同於府兵制度之輪番替代，週而復始，而且因父老而由木蘭代服兵役，在府兵制中亦無此項規定。由這些地方可以知道，木蘭之代父從軍，並非基於府兵制度中之兵役義務，而係另一種特殊情形。至於其實際情形究屬如何？當然與木蘭之為鮮卑族有關了。

錢穆先生所撰的國史大綱引「北史」云：「高歡據邊鎮為變，每語鮮卑，猶謂漢民是汝奴，夫為汝耕，妻為汝織，輸汝粟帛，令汝溫飽，奈何陵之？其語華人則曰：鮮卑是汝作客，得汝一斛粟、一疋絹，為汝擊賊，奈何疾之？」北魏與北周、北齊，俱是鮮卑族所建立的國家，漢人是被征服者。鮮卑民族處於征服者的地位，靠武力來維持他們的政權，亦以從軍為其專利。所以，在北魏建國於中國北方的時間內，鮮卑族雖散居於中國北方各地，卻只有他們享有從軍的權利，漢人永無從軍的資格。陳寅恪先生撰「隋唐制度淵源略論稿」，亦說，北魏時代的軍事制度，「為大體兵農分離制，為部酋分屬制，為特殊貴族制。」其後魏分東、西，互相攻戰，宇文泰所控制的西魏政權因人口遠少於東魏之故，創行府兵制度，直接以西魏控制地區的漢人編入軍隊，以對抗東魏的優勢人力；東魏亦廣征漢人中的驍勇者參加軍隊，以從事大規模的戰爭。至此，原本由鮮卑民族所包辦的北魏軍隊，才出現了「是後，夏人半為兵矣」（隋書食貨志）的情況。不過那已是北魏既亂之後的事，在木蘭從軍的時代尚未如此。木蘭從軍的時代是何情形？那就還是陳寅恪先生所說的那幾句話：「為大體兵農分離制，為部酋分屬制，為特殊貴族制。」

所謂「兵農分離制」，當然是兵自兵而農自農，各不牽混。當時只有鮮卑民族才有從軍的權利，而漢人則為農奴，所以木蘭不可能是漢人。何謂「部酋分屬制」與「特殊貴族制」？則以北魏在中國北方建國之後，雖然亦如南方中國之行郡縣制，在若干地方，亦仍保留其舊有之酋長制度，各部族分部而居，其酋長稱為「大人」，世襲其位。「八瓊室金石補」收有北魏咸陽太守劉玉的墓誌銘一篇，其中述及北魏早期的酋長制度情形，說：

大魏開建，拓定恆代。以曾祖初万頭大族之胄，宜顧名宦，從駕之眾，理須督率，依地置官，為何渾地汗。爾時此班，例亞州牧。

率領部落而因地置汗，蓋即北魏早年分部而治的遺制。發展到後來，就成了北魏地方政治制度中的一項顯著特色——州郡制度與部落制度同時並存，不過當時的部落「大人」在後來改稱為領民酋長，依領地大小分為三等，其官秩自從三品遞降至從五品，低於上州刺史之正三品，中州刺史之從三品，下州刺史之正四品各一二階不等，亦即是劉玉墓誌銘中所說的「爾時此班，例亞州牧」。領民酋長都是鮮卑遺族，所統領的都是入居內地的鮮卑人，雖其生活日漸漢化，卻仍保存其部族制度及從軍出征之專利，甚至還沿用舊時部落稱呼其酋長的名稱——汗；如上文所引用的「何渾地汗」，即是其例。從前人研究木蘭詩中的稱呼，每以為「汗」與「天子」的名稱不當同時並存，而以既稱可汗又稱天子為前後不一致的矛盾。由上文所述北魏時代所特有的領民酋長制度來看，就可瞭然其中的真正原因所在。

北魏自建國中國北方以來，其原來所居住的蒙古高原便為另一個新興的民族所佔據。這個新興民族與鮮卑同出於東胡族的系統而別為一支，其名曰「柔然」，魏書稱之為「蠕蠕」。蠕蠕之名，極為不雅，而且明顯地含有鄙視之意。據魏書蠕蠕傳所說，蠕蠕之得名，是由於魏世祖憎惡柔然之屢次侵擾北魏邊境，「以其無知，狀類於蟲，故改其號為蠕蠕。」這說明了柔然使北魏大感困擾的事實情況。而由魏書蠕蠕傳見之，柔然之成為北魏之邊患，確實如漢時的匈奴，隋唐時的突厥，與明朝時的韃靼一樣，不但經常入塞寇掠，有時候甚至還會對當時的中國政府造成極大的威脅。為了這一緣故，北魏之對付柔然，也如漢之對匈奴，隋唐之對突厥，及明朝之對付韃靼一樣，在國力強盛時固可以大舉出塞，以為犁庭掃穴之舉；如果國勢不振而多患難，就只好憑堅自守，以求阻遏其入寇之一法了。北魏亦為北方民族所建立的國家，其民族性尚武而長於戰爭，自太祖道武帝建國以來，頻年用兵，東征西討，其國勢鼎盛，故而對於柔然之寇邊，一貫以絕漠遠征之法相對付。歷太宗而至世祖，屢次發大兵遠征柔然的王庭，頻獲勝捷。自世祖太武帝傳至高祖孝文帝，北魏的都城由平城遷至洛陽，逐漸漢化。雖柔然之為患猶昔，魏朝亦仍有能力應付。再降至北魏的肅宗孝明帝時，柔然屢生內亂。正光元年，其主阿那懷來奔，北魏封之為朔方郡開國公蠕蠕王，食邑一千戶，處之於長城塞內。自此以後，柔然餘部漸次衰弱，雖亦屢次犯邊，而其為患不深。孝昌以後，更遣使朝貢，日見馴順，不足為患了。但其時間亦已到了北魏之末，距高洋宇文覺之篡魏，為時無幾。所以很可以這樣說，柔然之為北魏邊患，殆與北魏之歷史相終始。木蘭代父從軍而北越黃河、黑山、燕然山等地。所擔任的備禦對象，自然便是北方的柔然。不但與地理情況相合，亦與歷史事實相合。後人因主「非隋即唐」之說而以木蘭從軍為征遼或征突厥云云，顯然是不明史實真相之故。

木蘭辭中有「歸來見天子，天子坐明堂」之句，考之魏書孝文帝本紀，「太和十年九月辛丑，詔起明堂辟雍。」「太和十五年十月，明堂太廟成。」有這一條具體的紀錄，可以知道，木蘭從軍十二年後歸見天子，其時間決不會在太和十五年明堂建成之前。由此而至孝明帝時柔然因內亂衰弱而邊患寧息，已經只有三四十年的時間了。根據這些情形來推測木蘭代父從軍的時間，應該就是這三、四十年間的事，雖其確切時間難以考定，大致總不會出此範圍的。

流傳於古代的傳說，往往因內容過於簡單之故，到了後世，已有無法考明其中細節之苦；比如木蘭之姓名及其家鄉何處，便存在著這種情形。由上文之所述，我們只能推測木蘭是住居中國北方的某一鮮卑女子，其確切地點因文獻無徵之故，不能說明。至於其姓名究為姓「木」名「蘭」還是另有其姓，亦無法考定。徐中舒以為鮮卑部落有「木蘭」之複姓，與魏書官氏志中的「僕蘭」複姓並為一音之異寫。清人俞正燮作「亳州志木蘭篇書後」，舉元人侯有造所作的祠象辨正記為證，亦以為「木蘭」乃是古代的複姓。果如所說，則木蘭故事中所謂之姓魏、姓朱、姓花等等異說，都顯然只是後人之附會增飾，不足為訓。一個流傳極廣的孝女從軍故事，在經過澄清過濾之後只能得到這一點確實可信的結果，誠然很使人遺憾。但此正是民間故事的正常形態，

五、兩姓太后李三娘

戲劇故事不可信

明人雜劇中有一本「白兔記」，敘述劉知遠與李三娘的故事。這故事亦曾為平劇所取材，平劇中的「磨房產子」，即係擷取白兔記中的一齣所改編。知道白兔記的人也許不很多，知道李三娘磨房產子故事的人，可就多了。但是，了解歷史人物，決不可求之於小說或戲劇。因為它們有時候會錯得很厲害。如「白兔記」者，即是其例。

根據白兔記的敘述，劉知遠是徐州沛縣的沙陀村人，父母早亡，貧苦無依，常賴其盟弟史隆遠之賙濟，稍免饑寒。時值馬鳴王廟祭賽大典，村中富戶李文奎為會首，盛設祭品。劉知遠三日未食，難耐饑餒，躲入供桌之下偷食祭品，為廟祝發覺，幾遭毆打。幸而李文奎將劉知遠認作姪兒，方纔得免。李文奎後將劉知遠收留在家作工，又見其品貌不凡，多有異徵，而將女兒三娘嫁之為妻，引起其子李洪一之不滿。李洪一之妻生性狠毒，其妬恨劉知遠李三娘夫妻，較李洪一尤甚。因此，在李文奎未死時，彼此尚能相安一時，一到老員外病故，李洪一接掌李家家業時，對劉知遠夫妻的無理凌虐，就展開了。李洪一之目的，要將劉知遠夫妻逐出家門。劉知遠為了希望能使李三娘有安身之所，不得不接受李洪一所提出的條件——寫下休書一紙，承認與李三娘脫離夫妻關係，從此不得再來干擾李家。李三娘因此而仍在娘家居住，劉知遠則只好隻身出外從軍，遠赴并州太原府，一去杳無音信。劉知遠去時，李三娘已有身孕。但李洪一夫婦並不顧念兄妹之情，依舊百方凌虐，所以才有磨房產子之悲劇。所生之子，因無產婆接生，由李三娘自己咬斷臍帶，所以將其子取名為「咬臍郎」。李洪一之妻為了杜絕後患，意圖將咬臍郎丟入花池溺死。幸喜老家人竇公仗義救援，將咬臍郎從水中救起，又啣三娘之命，將孩兒遠道送往太原，尋訪劉知遠收留撫養。其時劉知遠已被節度使岳勳收為贅婿，得有官職。竇公既尋至太原府，咬臍郎父子團聚，為岳氏夫人所收留，善為撫養成人。時光荏苒，轉瞬一十八載，劉知遠因戰功得陞為九州安撫使，咬臍郎亦已練成一身武藝，但卻不知生身之母為誰。陽春三月，各衙舍人都去郊外打獵行圍，咬臍郎亦帶了家丁家將，出外行獵。來至沙陀村，趕出一隻白兔，追逐到一水井邊，忽然不見。在井邊洗衣的婦人，就是李三娘。彼此言語攀談，得知李三娘之夫名劉知遠，恰與其父同名同姓，甚為奇怪。回家後將此情稟告劉知遠，方知李三娘正是自己的親生之母。由於這一層因緣湊合，劉知遠李三娘與咬臍郎夫妻母子終獲團聚，李三娘苦盡甘來，李洪一夫婦亦得到應得的報應，云。至於此一故事之所以取名為白兔記，則顯然是由於因白兔而使夫婦團圓之故。

白兔記的故事如此冗長，整個劇本由第一齣的「開宗」到最後一齣的「團圓」，共分三十二齣，其情節不免散漫，唱詞亦嫌拖沓，所以後來由全部之三十二齣刪存為「磨房產子」之一齣，正是戲劇演變的自然結果，不足詫異。不過，不管是整部戲的白兔記，還是刪節以後的磨房產子，所寫雖是劉知遠李三娘夫婦的悲歡離合故事，與真正的事實正復相去甚遠。因為劉知遠與其妻子李氏都是歷史上的有名人物，稽之史冊，歷史上的劉知遠與其妻子李氏，其一生事蹟都與白兔記及磨房產子的故事不盡相合。戲劇與小說中的主角如係出自作者之虛構，其真實性當然可以置之不論；但如是歷史上大為有名的人物，就不宜虛構情節，任意捏造全無憑據的妄誕故事。劉知遠與李三娘如何即是歷史上大為有名的人物？由史書可見，劉知遠乃是五代史上的後漢皇朝開國之君，漢高祖「睿文聖武昭肅孝皇帝」劉暠，其本名原為劉知遠，即帝位後改名劉暠。劉知遠即位為帝，李氏被冊為皇后。劉知遠死後，其子隱帝繼立，尊李氏為皇太后。郭威纂漢，是為後周太祖，即位後仍尊李太后為皇太后，並加上尊號，稱之為「昭聖皇太后」。昭聖皇太后卒於周世宗之顯德元年，兩朝太后，首尾七年，在歷史上居有舉足輕重之地位，當然不會是無籍籍之名的普通人物。以此而言，出現在戲劇或小說中的李三娘，似乎不宜以白兔記或磨房產子之類的不實內容歪曲其形象。中國古代的戲劇與傳奇故事，大多取材於歷史人物，但其內容往往與真實歷史相去甚遠，說來實在使人慨嘆。所以然之故，傳述錯誤固屬其原因之一，更大的原因，還是因為撰寫這些戲劇故事的人，其本身對歷史並無了解，所以纔會經常出現任意捏合或者任意編撰的不實故事，這纔是更可使人慨嘆的地方。

正史有其記載

因為劉知遠與他的李氏妻子後來成了漢皇朝的開國帝后之故，有關他們的生平事蹟，便可在歷史中窺見其大致的輪廓。五代史有新舊二種，薛居正所纂的舊五代史，文字不佳而史料豐富，其內容較之歐陽修的新五代史更為詳贍。但不管是新史舊史，關於劉知遠與其妻李氏的歷史，大致都不會有太多的瞻顧與諱飾。原因是薛居正與歐陽修都是宋朝人，與五代之人沒有直接間接的政治恩怨，作史時不必有所顧忌。所成為問題的是，五代是中國歷史上最為黑暗渾濁的亂世，社會動亂，政治黑暗，各種文獻記載又都十分缺略，有關當時歷史的許多事情都因記載不詳而無法得知其究竟，劉知遠與李三娘的歷史亦不例外。所能夠確定的幾點是：第一，劉知遠並非漢人，他之能夠成為皇帝，正是由於唐朝末年以來，突厥族的沙陀部人在中國政壇上一直佔有重要地位，劉知遠適逢其會，因其沙陀部人的特殊身分而有機會接近政治顯要，終於使他自己也能成為政治顯要，並不是由於他具備過人的聰明才智。第二，李三娘的家境也許不錯，但卻不一定有個惡劣的兄嫂；因為以劉知遠當時的軍人地位而言：不大可能成為被欺侮的對象。而且據史籍所載，劉知遠之妻李氏兄弟甚多，後來都依憑了裙帶關係成為後漢皇朝的皇親國戚，其中也看不出來曾有一個敢於欺凌劉知遠夫妻的惡兄悍嫂。即此二點，已可知道白兔記的故事情節顯然出於原作者的任意安排，與真正的歷史大有距離。至於李三娘的其他事績，不見於白兔記一書的，尚多。由此可以想見，白兔記所寫的李三娘故事雖然充滿了哀感頑艷的情節，卻很可能並非李三娘當時的真正遭遇。當然，見之於戲劇搬演的古人故事，一定有其傳說來源。如李三娘磨房產子的故事，就不一定全無所本。不過，磨房產子的故事，所意味的真正意義，應該是在表示，李三娘在劉知遠出征之後，即使在懷孕待產期間，亦因家境艱難之故，而不得不繼續在磨房中從事艱辛的工作，終於因此而在磨房中生下了兒子，其所以然的原因，並不一定由於悍兄惡嫂的虐待。李三娘是否曾有悍兄惡嫂，現在固然是無從詳細了解的問題；但如以劉知遠李三娘的婚姻情形看，李三娘在嫁與劉知遠之後，實在很少有可能在家遭受悍兄惡嫂的虐待。這些問題，在研究了劉知遠李三娘的傳記資料之後自能了解，暫時無須辭費。下面且先介紹劉知遠的歷史。

劉知遠是突厥族的沙陀部人，並非白兔記所說的徐州沛縣沙陀村人。這是否由於白兔記的作者顧及一般讀者不懂得何謂沙陀人之故，而特別作此安排，不知。沙陀酋長李國昌、李克用父子受唐僖宗之命，率兵平定黃巢之亂，李克用因功被封晉王，鎮守太原，自此開始了沙陀人入主中原的興王之基。朱溫篡唐，李克用則誓欲興復唐室，終生與之為敵。李克用之子存勗終於滅了後梁，自建後唐皇朝，是即五代史上的唐莊宗。莊宗之死，由於克用之養子李嗣源篡位，是即唐明宗。李嗣源的女婿石敬瑭，在李嗣源死後起兵叛唐，並引契丹人為援，終於篡唐祚而代之，另建後晉皇朝，是即後晉高祖。石敬瑭篡唐，凡是他的太原舊部，都成了朝廷的新貴。劉知遠本是石敬瑭部下的軍校，石敬瑭作鎮守太原的河東節度使時，劉知遠已是相當於參謀長職務的「都押衙」，地位相當重要了。等到石敬瑭為帝，劉知遠繼承了他的河東節度使職務，戍守邊疆，儼然北方之重鎮。其後，石敬瑭病死，出帝石重貴繼立，與契丹反目成仇，招致契丹之大舉入寇，京城被陷，出帝被擄，而中原無主之時，劉知遠藉河東之兵力乘虛而入，就現成的坐上了皇帝的寶座，建國號為漢，是為漢高祖。由李存勗、李嗣源、石敬瑭、以至劉知遠，一脉相傳的都是沙陀人在做中國的皇帝，直到郭威以漢人而篡劉稱帝，方纔扭轉了這種情勢。論知能才識，郭威自然遠勝劉知遠，所以後周皇朝的國運也遠較後漢為昌隆。不過，假如不是劉知遠早死，郭威未必能取得帝位，沙陀人的政權亦未必會很快的轉移到漢人手中。這雖然是題外話，卻與歷史的演變大有關係。其中關鍵，又與劉知遠之長子承訓不幸早死有關。在這種種牽連的關係中，劉知遠的李氏妻子始終居有極重要的影響地位。這樣的一個人物，豈是白兔記中的李三娘所能表達於萬一的？筆者之所以要在白兔記之外，詳細介紹兩朝太后李三娘的真正事迹。以此。

劉知遠出身軍卒

石敬瑭與劉知遠的關係，在有關石敬瑭與劉知遠的記事中都有記述。新五代史漢本紀第一：

高祖睿文聖武昭肅孝皇帝，姓劉氏，初名知遠，其先沙陀部人也，其後世居於太原。知遠弱不好弄，嚴重寡言，面紫色，目多白睛，凜如也。與晉高祖俱事明宗為偏將。明宗及梁人戰德勝，晉高祖馬甲斷，梁兵幾及。知遠以所乘馬授之，復取高祖馬殿而還，高祖德之。……

舊五代史漢高祖本紀中關於這方面的記述，與新史略同，只是在後面的一段與新史稍異，云：

晉高祖感而壯之。明宗踐祚，晉高祖為北京留守，以帝前有護援之力，奏移麾下，署為牙門都校。

「都校」是地位高於一般列校的軍官，石敬瑭因劉知遠有救援之力而思有以報之，在自己做到北京留守時將劉知遠從明宗屬下奏調前來，更陞之為都校，可見他在此前只是明宗部下的一名普通軍校而已。德勝之戰，據舊五代史明宗本紀所載，其發生時間在天祐十八年。「天祐」，本是唐昭宣帝的年號；自朱溫篡唐，昭宣帝被弒，天祐年號早已不存。只因河東李氏不肯臣事後梁，仍用唐朝年號，所以在唐亡之後仍有唐朝之紀年，而天祐十八年即是梁末帝之龍德元年。再過兩年，後梁為後唐所滅，其紀年稱同光元年，不用天祐年號了。

劉知遠在梁末帝龍德元年時已為李嗣源麾下之軍校，可知其從軍時間必定較此時為早。依據這一事實來推測他與李三娘的成婚時間，必不致與事實相去太遠。

照舊五代史漢高祖本紀所說，劉知遠出生於唐昭宗之乾寧二年乙卯，即公元八九五年。至梁末帝龍德元年時，劉知遠二十七歲，位至軍校，當然有能力可以結婚了；不過，劉知遠的婚姻，卻並不是循正常方式進行的，而且其時間也遠早於此。新五代史漢皇后李氏傳云：

高祖皇后李氏，晉陽人也，其父為農。高祖少為軍卒，牧馬晉陽，夜入其家劫取之。

娶妻而必須出之於劫取的方式，主要的原因當然是由於經濟困難。這與他後來軍校的身分顯然不合，而且新五代史也明白說到他在搶婚時的身分只是一名「軍卒」，可見他此時的年齡很可能只有二十五歲還不到。劉知遠共有三子，長子承訓生於梁末帝之龍德二年，次子承祐生於唐明宗之長興二年，長次二子相差十歲。以此一事實加以推測，劉知遠很可能有一段頗長的時間並不與李三娘生活在一起，而其長子承訓是否李三娘所生，因史無明文，亦難以了解。是不是劉知遠在顯達之後，果真如白兔記所說，在任上另娶一妻，置李三娘之生活於不顧，以致李三娘在家備受苦楚，已經不能知道。不過，即使磨房產子的故事真有其事，其原因是否出於兄嫂之凌虐，仍大有可疑。因為李三娘之嫁與劉知遠為妻，本係出於劉知遠之劫奪，似不可能在成婚之後仍送回母家居住，致啟惡兄悍嫂之嫉恨。所以，磨房產子倘使真有其事，其真正的原因應該還是由於家貧。因為劉知遠在升為軍校之前不可能會有較多的收入，而一別數年的事實更足以看出這種情況也。至於李三娘是否確有惡兄悍嫂，如白兔記及磨房產子等戲中所描寫的情形，則可以參看新舊五代史中的記述。

昆弟六七

關於李三娘的母家兄弟，新五代史說有七人，舊五代史說有六人，二說頗有牴牾，但亦未始不可調和。先看新五代史卷三十，李業傳中的記載：

李業，高祖皇后之弟也。后昆弟七人，業最幼，故尤憐之。高祖時以為武德使。隱帝即位，業以皇太后故，益用事，無顧憚。

至於舊五代史的李業傳，則於兄弟之數作如此之說：

業昆仲凡六人，業處其季，故太后尤憐之。高祖置之麾下，及即位，累遷武德使，出入禁中。業恃太后之親，稍至驕縱。隱帝嗣位，尤深倚愛。……

如以「后昆弟七人」之句解釋，李太后的兄弟人數應該是總計七人。但如以「業昆仲凡六人」一句看，亦未嘗不可以解釋為李業共有兄弟六人，加上李業，其總數亦為七人。這個問題，暫時可以不必管它，如以「后昆弟七人」一句為準，「昆」指兄長，則太后之有兄，似無疑問，所成為問題的，是不知其兄長之名。李太后的兄弟雖多，在史籍上可以考見姓名的只有四人，除最幼之弟李業之外，其餘三人分別為李洪信、李洪義、李洪建，但洪建洪義二人之行序不詳。李洪建的傳記見於舊五代史李業傳之前，寥寥百餘字而已，錄之如下：

李洪建，太后母弟也。事高祖為牙將。高祖即位，累歷軍校，遙領防禦使。史弘肇等被誅，以李洪建為權侍衞馬步軍都虞候。及鄴兵南渡，命洪建誅王殷之族。洪建不即行之，但遣人監守其家，仍令給饌，竟免屠戮。周太祖入京城，洪建被執。王殷感洪建之恩，累祈周太祖乞免其死，不從，遂殺之。洪建弟業。

李洪建之外，洪信、洪義之傳，見於宋史列傳十一，略云：

李洪信，并州晉陽人，漢昭聖太后弟也。后弟六人，洪信居長，少善騎射。後唐明宗在藩時，隸帳下。及即位，愛將朱弘實總領捧聖軍，弘實擢洪信為爪牙，漸遷小校……

李洪信在漢、周二朝已累官至節度使，加平章事，入宋朝，改為左驍衛將軍，開寶五年致仕家居，開寶八年卒，年七十四歲。宋史本傳說他「無他才術，徒以外戚致位將相。歛財累鉅萬，而吝嗇尤甚。」這本是五代時一般武人的共同本色，不足為怪，所奇怪的是他居然能在風雲變幻的朝代更迭中保持不敗，而且以老壽安死於家。至於他的弟弟洪義，據同書同卷所記，本名李洪威，避郭威之諱改名洪義。漢隱帝時官至鎮寧軍節度使。漢隱帝與近臣李業、聶文進等謀殺朝中握兵權之重臣史弘肇楊邠，以密詔指示洪義，令殺害與洪義同駐鄴都的樞密使郭威。洪義畏懼不敢，反將密詔內容洩露，郭威以此起兵叛漢，漢室亦以此而亡。李洪義在後周皇朝時官至節度使檢校太師，入宋後再加至中書令，都由於這一功績而來。宋太祖乾德五年卒，享年五十九歲。以李洪信的年齡推算李太后的生年，約略可以得出一個大概的數目。

婚姻情況的推測

照宋史李洪信傳所說，洪信卒於宋太祖開寶八年，享年七十四歲。開寶八年即公元九七五年，以此推算洪信之生年，應該是唐昭宗之天復二年，亦即公元九〇二年。劉知遠生於唐昭宗乾寧二年，即公元八九五年，較洪信年長七歲。李洪信既是昭聖太后之長弟，姊弟二人的年齡應該不會相差太多，比較合理的推測是相差二歲至三歲，甚至也很可能只差一歲。如以相差二歲估算，則劉知遠與妻子的年齡，大約只差五歲。古代的女子及笄而嫁，二十未嫁，已為失時。而所謂「及笄」，通常只有十五歲。以此而言，古代女子的一般結婚年齡大概是十五歲到十八歲，很少超過二十歲。李三娘剛剛到了結婚年齡，還來不及遣嫁，就被劉知遠以搶婚的方式劫去成婚，當時她的年齡當然決不會超過二十歲。在梁末帝龍德元年唐梁德勝之戰時，劉知遠已為李嗣源部下之小校，時年二十七歲。以他當時的小校身分，已遠較當初之軍卒身分為高，搶人之女為妻，當然也不會發生在此時；推算李三娘此時的年齡，亦已二十二歲。以這種條件綜合起來看，劉知遠搶婚的可能發生時間，應該在他自己只有二十出頭，而李三娘也不過只有十六、十七歲的時候。說得更具體一點，在朝代紀元上應該是梁末帝之貞明元年或二年，亦即河東李氏稱為唐昭宣帝天祐紀年之十二年或十三年。在那個戰爭不息的動亂時代裡，李存勗已經在據有山西之外，更攻佔了河北境內的燕、趙、魏諸鎮之地，建尚書令行臺，駸駸然有滅梁之勢了。李嗣源此時，正為李存勗部下之大將，轉戰各地，屢建大功；劉知遠在這風雲際會之時參預後唐的開國戰爭，自不難因戰功而得獲擢升。這大概就是他在搶婚之後仍需要從軍遠戍，不但妻子不能得到妥善照顧，即是懷孕待產，亦必需仍舊在磨房辛苦做工的原因所在了。這其間有沒有兄嫂凌虐的情形，無從知道。但因李三娘之諸弟後來都由軍人出身，不像是富厚人家的子弟，其家境顯然不裕，其兄嫂似無加以凌虐的足夠理由。至於劉知遠的長子承訓，也顯然不是李三娘產於磨房之中的那一

長子夭折

劉知遠的三個兒子，結局都很不完滿。長子承訓不壽，只活到二十六歲就死了。次子承祐繼立為帝，只過了三年，就因郭威稱兵犯闕之故而在混亂中被弒，死時只有二十歲。三子承勳幼有羸疾，在承祐遇弒不久之後即死，後漢皇朝亦旋告覆滅。總計自劉知遠稱帝以至漢亡，前後只有四年。自古以來，朝代歷年之短，無過於此。所以然之故，顯然與承訓之死有關。舊五代史卷一百五魏王承訓傳記此云：

承訓，字德輝，高祖之長子也。少溫厚，美姿儀，高祖尤鍾愛。在晉，累官至檢校司空。國初授左衛上將軍。高祖將赴洛，命承訓北京大內巡檢。未幾，詔赴闕，授開封尹，檢校太尉，同平章事。以天福十二年十二月十一日薨於府署，年二十六歲。高祖發哀於太平宮，哭之大慟，以至於不豫。是月，追封魏王，歸葬於太原。

天福，是晉高祖石敬瑭的年號，實際只有八年，以後就是晉出帝石重貴的「開運」紀年：自一年至四年。後晉亡於開運四年之正月，這年二月，出帝北狩，劉知遠在太原稱帝，廢開運年號不用，仍用石敬瑭的天福年號，開運四年就又變成了天福十二年，所以天福十二年實際上是劉知遠的年號。劉知遠在天福十二年二月稱帝，六月間由太原至開封接收後晉政權，國基甫立，長子承訓便告死亡，這一突如其來的變故，對劉知遠的打擊實在太大了。事實非常明顯，劉知遠雖有三子，次子紈袴不學，三子羸疾難起，只有長子承訓是堪以繼承事業之人。如今帝業甫成而繼承之人已死，一生辛苦，託付何人？思念及此，怎不令他悲從中來，傷心欲絕？舊五代史承訓傳說，承訓死而劉知遠「哭之大慟」，卒致因此一病不起，正可看出承訓之死對劉知遠的打擊之重。劉知遠之死，在承訓死後之第四十七天。父子相繼正命，皇位歸於次子承祐繼承，後漢皇朝的命運，便出現了重大的危機。

承祐不肖

承訓不知何人所出，承祐則是李三娘所生之子，一賢一不肖，而繼承皇位者又恰恰是不肖之子，國運焉得不蹇，朝代焉得不亡？承祐之不肖，是由於他在即位之後，昵狎小人，日與其左右近習李業、郭允明、後匡贊、聶文進等嬉遊無度；又欲收回將相權，而與李業等密謀誅戮顧命大臣史弘肇、楊邠、郭威等人，終於因此而引起政變，導致後漢皇朝之滅亡。關於這方面的情形，散見於高祖皇后李氏傳、及皇太后之弟李業傳中，摘錄有關部分於後，以見其一斑。新五代史漢高祖皇后李氏傳：

高祖崩，隱帝冊尊為皇太后。帝年少，數與小人郭允明、後贊、李業等游戲宮中，后數切責之，帝曰：「國家之事，外有朝廷，非太后所宜言也。」太常卿張昭聞之，上疏諫帝，請親近師傅，延問正人，以開聰明。帝益不省。其後帝卒與允明等謀議，遂至於亡。

又，同書李業傳：

隱帝即位，業以皇太后故，益用事，無顧憚。時天下旱蝗，黃河決溢，京師大風拔木，壞城門，宮中數見怪物投瓦石撼門扉。隱帝召司天趙延乂問禳除之法，延乂對曰：臣職天象日時，禳除之事非所知。太后乃召尼誦佛書以禳之，而帝方與業及聶文進、後贊、郭允明等昵，多為廋語相誚戲，放紙鳶於宮中。太后數以災異戒帝。不聽。時宣徽使闕，業欲得之，太后亦遣諷大臣。大臣楊邠、史弘肇等皆以為不可。業由此怨望，謀殺邠等。邠等已死，又遣供奉官孟業以詔書殺郭威於魏州，威舉兵反。……

從這兩段文字中可以知道，承祐之不肖，最初還不過是在即位之後狎近嬖倖小人，日日從事於無益的嬉游，又不好接近朝中的正人。其後便因寵信近倖之故，而開始與他們商議國事，打算殺盡專權用事的顧命大臣楊邠、史弘肇、郭威之後，集大權於皇帝之一身，以便賞罰予奪悉出己意，不致受制於掌權的朝中大臣。以國家大政謀及嬖倖，又不曾預先想到畫虎不成以後的對策如何，便即貿貿然付之實施，自然會有引起政治風暴之可能。皇太后多歷世變，知道決不可輕舉妄動，並以此告誡皇帝。然而承祐對李業等人十分倚信，對皇太后的警告置之不理。新五代史漢高祖皇后李氏傳中，有關於此事的記載，說：

議已定，入白太后。太后曰：「此大事也，當與宰相議之。」李業從旁對曰：「先皇帝平生言，朝廷大事，勿問書生。」太后深以為不可。帝拂衣而去，曰：「何必謀於閨門？」邠等死，周太祖起兵向京師，慕容彥超敗於劉子陂，帝欲自出臨兵。太后止之，曰：「郭威本吾家人，非其危疑，何肯至此？今若按兵無動，以詔諭威，威必有說。則君臣之間，庶幾尚全。」帝不從以出，遂及於難。

由這一段話更可知道，漢隱帝之死，及後漢之亡國，與隱帝承祐之冒昧魯莽、操切從事，實有直接關係。假如承祐不是如此魯莽滅裂，又能夠接受李太后規勸的話，承祐不致被弒，後漢亦不致迅速亡國。由此一事，更可知道承訓之生死，對於後漢的國運隆替，具有何等密切的關係。李太后對於承訓之死亡固然無可奈何，但如她的第二個兒子能夠像承訓那樣明理知義，恪盡職責，後漢的國勢又何致至此？情勢發展到此地步，後漢的存亡，已完全繫於郭威的態度。事實究竟如何？且看有關史籍中的記載。

定策立嗣

隱帝承祐在戰亂中遇弒之後，後漢皇朝對於郭威的抵抗已經瓦解。郭威振旅入京，朝中文武百官謁見如儀。此時的郭威如有自立之意，儘可示意朝臣推戴。然而他卻沒有這樣做，所以然之故，注通鑑的胡三省有其獨到之見，云：

> 五代史闕文：「周祖入京師，百官謁之。周祖見馮道，猶設拜，意道便行推戴。道受拜如平時，徐曰：侍中此行不易！周祖氣沮，故禪代之謀稍緩。」按，周祖舉兵，既克京城，所以不即為帝者，蓋以漢之宗室崇在河東，信在許州，贇在徐州，若遽代漢，慮三鎮

舉兵，以興復為辭，則中外必有響應者，故陽稱輔立宗子。信素庸愚，不足畏忌，贇乃崇子，故迎贇而立之，使兩鎮息謀。俟其離徐已遠，去京稍近，然後併信除之，則三鎮去其二矣，然後自立，則所與敵者，唯崇而已。此其謀也，豈馮道受拜所能沮乎？道之所以受拜如平時者，正欲示器宇凝重耳！

胡三省的這一段話，由當時的政治情勢分析郭威的行為動機，雖然是事後的論斷，卻能正確地指出郭威此時的心理狀態。證之後來的事實發展若合符節，更可相信他的說法大有道理。

劉崇，是劉知遠的堂弟。劉知遠由太原入汴京，做了現成的中國皇帝，太原方面的根據地，就交給了劉崇。此正是他的狡兔三窟之計，設想十分周到。此外則在許州的忠武節度使劉信，亦知遠之堂弟，在徐州的武寧節度使劉贇，則是劉崇之子，劉知遠之姪，與河東節度使劉崇互為犄角，有事足以彼此響應，所謂「三鎮」，即是指三人而言。劉知遠在河東方面的勢力極為深厚，立劉崇為帝，就可能弄假成真，所以只能選擇劉信與劉贇。而劉信愚弱易制，如果除掉劉贇，劉崇就比較容易對付，劉信不足為患也。資治通鑑記當時之情形如此：

丁亥，郭威帥百官詣明德門起居太后，且奏稱：「軍國事殷，請早立嗣君。」太后誥稱：「郭允明弒逆，神器不可無主。河東節度使崇、忠武節度使信，皆高祖之弟；武寧節度使贇、開封尹勳；高祖之子，其令百官議擇所宜。」贇，崇之子也，高祖愛之，養視如子。郭威、王峻入見太后於萬歲宮，請以勳為嗣。太后曰：「勳久羸疾，不能起。」威出諭諸將，諸將請見之。太后令左右以臥榻舉之示諸將，諸將乃信。於是郭威與峻議立贇。己丑，郭威帥百官表請以贇承大統。太后誥所司擇日，備法駕迎贇即皇位。郭威奏遣太師馮道及樞密直學士王度、秘書監趙上交詣徐州奉迎。……

郭威定議迎立劉贇為帝，這一著對在太原的劉崇有極大的安撫作用。通鑑中就如此說：

初，河東節度使兼中書令劉崇聞隱帝遇害，欲舉兵南向，聞迎立湘陰公（按即劉贇），乃止，曰：「吾兒為帝，吾又何求？」太原少尹李驤陰說崇曰：「觀郭公之心，終欲自取，公不如疾引兵逾太行，據孟津，俟徐州相公即位，然後還鎮，則郭公不敢動矣；不然，且為所賣。」崇怒曰：「腐儒，欲離間吾父子！」命左右曳出斬之。

劉崇為郭威所愚，劉贇在行至河南歸德府時，被郭威所派去的侍衛親軍所殺，胡三省「三鎮去其二」的話果然應驗，郭威就在無所顧忌的情況下取得了後漢皇朝的政權。由於他的這一番周折分明是出於假意的做作，所以歐陽修的新五代史直接以漢隱帝遇弒之日為漢亡之時，並不需要等到以後的百官擁戴郭威為帝之後。徐無黨註新五代史論其事云：

自隱帝崩後四十二日，周太祖始即位，而斷自帝崩，書「漢亡」者，見帝崩而漢亡矣，其太后臨朝，湘陰公嗣立，皆周所假託，非誠實，所以破其姦。故書曰：「漢亡」，見周之立遲也。遲而難於自立，則猶有自媿之心焉。

徐無黨以為郭威之篡漢自立為「有愧於心」，事實誠然不錯，這只要看他在取得帝位前後對待李太后的態度，便不難看出其中端倪。

兩朝太后

舊五代史卷一百四，漢高祖皇后李氏傳云：

周太祖入京，凡軍國大事皆請后發教令以行之。是歲，議立徐州節度使贇為帝，以迎奉未至，周太祖乃率羣臣拜章，請后權臨朝稱制，后於是稱誥焉。及周太祖為六軍推戴，上章具述其事，且言願事后為慈母。后下誥答曰：「侍中功烈崇高，德聲昭著，翦定禍亂，安定乾坤，謳歌有歸，曆數攸屬，所以軍民擁戴，億兆同歡。老身未終殘年，屬茲多難，惟以衰朽，託於始終。載省來牋，如母見待，感念深意，涕泗橫流。」云。仍出戎衣、玉帶以賜周太祖。周太祖即位，上尊號曰昭聖皇太后，居於太平宮。周顯德元年春，薨。

郭威在乾祐三年十二月奉命率大軍北禦契丹，行至澶州，六軍呼譟，推郭威為天子。於是班師南還，徐州節度使劉贇被害，許州節度使劉信自殺，郭威安然無事的做了新朝的皇帝。但即使一切事情都如此順利，郭威仍然十分明白，他之以漢朝的顧命大臣而成為新朝的皇帝，其得位的方式與曹丕司馬炎並無二致，所謂取天下於孤兒寡婦之手，並不是光明磊落的大丈夫行徑。所以他才會在不知不覺間流露出內心的歉疚。如即位後為漢隱帝發喪，舉哀七日，一切依故君之禮，又在上表皇太后之時表示願以太后為慈母，其動機都在彌補咎戾，以求得內心之平安。以這一點來說，郭威的表現還算不錯。不過，李太后雖然仍舊被這位新朝皇帝尊為慈母，她的內心一定還是充滿了哀傷，並不能因為這種過分優崇的禮遇而得到慰藉。其原因十分明顯，新朝皇帝的優禮不過只是一種形式，情感上的創傷來自夫死子喪、國破家亡的滔天巨變，這種空前禍難所造成的感情創傷，足以使任何人在傷心絕望之餘，失去了對人生的樂趣，皇太后的名號雖尊，又何補於事？所以我們很可以這樣猜想，在漢隱帝被弒，後漢皇朝滅亡之後，遜居於太平宮中的「昭聖皇太后」李三娘，已經心如槁木死灰，了無人生之樂趣了。夫死子喪，國破家亡，又兼無兒無女，孑然一身，昔日的榮華富貴，都已如夢幻，這樣的人生又有何意趣？由乾祐三年十二月郭威篡漢，到顯德元年三月李太后病死，中間相隔三年有餘，這位歷經憂患而備極榮華富貴的兩朝太后李三娘，終於在無聲無息之中寂寞而死。如果他的出生比較其大弟洪信約早二年的話，則其生年約為公元九百年，亦即唐昭宗之光化三年，下距周世宗之顯德元年，凡五十四年。故而其可能的年壽，約為五十四歲。

歷史上的兩朝太后李三娘，事蹟彰著，而且也頗有影響力量。但是，她之能夠成為家喻戶曉的人物，卻是由於戲劇故事的流傳。由此可知，「正史」所發生的傳播力量，比之通俗性的戲劇故事之類，遜色多了。

六、花蕊夫人徐妃

傳說混淆

中國歷史上曾有一個美女，被稱為花蕊夫人，其名稱極為新鮮而別緻。不過，傳說中的花蕊夫人究竟是誰？傳說卻頗為混淆。一說是指五代時後蜀國主孟昶之妃費氏，一說是指前蜀高祖王建之妃徐氏。而即使是孟昶之妃，亦尚有姓費與姓徐之二說。在敘述之前，應該先加以研究考訂一番，以免為不確實的傳說所迷惑而致真偽不分，黑白不辨。

宋人吳曾所撰的「能改齋漫錄」中，有一條說：

偽蜀主孟昶納徐匡璋女，號花蕊夫人，意花不足擬其色，似花蕊也。又升號慧妃，言其性也。王師下蜀，太祖聞其名，命別護送，途中作詞自解曰：「初離蜀道心將碎，離恨綿綿。春日如年，馬上時時聞杜鵑。三千宮女皆花貌，妾最嬋娟。此去朝天，只恐君王寵愛偏。」陳無己以夫人姓費，誤也。

這一則記事以花蕊夫人為蜀主孟昶之妃，姓徐，又以為姓費之說是錯誤的。但另一種記述以花蕊夫人為蜀主孟昶之妃費氏，亦似鑿鑿有據。說見宋人陳履常所撰的後山詩話云：

費氏，蜀之青城人，以才色入後宮。蜀主嬖之，號花蕊夫人，效王建作宮詞百首。國亡，入備後宮。太祖召使陳詩，誦其國亡詩云：「君王城上豎降旗，妾在深宮那得知？十四萬人齊解甲，更無一個是男兒。」太祖悅。蓋蜀兵十四萬而王師數萬爾。

陶宗儀撰輟耕錄，主能改齋漫錄之說，以為孟昶時的花蕊夫人實為徐匡璋之女，並不姓費。這已經是一場牽扯不清的是非了；而宋人蔡絛所撰的鐵圍山叢談，則又另提一說，以為被稱為花蕊夫人的蜀國王妃有二，一為前蜀高祖王建之妾，一為孟昶之妃，其說如此：

花蕊夫人，蜀王建妾也，後號小徐妃者。大徐妃生王衍，而小徐妃其女弟。在王衍時，二徐坐游宴淫亂亡其國。莊宗平蜀後，二徐隨王衍歸中國，半途遭害焉。及孟氏再有蜀，傳至其子昶，則又有一花蕊夫人，作宮詞者是也。

此說雖以為花蕊夫人前後有二人，但卻未指出孟昶之花蕊夫人是姓徐還是姓費。至明人毛晉作「三家宮詞跋」，則竭力主張蜀主孟昶時的花蕊夫人姓費，而不以為前蜀王建之妃亦有花蕊夫人之號。到了清人吳任臣撰十國春秋，就接受了這種說法，直以為有花蕊夫人稱號的是後蜀孟昶之妃，而不將此名歸之於前蜀王建之妃徐氏。這些錯綜複雜的記載極為混亂，而且都各是其是，卻又都舉不出充分的證據來證實自己的說法。由此可知，在沒有經過嚴格的審查考訂之前，這些說法雖各以為是，卻暫時無法採信。

宮詞為證

花蕊夫人究竟是誰？最重要的一項證據，是傳世的「花蕊夫人宮詞」一書。此書在宋神宗時為秘閣校理王安國所發現，不久就被好事者刻印問世，歷兩宋而至明清，流行甚廣，膾炙人口。此書既名為「花蕊夫人宮詞」，可知為著名的花蕊夫人所作；從詩中的有關故事加以考訂，就可以進一步發現，此撰作宮詞的花蕊夫人究竟是誰？花蕊夫人宮詞共計百首，第七十六首云：

法雲寺裡中元節，又是官家降誕辰。
滿殿香花爭供養，內園先占得鋪陳。

中國自六朝隋唐以來，稱皇帝為「官家」。五代之世，十國亦僭號稱帝，所以無論是王衍或孟昶，都可被他們的臣下稱為「官家」。此詩指出，中元節是當時蜀國皇帝之聖誕令節，如果我們能確定王衍或孟昶的生日是在那一天，當可以進一步確定，撰此宮詞的花蕊夫人，究是王衍之母，還是孟昶之妃了。關於這一個問題，史書中頗有記載可查。舊五代史卷一百三十六孟昶傳云：

昶，知祥第三子也。母李氏，本莊宗侍御，以賜知祥。唐天祐十六年歲在己卯十一月十四日，生昶於太原。

又，宋史卷四百七十九孟昶傳的記述，與此相同，云：

昶母李氏，本莊宗嬪御，以賜知祥。天祐十六年己卯十一月，生昶於太原。

既然孟昶的生日是陰曆十一月十四日，那末，誕辰在七月中元節的那一位「大蜀皇帝」，當然不是孟昶。至於王衍的生日是否便在七月中元？則可由下述史文中見之：

吳任臣十國春秋：「乾德元年秋七月庚辰，應聖節。」

張唐英蜀檮杌：「咸康元年七月丙午，衍應聖節。」

「乾德」與「咸康」，都是王衍為蜀後主時所用的年號，乾德元年即後梁末帝之貞明五年，咸康元年即後唐莊宗之同光三年；所謂「應聖節」，則是因王衍「聖誕」而定的節日。考之史日長曆，貞明五年七月丙寅朔，庚辰為十五日中元；同光三年七月壬辰朔，丙午亦為十五日中元。兩書的記載並同，可以證明王衍的生日便是每年七月的中元節——十五日。這一條證據十分明顯而有力，足以證明撰寫「花蕊夫人宮詞」的花蕊夫人，實在是前蜀王建之妃，而不可能是後蜀孟昶之妃。孟昶之妃費氏是否亦有花蕊夫人之號？此外沒有更明顯有力的證據可以證實；「花蕊夫人宮詞」則證明了前蜀時的王建之妾，後來稱為小徐妃的王衍之母，確實曾有花蕊夫人之稱。這不但從王衍的生日資料上得到了直接的證據，由詩中所寫特多宣華苑景色看來，亦充分足以證明此點。張唐英蜀檮杌：

乾德元年，以龍躍池為宣華池，即摩訶池也……三年五月，宣華苑成。延袤十里，有重光、太清、延昌、會真之殿，清和、迎仙之宮，降真、蓬萊、丹霞之亭，土木之功，窮極奢巧。衍數於其中為長夜之飲，嬪御雜坐，舄履交錯。……

王建僭位稱帝，前後歷時十二年之久。他在名義上雖然自稱為大蜀皇帝，即位之後，只是將所居住的節度使衙署改稱為宮殿而已，並未另建新宮；所以居處簡陋，並無帝王宮禁的奢華規制。等到王衍嗣位之後，在後苑龍躍池周圍大事建設，又復窮奢極侈，務極華麗工巧，於是乎所謂大蜀皇帝也者，方纔有了配稱其皇帝身分的宮殿園苑。當時，在宣華苑中有名的宮殿亭臺，在花蕊夫人宮詞中都曾出現。如第二首中的「會真廣殿約宮牆，樓閣相扶倚太陽。」第五首中的「殿名新立號重光，島上亭臺盡更張。」第十三首中的「展得綠波寬似海，水心宮殿勝蓬萊。」第五十七首中的「丹霞亭浸池心冷，曲沼門含水腳清。」第三首中的「龍池九曲遠相通，楊柳絲牽兩岸風。」第四十六首中的「每日內庭聞教隊，樂聲飛出躍龍池。」其中的會真殿、重光殿、蓬萊亭、丹霞亭等，俱見於蜀檮杌所列舉的宣華苑宮殿亭閣名稱，而躍龍池與龍池更明顯地是宣華苑所在之處。這些資料更證明了花蕊夫人宮詞的寫作時間便在宣華苑落成之後，所謂花蕊夫人，更非王建之妃莫屬。只是，花蕊夫人之名，出於王建在位之時；到了王衍嗣立之後，花蕊已是母后的身分，如何仍可沿襲舊稱？這就是很難解釋的疑竇。推想其中原因，似乎在宮詞流佈於世之後，前蜀已亡於唐，民間仍沿舊時的習慣，稱之為花蕊夫人宮詞，於是方有這種看似不合情理的疑竇存在。事實真相如何，亦仍有待推敲研究。

美艷多嬌

王建宮中的小徐妃，在當時曾有花蕊夫人之號，前引蔡絛鐵圍山叢談中已曾有記述；加以花蕊夫人宮詞中的背景顯示，可以知道其說確有所本。所謂「花蕊」，依能改齋漫錄中的記述，是因為其人「似花蕊翻輕」之故。「翻」字在字典中的解釋是「小飛」之貌。蔡邕在「篆勢」一文中用到這字，曰：「若行若飛，蚑蚑翾翾。」潘岳笙賦中亦有此字，曰：「如鳥斯企，翾翾蚑蚑。」文選註引「字林」解釋「翾」字，說是：「初起也。」可見得這個字的意義是鳥將飛而振翼初起時的形狀；「翾翾」，就是描寫行走或跳舞的姿態極為輕捷美妙，惟花蕊之纖巧方足以曲盡其態的意思了。由這些地方看來，所謂花蕊夫人，應該是既美艷而嬌弱的可愛女人。嬌弱的部分，可以由「花蕊夫人」的名號中得到證明；美艷的部分，則由下面的記述中可以看得出來。宋張唐英蜀檮杌卷上：

徐氏，父名耕，成都人，生二女皆有國色，耕教為詩，有藻思。耕家甚貧，有相者謂之曰：「公非久貧，當大富貴。」耕因使相其二女。相者曰：「青城山有王氣，每夜徹天者一紀矣，不十年後，有真人乘運。此二子皆妃后。君之貴，由二女致也。」及王建入城，聞有姿色，納於後房，姊生彭王，妹生衍。建即位，姊為淑妃，妹為貴妃，耕為驃騎大將軍。衍即位，冊貴妃為順聖太后，淑妃為詡聖太妃；兄延瓊，弟延珪，皆致位太師、侍中。衍既荒於酒色，而徐氏姊妹亦各有倖臣，不能相規正，至於失國，皆其致也。

此云花蕊夫人之父名徐耕，所生二女並皆「國色」，足見這兩位後來成為順聖太后與詡聖太妃的徐氏姊妹，都是姿色極艷的美人。徐耕兩女並皆「國色」，這已經很不簡單的了；可怪的是，徐耕一家，似乎專出美女，因為除了兩徐妃之外，徐耕的孫女亦是一個大美人。吳任臣十國春秋卷三十七，王衍之妃韋氏傳云：

元妃韋氏，故徐耕女孫也，有殊色。後主適徐氏，見而悅之，太后因納之宮中。後主不欲娶於母族，託言韋昭度孫。初為婕妤，累封至元妃。

徐氏一門多美女，依照遺傳學的觀點看，應是稟賦有異。由此當亦可以確認，花蕊夫人必是絕色。十國春秋說：「賢妃與淑妃皆以色進，專房用事。」可證此說不虛。古語說：「以色事人者，色衰則愛弛。」花蕊夫人在王建年老時猶能有專房之寵，可以證明她此時尚非已老之徐娘，然則她之成為王建寵姬的時間，必定不會太早，至少不會在王建入蜀之初。

王建的出身，只是一個屠牛偷驢的盜賊，諢號人稱「賊王八」。其名雖然不雅，其人卻「隆眉廣顙」，富於機智勇略。唐朝末年，天下大亂，正是英雄得時之秋。王建崛起軍旅，初為忠武軍節度使麾下的一名小校，逐漸因戰功而得為四川壁州的刺史。憑藉了這一點小小的基業，他乘機招納亡命，擴充兵力，終於逐去了西川節度使陳敬瑄而據有其地。由司馬光資治通鑑考之，王建逐陳敬瑄而據有成都，是唐昭宗大順二年的事。那一年王建四十五歲，下距他僭位稱帝之後因老病而死，中間尚有二十七年。如果王建在得成都的那一年納花蕊夫人，又假定花蕊夫人在那一年是十六歲的話，則在相隔二十七年之後，花蕊夫人年已四十有三，徐娘已老，不可能再有當年的花容月貌，專房之寵，似乎應當屬之他人的了。根據這一推想，王建之納花蕊夫人，在時間上可能要比他入成都之時為遲。大概他在初入成都之時，先納花蕊夫人之姊大徐妃，而花蕊夫人的年齡可能與大徐妃相差五、六歲，在相隔五、六年後後再納小徐妃，上述的矛盾現象便不致存在了。不過，不管是屬於那一種情形，兩徐妃之以色事人，以及她們之怙寵而多有軌外之行，無論於國於家，都不會是好事。這一點，對於後主王衍之終於不免因酒色荒淫而致失國，都有直接間接的影響，不能漠然視之。

有才而不賢

王建之立王衍為太子，可說是生平最大的錯誤；而造成王建犯此錯誤的最重要之人，便是王建的寵妃，王衍的生母，花蕊夫人小徐妃。十國春秋卷三十一前蜀宰相張格傳中，有關於此事的記載，說：

太子元膺之變起，時後主封鄭王，年最幼，而順聖太后為賢妃，有寵，陰令飛龍使唐文扆以金百鎰貽格，諷格請立鄭王為皇太子。格心動，以為是可以術取也。乃夜為表，示功臣王宗侃等，詐言受密旨。眾皆署名，而後主遂得立。是時文扆居中用事，格附比於外，與司徒毛文錫等爭權勢，若水火。會高祖聞太子喧呼聲，心惡格，而未有以發，以賢妃內為之主，竟不能去也。

又同書卷四十六，宦官唐文扆傳云：

唐文扆，高祖時，以宦者為內飛龍使，與宰相張格比。後主之得為太子也，文扆實挾順聖太后之寵，諷格贊成其事。由是順聖太后內德之，而格亦附會為奸，逐毛文錫，左遷庾傳素，文扆力居多。是時高祖年老昏耄，文扆典禁兵，參預機密，事無大小，皆取決於手。……

上文所說的「高祖」，即王建，順聖太后即是花蕊夫人。花蕊夫人因為希望自己的兒子能夠繼位，從而運用不正當的手段使王建立之為太子，其目的雖然達到，所造成的後果卻非常不好。因為王衍並非守成之令子，而王建與花蕊夫人又不曾善為教督，以紈袴少年而為一國之主，視統治國家純粹只為滿足他個人的權利慾望，於是國事大壞，而蜀國以亡。關於這方面的情形，可以看新五代史前蜀世家中的大概記述，以略見其一斑。新五代史卷六十三：

建卒，衍立，因尊其母徐氏為皇太后，后妹（姊）淑妃為皇太妃。太后太妃以教令賣官，自刺史以下，每一官闕，必數人並爭，而入錢多者得之。通都大邑，起邸店以奪民利。衍年少荒淫，委其政於宦者宋光嗣、光葆、景潤澄、王承休、歐陽晃、田魯儔等，而以韓昭、潘在迎、顧在珣、嚴旭等為狎客，起宣華苑，作怡神亭，與諸狎客婦人日夜酣飲其中。好戴大帽，每微服出遊民間，民間以大帽識之，因令國中皆戴大帽。又好裹尖巾，其狀如錐。而後宮皆戴金蓮花冠，衣道士服，酒酣免冠，其髻髽然。更施朱粉，號醉粧，國中之人皆效之。嘗與太后太妃遊青城山，宮人衣服皆畫雲霞飄然，望之若仙。衍自作甘州曲，述其仙狀。上下山谷，衍常自歌，而使宮人皆和之。……

新五代史關於這方面的記述殊為簡略，若以蜀檮杌及十國春秋中的有關記載相比較，可以知道王衍的酒色荒淫之事還有許多，限於篇幅，不能贅述。所值得注意的，是王衍所自作的一首宮詞，其內容如此：

輝輝赫赫浮玉雲，宣華池上月華新。
月華如水浸宮殿，有酒不醉真癡人。

從這首宮詞中，不難看出王衍繼立以後的前蜀宮廷，君臣上下日夜從事於宴飲槃遊的光景，也可以看出紈袴少年王衍奢侈放蕩、頹靡逸樂的人生觀。王衍在當時只有二十上下的年紀，居然便有了這種享樂頹廢的思想，可以想見其來源必定與父母之教育有關。王建起家貧賤，僭號稱帝之後也沒有放蕩邪僻的失德之行，然則王衍的荒淫放縱，必定與他的母教有關了。新五代史前蜀世家說，兩徐妃在成為太后太妃之後，互相以教令賣官鬻爵，入錢多者可得美官。婦人干政，為亂政之階，花蕊夫人姊妹，在這些地方似乎難辭失德之咎。至於蜀檮杌說她們「各有倖臣」而不能相互規正，不知道這所指的「倖臣」只是用事的太監唐文扆之流，還是別有其人？因為事涉宮闈，而另外沒有具體明白的證據可以參考，殊難明白其中的真相。不過，花蕊夫人姊妹在成為太后太妃之後，猶復引導後主王衍從事荒唐放縱的槃遊逸樂之行，無論如何總是很使人失望的。所以，「花蕊夫人宮詞」的文字雖美，所給予後人的觀感殊為不佳。蜀人何光遠撰鑑誡錄，對此曾有極嚴厲的批評，說：

> 頃者，姊妹以巡遊聖境為名，恣風月煙花之性，駕輜軿於綠野，擁金翠於青山，倍役生靈，頗銷經費。凡經過之所，宴寢之宮，悉有篇章，刊於玉石，自秦漢以來，妃后省巡，未有富貴如茲之盛者也。議者以翰墨文章之能，非婦人女子之事，所以謝女無長城之志，

空振才名，班姬有團扇之詞，亦彰淫思。今徐氏逞乎妖志，飾自倖臣，假以風騷，庇其遊佚，取女史一時之美，為游人曠代之嗤。及唐朝興弔伐之師，遇蜀國有荒淫之主，三軍不戰，束手而降，良由子母盤遊，君臣凌替之所致也。……

這一段話的批評雖然苛刻嚴厲，所舉出來的「子母盤遊」與「君臣凌替」兩點，實在是造成王衍失國的主要原因。因此，我們對於王衍亡國之後，母子俱遭殺戮之事，也就感到咎由自取，無足惋惜了。需要在此附帶一說的，乃是陳履常後山詩話中曾經提到的花蕊夫人所撰亡國詩，云：「君王城上豎降旗，妾在深宮那得知？十四萬人齊解甲，更無一個是男兒。」以花蕊夫人的身分與地位而言，如何可能有如此之詩？這一疑竇，若由何光遠所撰的鑑誡錄考之，可知此詩實由唐人詩中抄襲而來，只是稍變其文句，又託名為花蕊夫人所作，以資欺惑世人而已。鑑誡錄中的原來記述如下：

故與聖太子隨軍王承旨有詠後主出降詩云：「蜀國昏主出降時，銜壁牽羊倒繫旗。二十萬軍齊拱手，更無一個是男兒。」又，蜀僧遠公有傷廢國詩曰：「樂極悲來數有涯，歌聲才歇便興嗟。牽羊廢主尋傾國，指鹿奸臣盡喪家。丹禁夜涼空鎖月，後庭春老謾開花。兩朝帝業都成夢，陵樹蒼蒼噪暮鴉。」

後唐滅蜀，領軍的主帥是皇子繼岌，亦即是上文所稱的「興聖太子」。以王承旨所撰的詩與前引花蕊夫人亡國詩相比，感概相同而文字略異，可知其彼此互有抄襲。但何光遠曾仕後蜀孟昶為善州軍事判官，而後山詩話的作者陳履常是南宋人，可以知道只有陳履常抄襲何光遠，何光遠決不可能抄襲陳履常。辨清了這一點之後，所謂「花蕊夫人亡國詩」也者，當然就與真正的花蕊夫人沒有關係了。

七、被「狸貓換太子」故事罵苦了的劉皇后

宋朝歷史上有一個「章獻明肅劉皇后」，她是宋真宗的第二個皇后，真宗崩駕後以皇太后身分臨朝稱制，在歷史上頗著聲名。不過，真正使她聲名廣被，在將近一千年之後還能夠成為家喻戶曉之人的原因，還是因為一部流傳極廣的通俗小說——七俠五義。

七俠五義以包公故事為經緯，穿插了許多俠義人物鋤暴安良，伸張正義的故事情節，使得此書在社會上流傳極廣，也極受歡迎。平劇取材於此書之劇目不少，而「狸貓換太子」的故事最富於號召力。從前京滬杭各地劇院上演包公劇，每以「全本狸貓換太子」的名義貼出海報，演出之日，座無虛席，可見其普受歡迎的程度。按，所謂狸貓換太子者，本是一個傳奇色彩極濃的虛構故事。故事開始時，敘述真宗之妃李氏劉氏二人同時有娠，劉妃覬覦皇后名分，意存陷害李妃之計。當李妃誕生太子之際，就由太監郭槐預先買囑穩婆，以一隻剝皮的狸貓換出太子，使宮女寇珠棄之御河中。幸遇忠心的太監陳琳搭救，偷出太子，送至八賢王宮中撫養，其後仍入宮中繼承

帝位，是為仁宗。至於不幸的李妃，則以誕生妖物之罪被打入冷宮，從此不見天日。其後宮中失火，李妃乘亂逃出，流落陳州，居於破窯之中，又因傷心過度而致雙目失明。幸遇包公放糧陳州，李妃至包公處告狀，遂由包公審明其冤曲，李妃與仁宗亦得重為母子。這一故事極富於曲折離奇的變化，而且善惡分明，極易為中下層民眾所接受。所以不但戲劇本身容易叫座，便是在說書場中講述，也能吸引極多的聽眾。由於小說的描寫與戲劇之傳播，「劉妃」成了一個心腸歹毒的兇惡婦人。這當然是很大的不幸，然而卻也不是全無理由的附會捏飾，因為這其中顯然藏有一項極大的宮廷秘密，李妃亦含有極大的寃曲，所以故事之出現並非全無緣故。按，錢靜方所撰小說叢考卷上「狸貓換主劇本考」一條說：

> 元人百種曲中，有以包公斷立太后事譜為院本者，今已失傳，所傳者僅梨園中之本耳。

由此可知，舊劇中的狸貓換太子故事，在元朝時已經有其輪廓，其來源實有所本。但如考之史籍，仁宗之生母李妃固無流落陳州之事，她與劉妃之間的地位又極為懸殊，又何來奪后之事？所以，狸貓換太子的故事究竟由何而來，實在也很費推敲。不過，由於狸貓換太子的故事流傳，對於故事中的主角人物劉妃，似乎也很值得研究了解。

狸貓換太子故事中的劉妃與李妃，在宋史后妃傳中俱有傳記，但其關係並非如七俠五義所寫之平等地位，二人均為宋真宗的妃嬪。這只要看宋史后妃傳中的李宸妃傳，便可知道。李宸妃傳中的記載如此：

李宸妃，杭州人也。祖延嗣，仕錢氏為金華縣主簿。父仁德，終左班殿直。初入宮，為章獻太后侍兒，莊重寡言，真宗以為司寢。既有娠，從帝臨砌臺，玉釵墜，妃惡之。帝心卜釵完當為男子。左右取以進，釵果不毀，帝甚喜。已而生仁宗，封崇陽縣君。……

「章獻太后」即是「章獻明肅劉皇后」的簡稱，亦即是狸貓換太子故事中的劉妃，仁宗即位後尊為皇太后；侍兒，則妃嬪宮中之給使宮女之類。李宸妃初為劉妃之侍兒，其後方被真宗選為「司寢」，其地位雖較一般宮女為高，但仍不能視之為妃嬪，只不過是具有名號的皇帝後宮人選之一而已。李宸妃在孕育仁宗時既然只不過是一個低級的「司寢」，七俠五義第一回，宋真宗對劉、李二妃所說：「朕雖乏嗣，且喜二妃俱各有孕，不知將來誰先誰後？是男是女？」以及「二妃子如有生太子者，立為正宮」云云，顯然沒有成立的可能；既然李宸妃的地位此時根本不能與劉妃等量齊觀，所謂狸貓換太子的故事，當然也就失去了出現的動機。宋仁宗生於公元一〇一〇年，亦即宋真宗之大中祥符三年。這一年，章獻的名義還只是一名「修儀」，要到兩年之後方纔進位為德妃，又半年而被立為皇后。章獻之能被立為皇后，當然是因為她有很多優點；至於她之所以不能很快地就由修儀進位為后妃，則又與她的家世有關。

古代的皇后作配天子，向來都注重其家世出身。例如宋仁宗的皇后曹氏，乃是宋朝的開國功臣曹彬之孫女，閥閱名第，累世公卿顯宦。英宗的皇后高氏，乃高瓊之曾孫女，高繼勳之孫女，有功王室，兩世官至節度使。神宗的皇后向氏，則是宰相向敏中的曾孫女。除此之外的歷朝后妃，選擇的標準也兼重家世出身，極少有寒微之女能被立為后妃的。在這種情形之下，章獻劉后應是很少數的例外情形之一。她的家世出身不但極為寒微，而且她在入宮之前還曾經結過一次婚。以再醮婦人之身，而居然能成為作配天子的皇后，在宋朝歷史上更是絕無僅有之事。

宋史后妃傳中的「章獻明肅劉皇后傳」，不曾提到她在入宮之前曾經結過一次婚。這顯然是出於有意的隱飾，目的在不願意彰顯其醜。事實上則中國在漢朝以前並不諱飾婦人再婚，而且皇帝也不以再醮婦人為嫌。例如漢武帝之母王皇后，先嫁為金王孫之妻，其母臧兒聽從卜者之言，以為此女後當大貴，乃從金家奪歸，納入景帝宮中，生男，即漢武帝。景帝即位，立王夫人為皇后，武帝時為皇太后。又漢武帝之皇后衞子夫，本平陽公主家之歌女，已有夫。武帝至平陽公主家，見而悅之，遂入後宮，生子據，武帝立之為皇后。先後兩朝的皇后均出身微賤，而且都是再婚之婦，但漢景帝與漢武帝都不以為嫌，可知在漢代時對此並無顧忌，到了後世時方纔注重這些問題。章獻劉后生當這樣的時代而沒有顯赫的家世，又且是再嫁之身，他到後來居然也能做到皇后與皇太后，則與她的才識與能力大有關係。若非如此，她就不可能以一個微賤出身的再醮婦人，得邀皇帝之特別賞識，並且力排眾議，成為正位中宮的皇后了。

章獻劉皇后的出身如何？宋史后妃傳雖然對此頗有諱飾，在宋朝人所撰的雜史中似乎還能看出其真相。宋人楊仲良編寫過一部「通鑑長編紀事本末」，所根據的多是當時流傳於世的官私載籍，其可信程度甚高。此書卷二十七「章獻垂簾」一章，有關於章獻劉后的出身記載，說：

景德元年正月乙末，以後宮劉氏為美人，楊氏為才人。劉氏，華陽人；楊氏，郫人也。上初為襄王，一日，謂左右曰：「蜀婦人多才藝，吾欲求之。」劉氏始嫁蜀人龔美，美攜以入京。既而家貧，欲更嫁之。張旻時給事王宮，言於王，得召入，遂有寵。王乳母秦國夫人性嚴整，不悅，固令王斥去。王不得已，出置旻家。旻避嫌不敢下直，乃以銀五百兩與旻，使別築館而居之。其後請於秦國夫人，得復召入，於是與楊氏俱幸。美因改姓劉，為美人兄云。

以這一段記載與宋史后妃傳中的章獻明肅劉皇后傳相比，可知宋史劉后傳中所說的，只是關於劉后的家世部分，而對於她的出身及早年事迹，則含糊不詳。史傳的本來文字如次：

章獻明肅劉皇后，其先家太原，後徙益州，為華陽人。祖延慶，在晉漢間為右驍衛大將軍。父通，虎捷都指揮使、嘉州刺史，從征太原，道卒。后，通第二女也。初，母龐夢月入懷，已而有娠，遂生后。后在襁褓而孤，鞠於外氏，善播鼗。蜀人龔美者，以鍛銀為業，攜之入京師。后年十五入襄邸。王乳母秦國夫人性嚴整，因為太宗言之，令斥去。王不得已，置之王宮指使張耆家。太宗崩，真宗即位，入為美人。以其無宗族，乃更以美為兄弟，改姓劉。……

照中國歷史上一般所見的情形，一個普通人在貴顯了以後，就需要找一些比較有名的人物攀附為上代的祖先，以資光耀家世。所以章獻劉后的祖父和父親究竟是不是晉漢間的武官，曾經官至驍衛大將軍與虎捷都指揮使之類的官職，都無從稽考，亦無關重要，所值得注意的只是當事人本身當時所處的地位情況。章獻幼而喪父，從小養育於外家，到後來至於需要以前夫為母家的兄弟，足證其家族凋零，而其母亦已在夫死之後另嫁。由於童年生活極為貧苦而又無父母照顧，所以她大概在十三、四歲時便已結婚，嫁的就是這個後來改稱為兄又改姓為劉的前任丈夫龔美。龔美家貧，聞說襄府有意購買四川籍的少女，竟把劉氏妻子鬻入襄府為姬妾，亦由此而為章獻帶來後半生的天家富貴，這實在是很意想不到的發展。推想章獻劉后與這位前任丈夫龔美間的感情一定很好，她後來不僅不怨恨他的中道離異，並且還很感謝他為自己所造就的一生富貴。為了感恩圖報，她不但認之為母家之兄，並且多方為他製造爵祿與財富，所以龔美在後來也成了極有地位的高官顯要。這在章獻而言，固然無可厚非，然而聽起來總是很覺得希奇的。

章獻十五歲入襄邸，不久即被乳母秦國夫人所逐，迫得只好寄居於王府指揮使張旻（或張耆）之家，而另一個同時取入的楊氏則並未遭遇同一命運，這其中的區別所在，大概便是由於章獻係再醮之身，而楊氏則是小姑初嫁之故了。漢朝人所不重視的婦人名節，在此時大概已被人認為是擇配的重要條件之一，如其不然，個性嚴整的秦國夫人有何理由向宋太宗稟告，必定要將章獻逐出襄邸而後已？這時候的宋真宗大概一定很痛苦，他一方面極愛章獻之婉麗柔順，一方面又被秦國夫人奉父命所壓迫，不得不將章獻遣送出府，其難以割捨的情形，使秦國夫人也感到不忍。所以在經過了一段時間之後，還是在徵得秦國夫人的同意之下，重新取入邸中。又過了若干年之後，太宗殯天，真宗即位，章獻的命運也從此步入泰境。景德元年，被冊立為有名號的後宮嬪御之一——美人。三年之後，皇后郭氏病死，美人劉氏升為修儀——修儀的品級是從一品，僅次於妃一等。等到由修儀進位為德妃之後，她已經很有希望被立為皇后了。其中原因，則由於她在入宮以後所表現出來的才能，使皇帝覺得她是一個有能力且可資信賴的賢內助之故。關於這一點，通鑑長編卷二十七，「章獻垂簾」一章中就有明白的記載，說：

大中祥符五年十二月丁亥，立德妃劉氏為皇后。后性警悟，曉書史，聞朝廷事能記本末。帝每巡幸必以從，衣不纖靡，與諸宮人無少異。凡處置宮闈間事，多援引故實，無不適當者。帝朝退，閱天下封奏多至中夜，后皆預聞之。周謹恭密，益為帝所倚信焉。

專制制度下的皇帝，日理萬幾。一個人的精力總有其限度，因此他必須有幾個可以參與機密的親近人物共同商討謀議，藉以減輕他的精神負擔。宦官、外戚、權臣之所以能夠乘機竊柄攬權，都是由於皇帝對他們有借助必要之故。與太監、外戚、及大臣相比，后妃與皇帝有夫妻關係，當然更可信賴。武則天之所以能夠代替唐高宗行使政權，即是由於此一原因。章獻劉后在真宗朝所處的地位，與當年的武則天頗為相似。這因為宋真宗也像唐高宗一樣，不是一個很英明剛斷的皇帝，有時不免倚賴自己的床頭人；而章獻劉后也恰像當年的武則天，不但對實際政治極有興趣，並且肯隨時隨地學習。以她們的聰敏資質，加上皇帝丈夫樂意讓她們過問政事，久而久之，自能以耳濡目染之便利，熟習處理國家政事的學問。不但在平時可以為皇帝分憂代勞，一旦遇有大故，還可以幫助年輕的嗣皇帝維持政權的鞏固。因此之故，宋真宗朝的章獻劉后，到後來也與唐朝的武則天一樣，具備了行使政權的能力。所不同的是，武則天野心極大，一心一意要以女人而自作皇帝；章獻皇后的才力遠為不逮，亦無此野心，所以宋朝的歷史上纔不致出現另一個武則天。至於另一項相似的因素，則是章獻劉后也與當年的武則天一樣，因為出身微賤之故，在冊立時曾遭到頗大的阻力。

章獻劉后被宋真宗冊立為皇后，是大中祥符五年十二月間的事。這時，距離章獻之初入襄邸已有二十九年，距離宋真宗之即位亦已有十五年，她的年齡是四十四歲。宋真宗以將近三十年的共同生活與十多年來的觀察訓練，當然知道章獻具備統御六宮的能力，而且是自己的一個有力幫手，有資格立為皇后。可是，就因為她是再醮之婦而且出身寒微，竟連當制的翰林學士都認為她不配母儀天下，不肯奉旨撰擬冊立之詔書。通鑑長編紀事本末記此云：

> 初議冊皇后，上欲得楊億草制，使丁謂諭旨。億難之，因請三代。謂曰：「大年，勉為此！不憂不富貴。」億曰：「如此富貴，亦非所願也。」乃命它學士草制。

楊億即楊大年，乃是當時的文章名手，為西崑體的領袖人物，所撰制誥，以辭藻富麗著稱。宋真宗使宰相丁謂諭意，欲令楊億草制，其目的無非希望這一篇冊后詔書能夠寫得矞皇典麗，有光史冊。然而楊億卻以為「如此富貴，亦非所願」，縱使皇帝許他極大的報酬，亦仍然不願奉旨。這當然表示他不屑為此有污筆墨的制詞，也間接表示了他反對劉氏為后的態度。楊億在當時只是一個翰林學士，位居文學侍從之職，對冊立皇后這樣的大事，起不了反對的作用。但由楊億的態度，不難看出當時朝中士大夫的態度，頗不乏有與楊億持同樣意見之人。在這種情形之下，皇帝仍能堅持其主張，不顧輿論清議的反對，一定要冊立德妃劉氏為皇后，確實也很不容易。真宗死後，章獻劉后以皇太后的身分臨朝稱制，翼贊幼君，政事俱臻妥適，奸佞亦無由篡竊國柄。以這方面的具體表現看來，宋真宗此時一定要以劉氏為皇后的堅決主張，似乎還是很不錯的。

宋真宗末年，得了一種怔忡恍惚之疾，常有昏瞀不省人事的情形。吏部尚書參知政事丁謂覬覦首相地位，遂與皇帝身旁的親信太監雷允恭潛相交結，隨時進讒破壞首相寇準的作為，務欲排而去之。恰值入內都知周懷政陰謀廢立，而寇準亦建議以皇太子監國，丁謂與雷允恭遂以此為罪名，指寇準與周懷政企圖逼迫皇帝交出政權，傳位太子而廢皇后。這一來使皇帝與章獻劉后都相信了丁謂雷允恭所揑造的指控，於是寇準被逐而丁謂代相。這是宋真宗天禧四年七月間的事。此時，宋真宗的怔忡恍惚情形已經相當嚴重，往往不能省憶自己所曾做過的事。丁謂利用皇帝的病態上下其手，乘機將皇帝所吩咐的諭旨加重語氣甚或改變原意，傳旨令翰林學士草擬詔敕，於是寇準更在被斥逐之後一再貶降，至於將有性命之憂。幸好這種情形沒有繼續很久，真宗於兩年後病死，仁宗繼立，章獻劉后遵奉真宗遺旨，以皇太后的身分權宜處分國事，政柄獨操，丁謂就沒有太多的機會再施展他過去的伎倆。四個月之後，雷允恭因為擅自作主改易真宗陵寢的「皇堂」位置之故，被誅，丁謂失掉了倚為內主的重要幫手，宰相中的王曾、馮拯等人又乘機將丁雷勾結擅權的內幕奏聞太后，於是太后發怒，而丁謂亦被逐。通鑑長編紀事本末卷二十四記此事之大概情形說：

初，丁謂與雷允恭協比專恣，內挾太后，同列無如之何。允恭既下獄，王曾欲因山陵事併去謂，而未得間。一日，語同列曰：「曾無子，將以弟之子為後，明日朝退，將留白此。」謂不疑曾有異志也。曾獨對，具言謂包藏禍心，故令允恭擅易皇堂於絕地，太后始大驚。謂徐聞之，力辨于簾前未退。內侍忽捲簾曰：「相公誰與語？駕起久矣。」謂惶恐不知所為，以笏叩頭而去。癸亥，輔臣入對承明殿，太后諭馮拯等曰：「丁謂身為宰相，乃與雷允恭交通。」因出謂嘗託允恭令後苑匠所造金酒器等示之，又出允恭嘗干謂求管勾皇城司及三司衙門狀示之。因曰：「謂前附允恭奏事，皆言已與卿等議定，故皆可其奏，近方識其矯誣。且營奉先帝陵寢，所宜盡心，而擅有遷易，幾誤大事。」拯等奏曰：「自先帝登遐，政事皆謂與允恭同議，稱得旨禁中，臣等莫辨虛實。賴聖神察其姦，此宗社之福也。」太后怒甚，欲誅謂。拯進曰：「謂固有罪，然帝新即位，亟誅大臣，駭天下耳目。且謂豈有逆謀哉？第失奏山陵事耳。」太后少解，乃責謂為太子少保，分司西京。

宋朝的制度，大臣得罪，照例只是左遷其官，以示貶斥之意，除非情罪重大而且嚴命屢頒，很少一降再降，遠貶至邊徼荒惡之地，終身不得生還的。但因丁謂從前借事中傷寇準，將他從右僕射兼中書侍郎平章事的宰相職位上降授太常卿知相州之後，猶復屢次加重其罪，至於遠貶至位居末秩的雷州司戶，屈辱達於極點。到了此時，他人亦以丁謂對待寇準的辦法還治其身。於是，丁謂亦在降授太子少保分司西京之後，一貶再貶，至於遠貶至距雷州更遠的海南島，去做瓊州府的司戶參軍。同為微官末秩，丁謂所得到的待遇較寇準更慘，亦可謂之報應不爽矣。這雖然是丁謂之咎由自取，亦應歸功於皇太后之當機立斷，不務姑息。舉此一端，便不難看出章獻劉后雖是一介女流，其處事之有決斷，殊不讓於鬚眉男子。

章獻劉后在真宗死後以皇太后的身分臨朝稱制，前後歷時有十一年之久；直到宋仁宗明道二年十二月皇太后駕崩，仁宗自親大政為止，在這十一年之中，宋朝的統治權實際操於章獻皇太后的手中。當時她的年齡，是從五十四歲到六十五歲。章獻皇太后以一個出身寒微的貧家女子，在執掌政柄之後，竟然能將國家大事處理得有條不紊，而且宮闈嚴肅，朝政清明，治績卓然可觀，其成就殊不平凡。所以能夠達到此一地步的緣故，一方面固然得力於長時期以來的陶冶訓練，一方面還得歸功於她自己的聰明與勤懇。

關於章獻劉后之聰明警悟，通鑑長編紀事本末已經有過這方面的稱譽；另外則宋人筆記中更有一條具體的記載可資參考。王銍「默記」：

章獻太后智聰過人，其垂簾時，一日泣語大臣曰：「國家多難，向非宰執同心協力，何以至此？今山陵事畢，卿等可具子孫內外親族姓名來，當例外一一盡數推恩。」宰執不悟，於是盡具三族親戚姓名以上。明肅得之，各畫成圖，黏之寢壁，每有進擬，必先觀圖，非兩府親戚，方除之。

宋朝的官吏任用制度，文職官由宰相，武職官由樞密使擬具適當人選的除授名單，奏呈皇帝核准後任用之。宰相所在的中書堂稱為東府，樞密使所在的樞密院稱為西府。合之則稱為「兩府」。兩府宰執大臣奏擬文武官員，難免沒有徇私偏袒宗親戚屬及同鄉好友之類關係人物的情形，卻不料已被章獻用欺騙手法先期取得了宰執大臣們的戚屬名單，凡有進擬，單上有名之人一概不在核准之列，於是宰執無法市恩戚屬，而仕途收澄清之效。這種手法雖然不很高明，卻可證明章獻是善於玩弄小聰明的機智婦人，非等閒所能欺騙。但是她本人雖然嚴防宰執大臣之徇私弄權，對於她自己的娘家親戚，卻又多方為之設法廣開倖進之門，以便利他們的玩法營私，黷貨求財。這在通鑑長編紀事本末卷三十四「外戚驕橫」一章中有甚多事實記載，隨便摘錄數條，即可見其一斑。

天禧四年六月，宰臣寇準請治皇后宗人橫於蜀，奪民鹽井。上以皇后故，欲舍其罪。準必請行法，重失皇后意。監察御史章頻嘗受詔鞫印州鹽井事，劉美依倚后家，受託使人市其獄。頻請捕繫。上以后故不問，出頻知宣州。

按，天禧是宋真宗的年號，其時真宗尚在位，章獻只是皇后的身分，其假兄劉美即已依倚其勢力，在四川原籍包攬詞訟，皇帝則因章獻之故，釋而不問。其後真宗駕崩，章獻以皇太后身分臨朝聽政，這種情形就更加表面化了。同書記云：

乾興元年二月戊午，仁宗即位，皇太后垂簾聽政。四月壬寅，以光祿寺丞馬季良召試館職。太后遣內侍賜食，促令早了，主試者分為作之。季良家本茶商，劉美女婿也。

天聖五年三月，王蒙正為荊南駐泊都監，挾太后姻橫肆。知府李若谷繩以法，議事多異同。轉運使王碩具奏，頗右蒙正。戊申，徙若谷知潭州。蒙正女，劉從德妻也。（按，劉從德乃劉美之子）

天聖八年四月甲午，徙京西轉運使工部郎中王彬為河北轉運使。部吏馬崇正，太后姻家，猖橫不法。彬發其贓罪，下吏，忤太后意，復徙京東。

天聖八年九月，劉美家婢出入禁中，大招權利，樞密直學士刑部侍郎趙稹厚結之。己巳，擢稹為樞密副使。

天聖九年十一月。初，蔡州團練使知相州劉從德卒，年四十二，贈保寧節度使，封榮國公，謚康懷。太后悲憐之尤甚，錄內外姻戚門人及僮僕幾八十人。從德姊婿龍圖閣直學士馬季良、母越國夫人、錢氏兄惟演、子集賢校理曖、及妻父王蒙正，皆以遺奏各遷兩官。

由上面這些記載可以知道，當章獻太后臨朝稱制的十一年當中，她所給予劉美一家及其姻親馬季良、王蒙正、錢惟演等人的特別利益，實在太多。在這些人之中，得利最多的當然是劉美；

他在生前已經官至侍中，天聖二年病死，更追贈為中書令，妻錢氏亦封越國太夫人。章獻太后對宰執大臣則多方防杜其擅權徇私，對劉美一家則不惜濫施封賞，大開恩澤之門，顯然不能示人以大公至正的無私態度。最可笑的是，劉美其實乃是章獻的前夫，除了這一層婚姻關係之外，與劉家不沾親故；而章獻太后竟然不恤人言，以國家名器作為她酬恩私人的工具，未免淺薄無識。這當然是因為章獻太后自小不曾讀聖賢之書，不懂得綱常名教的大道理，雖能以小聰明玩弄權術來達到其駕馭籠絡之目的，其實則不學有術，充其量只能是一個善於隨機應變的女人，幹濟有餘，英明不足。像她這樣的才具，如果能有適當的教育，懂得經國濟世、澤被蒼生的大道理，一定可以有更偉大的成就。然而不能者，當然還是為才具及器識所限，難以達到更高一層境界的緣故。

說到章獻太后由於其才具及器識所限，不能達到更高一層境界的具體事實，無過於她與宋仁宗之間的母子關係一事，最使宋仁宗抱終天之恨，即是我們現在看來，也要為仁宗的生母代鳴不平。人性中的親子之愛，最純潔也最高貴；章獻太后只為了她個人利益的緣故，竟不惜破壞李宸妃與宋仁宗的母子關係，坐視李宸妃含悲忍痛，終其生不能一伸親子之愛，而毫沒有一點同情憫惻之心，這一份冷酷摯狠的心腸，就足夠資格被描寫成狸貓換太子故事中的主角劉妃了。關於這一件事情的始末經過，狸貓換太子的故事當然沒有參考的價值。但因宋史后妃傳中對此的記述過分簡略，亦不足以使人充份了解其中的真相。在這裡加以研究探討一番，一方面可以廓清狸貓換太子故事的荒唐外貌，另一方面亦可以進一步了解章獻太后的內在性格，對於歷史研究或者不無裨益。

據宋史后妃傳所記，李宸妃卒於宋仁宗之明道元年，得年四十二歲。依此推算，李宸妃在誕生仁宗時應為二十四歲，那一年，章獻劉后的年齡則是四十二歲。宋仁宗生於大中祥符三年，假如宋真宗果曾在二妃懷娠之時許下諾言，何人誕生太子，即立何人為皇后，則應是大中祥符二年中的事，其時李宸妃二十三歲，章獻則四十一歲。李宸妃的年齡比章獻小十八歲，應該佔有很大的便宜。因為四十一歲的中年婦人必定難與二十三歲的少婦爭寵，這是十分明顯的道理，更何況章獻自十五歲入襄邸，至今已歷二十六年，始終未曾得孕，此時又如何能以四十一歲的將衰之年忽然有娠？這又是一個十分明顯的矛盾。由此可知，狸貓換太子故事中的這一個故事緣起，便編造得十分不合情理。至於李宸妃得孕的經過，則王明清的揮麈後錄中曾有記載，云：

章懿李后初在側微，事章獻明肅。章聖偶過閤內，欲盥手，后捧洗而前。上悅其膚色玉耀，與之言。后奏：「昨夕忽夢一羽衣之士跣足從空下云，來為汝子。」時上未有嗣，聞之大喜，曰：「當為汝成之。」是夕召幸，有娠，明年誕昭陵。……

李宸妃在後來被仁宗追尊為章懿皇太后，此所云「章懿李后」，即指李宸妃而言；「章聖」則是宋真宗，「昭陵」指仁宗。李宸妃在大中祥符二年得幸而有娠，其時她還只是章獻宮中的一名給事宮女，因侍應皇帝洗滌用水而被皇帝看中她的膚色玉潤可愛，恰好她又有天降貴子的夢兆，於是乃因緣時會，一索而得男。由此亦不難知道，李宸妃雖曾誕育仁宗，她本人卻生得不漂亮，而章獻劉后卻是以美貌得皇帝之寵的。由于李宸妃並不漂亮，又且地位卑微，即使為皇帝生下了寶貝兒子，其命運並沒有顯著的改善。其中原因，應當與章獻之陰謀篡奪有關。由於她自己沒有兒子，章獻在一開始就對李蓄意壓制，既不給予應得的名號，更將李宸妃所生之子據為己有，於是李宸妃更沒有理由可以被晉封為較上一等的嬪御，除了坐視自己的兒子被章獻所奪之外，毫無反抗之餘地。在這一事件之中，最可怪的是真宗的態度。他為什麼不能在此時為李宸妃爭取其應得的權利？又默許章獻強占李宸妃所生之子？推想其中原因，或者與章獻之力能左右皇帝之意向有關。這是因為章獻素來是皇帝所最寵愛的妃嬪，其本人又善於以狐媚取悅之道博取皇帝的歡心。久而久之，積愛成畏，章獻對皇帝就有了控制駕馭的能力，使得皇帝對她的意見不願或者不敢有所違逆。章獻終生不育，所最需要的就是希望有個兒子，以便將來能以皇太后的身分得皇帝兒子的孝養，終生富貴不盡。現在她看到自己的宮女在被皇帝召幸之後居然有子，顯然就對自己的地位構成了威脅。為了鞏固自己的地位及報復李宸妃與皇帝之間的軌外行動，她以奪子的方式為懲罰的手段，這使得李宸妃不敢反抗，而皇帝亦不敢有異言。於是，這一幕奪子的陰謀，就在當時的宋朝宮廷中演出了。在章獻劉后的一手安排之下，李宸妃所生的仁宗交給了楊淑妃去保護看視，李宸妃在一開始就與初生的嬰兒隔絕，後來亦一直不能有接近兒子的機會。至於這個兒子的生身之母究竟是誰，則章獻劉后的態度十分明顯，她是要將這個李宸妃所生的兒子據為己有，從此不准宮中之人說出此一秘密。從此直到真宗駕崩，仁宗繼立，仁宗趙禎始終以為章獻就是他的生身之母，承順孝養，無違顏色。宋史后妃傳中的李宸妃傳記此，云：

> 仁宗即位，妃嘿處先朝嬪御中，未嘗自異。人畏太后，亦無敢言。終太后世，仁宗不自知為妃所出也。

由這段話中可以知道，章獻當時在宮中所建立的權威，是絕對崇高的。李宸妃處於積威之下，根本不敢萌生反抗之意圖，旁人自然更不敢洩漏此一最高機密。於是，章獻太后的地位穩固無比，而李宸妃則永遠沒有出頭的機會。表面上看起來，章獻太后的奪子陰謀是徹頭徹尾的成功了，事實上則殊不盡然。因為公道自在人心，世上之人知道了章獻太后的這一奪子陰謀，無不對她的行為感到深惡痛絕，認為是滅絕人性的不人道行為。他們對章獻太后的這種作為固然沒有反對的力量，卻可以口誅筆伐的形式施以道德上的懲罰。於是出現了狸貓換太子這樣的故事。藉著故事的結構，章獻劉后被刻畫成一個生性狠毒的歹惡女人，而李宸妃則是無辜的受害者。基於天道循環，善惡到頭終有報的道理，李宸妃所受的冤抑，到後來由包龍圖為之伸理得直，而劉太后則得到了慘酷的報應。這雖然只是一個純出虛構的故事，但因其故事內容如此地為李宸妃設計美滿理想的結局，可以相信它必定是出於有心人的結撰，其動機純為李宸妃抱不平而起。這一可能性，雖然只是筆者個人的推想，但亦未必沒有存在的理由。因為即使是在李宸妃身死之後，章獻太后對她的壓制手段似乎還沒有完結的意思。這只要看通鑑長編紀事本末中的有關記述，便可知道。此書卷三十三，「追尊章懿太后」一章記云：

明道元年二月丁卯，以真宗順容李氏為宸妃。是日，宸妃薨。妃始生子，皇太后即以為己子，使皇太妃保視之。帝即位踰十年，宸妃默處先朝嬪御中，未嘗自異。人畏太后，亦無敢言。終太后世，帝不自知宸妃所出也。疾革，乃進位，遽薨，年四十六。三宮發哀，成服苑中，攢塗於嘉慶院，葬於洪福院之西北隅。始，宮中未治喪。宰相呂夷簡朝奏事，因曰：「聞有宮嬪亡者。」太后矍然曰：「宰相亦預宮中事耶？」引帝偕起。有頃獨出，曰：「卿何間我母子也？」夷簡曰：「太后它日不欲全劉氏乎？」太后意稍解。有司希太后旨，言歲月未利。夷簡黜其說，請發哀成服，備宮仗葬之。時有詔欲鑿宮城垣以出喪，夷簡遽求對。太后揣知其意，遣內侍羅崇勳問何事？夷簡言：鑿垣非禮，喪宜自西華門出。太后復遣崇勳謂夷簡曰：「豈意卿亦如此也。」夷簡曰：「臣備位宰相，朝廷大事，理當廷爭，太后不許，臣終不退。」崇勳三反，太后猶不許。夷簡正色謂崇勳曰：「宸妃誕育聖躬，而喪不成禮，異日必有受其罪者，莫謂夷簡今日不言也。」崇勳懼，馳告太后，乃許之。

這一段記事的後面幾句話，非常有警惕性。所謂「宸妃誕育聖躬，而喪不成禮，異日必有受其罪者，莫謂夷簡今日不言也。」這幾句話分明是在點醒章獻，不要以為章獻太后所用的移花接木之計外面無人知道；一旦太后謝世而皇帝知其生母為誰，這一項「喪不成禮」之罪恐怕不是劉氏子孫所能承擔得起！未來之禍如此可怕，這纔使章獻太后明白了其中潛伏的內在危機。於是不但宸妃的喪禮從厚，而且在盛殮之後還用水銀養護其屍體，以便將來有朝一日東窗事發之時，章獻太后可以脫身於事外。果然，在章獻太后第二年崩駕之後不久，就有人將這一宮闈秘密洩露給了皇帝。皇帝號慟累日，追恨當年不能對自己的生身之母有所崇報，痛悔無及，而呂夷簡當年所顧慮的事情也果真發作。因為有人向皇帝訐奏，說宸妃之死因不明而喪不成禮，其中或有隱情，應該啟棺查驗。於是乃有易棺檢視之事。關於這一段事實，蘇轍龍川別志及邵伯溫聞見錄都有記載，但彼此的說法不一致。今據宋史后妃傳轉錄於次：

後章獻太后崩，燕王為仁宗言，陛下乃李宸妃所生，妃死以非命。仁宗號慟頓毀，不視朝累日，下哀痛之詔自責，尊宸妃為皇太后，謚莊懿。幸洪福寺祭告，易梓宮，親哭視之。妃玉色如生，冠服如皇太后，以水銀養之，故不壞。仁宗嘆曰：「人言其可信哉！」遇劉氏加厚。

所謂「燕王」，在狸貓換太子的故事中亦有其人，就是耿耿忠心，一心翼護陳琳所偷出來的皇子，後來又入宮成為真宗之子，終於保全皇裔一脈的「八賢王」者是。小說中塑造了這麼一個忠心耿耿的賢王，是因為非得如此一位賢王無法安排陳琳所偷出來的皇子。事實上則皇子既未偷運出宮，燕王亦非賢王一流的人物。另據王銍默記所說，則為仁宗揭發此一秘密之人，乃是自幼為皇帝保母之楊淑妃，當時已被尊為皇太妃。以情理推測，楊淑妃與章獻太后的交情極厚，平時既為其一力包瞞，此時亦涉嫌為通同作弊之人，如何肯冒此大不韙，敢為出賣死友之事？所以比較以燕王之說為能合事實。宋史后妃傳之作此敘述，必定亦曾經過一番研究考慮。不過，當時既有李宸妃死於非命之說，關於李宸妃的死因，便不無可疑之處。章獻太后在棺殮宸妃之時，命人以水銀養護其屍體，藉以顯示其死時容顏如生，其目的無非在澄清外間的流言，為自己作全身遠害之計。究竟李宸妃是否死於非命，這一個宮闈秘密，恐怕已永遠無法尋得答案。狸貓換太子的故事，大概便是在這重重疊疊的懷疑揣測之中編織出來，而章獻太后嚴酷鷙忍的性格，恰好又符合故事人物的性格條件，於是就使宮闈中的奪子故事衍變成了怪誕離奇的面貌。追探其中事實，雖應說是「查無實據」，畢竟還是「事出有因」。

章獻皇太后在中國歷史上並不是十分重要的人物，她的生平事迹，若非狸貓換太子的故事蓄意歪曲其形象，恐怕也不會有人注意。由此亦不難使人得到若干啟發性的教訓：手握權勢的帝王將相們雖然地位顯赫而氣燄薰天，假使他們或她們的作為只是在逞一時之快而不顧及千秋萬世的輿論，那就有可能被編寫故事的人歪曲其形象。如章獻皇太后之變成狸貓換太子故事中的劉妃，即是其實際的例子。當章獻太后一心一意要保持她與仁宗間的假母子關係時，她決不會想到，後來竟會被人寫成狸貓換太子故事中的惡毒婦人的吧！

八、曠代女詞人李清照

古時的中國社會，有所謂「女子無才便是德」的話，此所謂「才」，乃是指文字寫作方面的才能。在這種道德規範的約束之下，仕宦人家的閨秀們，充其量只能誦讀一些「女誡」、「閨範」、「列女傳」之類的書，教導她們長大成人之後如何孝順翁姑，敬事丈夫，克盡勤儉持家的職責，並不希望她們從書本中學得更多的東西。在這種封建落後的思想薰陶之下，小說書固然被視為導引淫邪的左道旁門之物，即是作詩填詞，也一樣被視為是浪費精力的無益之事。所以中國歷史上的女詩人實在太少，女詞人更罕得一見。為的是她們即使富有文學創作的才華，也都被時代意識所扼殺，無從得而表見。惟一例外地得有異常成就的，應推北宋末年的女詞人李清照。

宋朝是詞的黃金時代。這種脫胎於詩而逐漸成為新體文學創作的長短句歌詩，創始於唐末而盛行於五代，到了宋朝以後，更得到了新的發揚光大，蔚為文學創作的巨流。文學史家論宋代的詞，將它們區分為北宋與南宋兩大時期，而北宋詞的演變又可分為三個階段。在這種遞嬗演變的過程中，詞壇上的名家先後疊出；但當以宋徽宗時的周邦彥的詞，摹寫物態，無不曲盡其妙，更難得的是遣字用韻皆合於詞律的法度，同時無人能及，故而可稱為詞中之李、杜。李清照雖是閨秀詞人，在這些地方當然不能與周邦彥一樣地被尊為北宋時代最偉大的詞家，卻也不能不把這一時期中最為有名的女詞人頭銜，歸之於李清照。在「女子無才便是德」的封建時代裡，李清照能以她的綺麗筆觸寫下許多首傳誦千古的好詞，又能在文學史上得此盛譽，她的成就，實在太不尋常了。

照宋史文苑傳中的記述，李清照是山東濟南人，宋哲宗元符二年十八歲時，嫁與當時在國子監讀書的太學生山東諸城人趙明誠為妻。以此推算，李清照應當出生在宋神宗的元豐五年，即公元一〇八二年。但如照她自己寫在「金石錄後序」中的說法，她嫁與趙明誠的那一年是宋徽宗的建中靖國元年，在元符二年之後兩年；那末，她的生年似乎又應較此為晚，應是公元一〇八四年。這兩種說法究以何者為正確，目前已難斷定。不過，一般研究李清照生平歷史的史家，多以元符二年嫁趙明誠之說為準，自亦當暫從此說。依照此一說法，則當宋高宗建炎三年趙明誠病死之時，李清照應是四十七歲，紹興四年李清照撰金石錄後序時，應是五十歲。在此以後，宋高宗紹興十一年謝伋撰「四六談塵」之自序時，還在序文中提到李清照，稱之為「趙令人李」，那時的李清照應該是五十九歲。再以後就看不到李清照的有關紀錄，因此不能確定她死於何年，享壽幾何？她生平所撰的詞，共有六卷；不過到現在已經只剩下寥寥數十首的「漱玉詞」一卷，其餘皆已亡佚。作為北宋第一女詞人的李清照，有關她生平歷史與著作流傳的情形缺略如此，當然不免使人感到失望。然而另外還有較此更為令人失望的事實存在，那就是當時人對她寡居時期所加的名節侮辱，居然到了造謠破壞的地步，簡直使人不敢相信。由此而言，李清照的詞，雖然在文學史上得到崇高的評價，她當時的遭遇，卻是很值得同情的。

李清照的父親名李格非，官至禮部員外郎，母親則是狀元王拱辰的孫女。因為父母均工於文章之故，李清照自幼便在耳濡目染之下，習慣於讀書作文的生活。加以她的天資聰明而富於才藻，在結婚之後，居然在詩詞的寫作上勝過她的丈夫趙明誠甚多。於是，在文學史上便留下了許多有關她們夫婦間唱隨吟詠的有趣故事，十分為後人所歆羨。

趙明誠的父親名挺之，號正夫，在宋徽宗時曾經官至宰相，卒謚清獻。趙李兩家因同鄉而兼有戚誼，最後終於結為姻親。趙明誠與李清照，以少年夫妻同有才學，自然感情很好。只是當趙明誠與李清照結婚時，趙明誠還只是國子監中的一名太學生，必須到京中去讀書，自無法不使新婚燕爾的李清照平添無限離情別緒，為離別而愁，為相思而苦。漱玉詞中有好幾首專寫相思情懷與離別意緒的詞，據說便是此時所作。其中一首名「一翦梅」，清麗婉約，精秀卓絕，讀來令人擊節稱賞。詞云：

紅藕香殘玉簟秋，輕解羅裳，獨上蘭舟。
雲中誰寄錦書來？雁字回時，月滿西樓。
花自飄零水自流，一種相思，兩處閒愁。
此情無計可消除，才下眉頭，卻上心頭。

又一首「念奴嬌」，據說也是此一時期的作品。詞云：

蕭條庭院，又斜風細雨，重門須閉。寵柳嬌花寒食近，種種惱人天氣。險韻詩成，扶頭酒醒，別是閒滋味。征鴻過盡，萬千心事難寄。樓上幾日春寒，簾垂四面，玉闌干慵倚。被冷香消新夢覺，不許愁人不起。清露晨流，新桐初引，多少遊春意。日高煙斂，更看今日晴未？

這些詞寫出了閨中思婦的寂寞慵懶之心，其情思之細密與意境之高妙，讀之使人低徊不盡。其中更為人所傳誦的，則是那一首著名的「醉花陰」，詞云：

薄霧濃雲愁永晝，瑞腦消金獸。佳節又重陽，玉枕紗厨，半夜涼初透。東籬把酒黃昏後，有暗香盈袖。莫道不消魂，簾捲西風，人比黃花瘦。

這首詞之所以有名，是因為有這麼一個故事在內：據說李清照在趙明誠留京讀書期間寄了許多抒寫相思離情的詞給丈夫，趙明誠一一細讀之後，覺得李清照的詞實在寫得太好，自己在這方面遠為不如，心中十分不舒服。為了也希望能夠和她唱和一番而不致太輸給她，因此就閉門謝客，把自己關在房間裡苦心從事吟詠。在廢寢忘食地搞了三日三夜，共寫成了五十多首詞，還把李清照所作的這首「醉花陰」也夾雜在裡面，先送給同學好友陸德夫品評，看他所寫的這些詞能否與李清照的詞一比高下？陸德夫玩誦再三，最後終於說：「我看來看去，覺得這裡面只有三句最好，值得提出來大書特書。」趙明誠問他是那三句最好？陸德夫脫口吟道：「莫道不消魂，簾捲西風，人比黃花瘦！」原來說了半天還是李清照的詞最好！趙明誠至此方纔認輸。而這首有名的詞，也因為這一有趣故事而流傳至今。足見女詞人名下不虛，在當時已早有定評了。

「漱玉詞」中所收的詞，無一首不佳妙。除了上述三詞之外，其「漁家傲」一首，亦極有名。詞云：

天接雲濤連曉霧，星河欲轉千帆舞。彷彿夢魂歸帝所，聞天語，殷勤問我歸何處？我報路長嗟日暮，學詩謾有驚人句。九萬里風鵬正舉，風休住，蓬舟吹取三山去。

此詞的意境極為奇妙——視太虛如河海，縮宇宙為世界，詞評家因此推許它直有「姑射仙人飲露吸風之致」。至於最有名的那一首「聲聲慢」，說起來就更為大家所熟悉的了。詞云：

尋尋覓覓，冷冷清清，悽悽慘慘戚戚。乍暖還寒時候，正難將息。三盃兩盞淡酒，怎敵他晚來風急？雁過也，正傷心，卻是舊時相識。滿地黃花堆積。憔悴損，如今有誰堪摘？守著窗兒，獨自怎生得黑？梧桐更兼細雨，到黃昏，點點滴滴。這次第，怎一個愁字了得？

李清照在這首詞中所表示的慘痛悽苦之情，真有蘇東坡寫在赤壁賦中所謂「舞幽壑之潛蛟，泣孤舟之嫠婦」之感。但其意境雖極悲楚，其全詞音調之美與用疊字之新奇，則又遠非古今詞家所能企及。據說這一首詞乃是李清照喪夫之後寡居避難時期之所作，因為她當時的境遇十分艱困而心緒極為惡劣，觸景生情，倍感酸楚，所以才能寫出這一首盪氣迴腸而夐絕千古的好詞來。由這些實例中可以知道，李清照之所以能在宋詞中得享崇高的讚譽，絕非偶然；稱之為古今詞家中最為傑出的女詞人，亦決非虛譽。

清人李漁嘗論作詞之難，說：

句之長短，字之多寡，聲之上平去入，韻之清濁陰陽，皆有一定不移之格。長者短一線不能，少者增一字不得。又復忽長忽短，時少時多，令人把握不定。當平者平，用一仄字不得；當陰者陰，換一陽字不能。調得平仄成文，又慮陰陽反覆；分得陰陽清楚，又與聲韻乖張。

由於有這許多格律規制方面的限制，一首好詞，不僅要調平仄而轉音律，還得要文字優美，情感真摯，方能達到真善美的最高藝術境界。元明清以後的詞，已經與歌唱的關係脫節，在這些方面所受的限制已經寬鬆得多了；而在宋代，一方面既是詞的黃金時代，二方面又有其歌唱的實際用途，一首詞如果不能唱或是唱起來不中聽，便不免要流為笑柄了。李清照當然是極有研究的，在她以嚴格的格律尺度衡量之下，當代的有名詞家，居然有很多人不中繩墨，說起來實在難以相信。然而照宋人胡仔收錄在「苕溪漁隱叢話」中的文字紀錄，李清照在當時確實有過這種批評，原書中之文字如此：

> 五代干戈，四海瓜分豆剖，斯文道熄，獨江南李氏君臣尚文雅，故有「小樓吹徹玉笙寒」，「吹皺一池春水」之詞，語雖奇甚，所謂「亡國之音哀以思」也。逮至本朝，禮樂文章大備，又涵養百餘年，始有柳屯田永者，變舊聲，作新聲，出「樂章集」，大得聲稱於世。雖協音律，而辭語塵下。又有張子野、宋子京兄弟，沈唐、元絳、晁次膺輩繼出，雖時時有妙語，而破碎何足名家！至晏元獻相、歐陽永叔、蘇子瞻學際天人，作為小歌詞，直如酌蠡水於大海，然皆句讀不葺之詩爾，又往往不協音律者，何邪？蓋詩文分平仄，而歌詞分五音，又分六律，又分清濁輕重。且如近世所謂聲聲慢、雨中花，喜遷鶯，既押平聲韻，又押入聲韻；玉樓春本押平聲韻，又押上去聲，又押入聲。本押仄聲韻，如押上聲，則協，如押入聲，則不可歌矣。王介甫、曾子固文章似西漢，若作一小歌詞，則人必絕倒，不可讀也。乃知別是一家，知之者少。後晏叔原、賀方回、秦少游、黃魯直出，始能知之。而晏苦無鋪敘，賀苦少典重；秦即專主情致，而少故實，譬如貧家美女，雖極妍麗丰逸，而終乏富貴態。黃即尚故實而多疵病，譬如良玉有瑕，價自減半矣。

苕溪漁隱叢話中所著錄的這一段評詞之言，一方面歷敘詞之流變，一方面也歷舉北宋以來的有名詞家而一一給予客觀的批評，雖出語有傷忠厚，但畢竟有其獨到之見。不過因為晏殊（丞相）、歐陽修（永叔）、蘇軾（子瞻）、王安石（介甫）、曾鞏（子固）、晏幾道（叔原）、賀鑄（方回）、黃庭堅（魯直）、秦觀（少游）等人都是與李清照相去極近的詞壇前輩，他們的門生弟子遍布天下，李清照如此直言無忌的老實批評，便難免招來人們反感。加以她在宋高宗紹興二年時，還曾因新科狀元張九成的對策，中有「桂子飄香」之句，作詩譏誚，以「桂子飄香張九成」與「露花倒影柳三變」相對偶，使張九成和他的朋友們感到十分難堪，於是乎乃有後來的架誣再嫁之說。雖然這些人的行為動機十分可鄙，在李清照自己，卻也不免有輕薄招尤之咎，不能完全諉過於他人的。

李清照與她的丈夫趙明誠結婚之後兩年，趙明誠就以太學卒業的資格出仕了。其後歷官山東青州、萊州二府的知府，頗有餘貲從事書籍字畫及金石彝器的收藏及考證。居青州府署時，所積聚的書籍文物已多至三十餘屋，可惜在靖康之亂中只能攜帶了一部分遷來南方，其餘悉為金兵所焚燬。建炎南渡，趙明誠曾經做過一任建康府的知府，其地即是今日的南京，當時稱為江寧，南渡後改名建康。據野史所載，李清照隨夫官江寧時，「每值天大雪，即頂笠披簑，循城遠覽，得句必邀賡和，明誠每苦之。」平心而論，李清照是富有浪漫氣質的文人性格，而趙明誠則只是勤於吏職的標準公務員而已，兩人的趣味，只有在摩挲古物及校勘書籍方面能夠得到一致性的和諧，若是尋章覓句及詩詞酬唱，趙明誠不但無此興趣，亦苦於詩腸枯澀，無法奉陪，實在感到十分為難。為此之故，到了宋高宗建炎三年趙明誠因暑疾病卒於建康以後，李清照追念她們夫婦間昔日的唱隨之樂，只有當年在山東作官時的的那一段收購文物，校勘圖籍的生活趣味最值得永遠懷念。因此她將剩餘僅存的文物及所拓存的文物圖片輯為一書，名為金石錄，以作為她永懷亡夫的紀念物。此書後來在金石學方面建立了極高的地位，趙明誠因此而得不朽，李清照趙明誠伉儷的親愛感情，也因李清照寫在此書序文中的描敘而得到永遠的流傳。以他們夫妻的感情來觀察，李清照應當不可能有再嫁之事。然而在當時卻居然有人編造事實，寫為文字，來刻意為之羅織架誣，實在是太卑劣的惡意毀謗。

李清照再嫁之說，最早見於苕溪漁隱叢話中的記述，其後又由趙彥衛所撰的「雲麓漫鈔」，李心傳所編的「建炎以來繫年要錄」為之附會增益，就儼然確有其事地廣泛流傳起來了。照這些書的說法，趙明誠未死時，翰林學士張飛卿曾帶了一個玉壺去看他，所語詭秘，被人懷疑為有通謀敵國之嫌。因此李清照被勒令改嫁，其後夫即是當時的右承奉郎張汝舟。其後李清照首告張汝舟妄增舉數入官，有司審結此案，以張汝舟為有罪，有詔除名編管，李清照因此得以解除她與張汝舟的婚姻關係。為了證實此說，李心傳甚至在李清照寫給綦崇禮的信中加入了自敘此事始末的情節，以證實其事的真實性。其實則李清照寫給綦崇禮的信是經過變造的，其內容並不可信。原信中曾有如下一段話：

素習義方，粗明詩禮，近因疾病，欲至膏肓。牛蟻不分，灰釘已具，豈期末事，乃得上聞，取自宸衷，付之廷尉。序欲投進家器，日抵雀捐金，利將安往？……

這封信中所談的，完全是趙明誠被誣而感謝綦崇禮為之辯雪，與再嫁之說毫無干涉。然而在經過一番改竄變造之後，中間加入了自承改嫁的情節，就成了再嫁一事之佐證了。被改造之後的書信，在上下之間多了如下一些的文字：

牛蟻不分，灰釘已具。嘗藥雖存弱弟，應門惟有老兵。既爾蒼黃，因成造次。信彼如簧之說，惑彼似錦之言。弟既可欺，持官文書來輒信；身既欲死，非玉鏡架亦安知。僶俛難言，優柔莫決。呻吟未定，強以同歸，猥以桑榆之末影，配茲駔儈之下才。……視聽才分，實難共處，身既懷臭之可嫌，惟求脫去，彼素抱壁之將往，決欲殺之，遂肆欺凌，日加毆擊。……外援難求，自陳何害。豈期末事，乃得上聞，取自宸衷，付之廷尉。……

清人俞正燮撰「李清照事輯」，論述李心傳建炎以來繫年要錄中所收的這一信件，謂其「文章劣下」而中間「雜有佳語」，「定是竄改之本」。而所謂毆擊欺凌云云，「是又閨房鄙論，竟達闕廷，帝察隱私，詔之離異。夫南渡倉皇，海山奔竄，乃舟車戎馬相接之時，為一駔儈之婦，從容再降玉音，宋之不君，未應若此！」再加上前面已曾引敘到的李清照五十以後事迹，俱足以證明俞正燮的論證極為正確而有力。由此可知，再嫁之說，確為惡意謗誣者之揑造中傷，在李清照實無其事。這是我們應該體認的事實。

清人朱彝尊撰「詞綜」三十四卷，書中曾引宋朝朱文公所說的話，說是：「本朝婦人能文章者，曾相布妻魏，及李易安二人而已。」李清照自號易安居士，所以李易安即是李清照。李清照在宋朝被推為數一數二的女文學家，所作的詞又能在女詞人中居為魁首，然而卻不免因自恃才學而招來如許之毀謗，然則古語所云「女子無才便是德」也者，亦未嘗不是無所見而云然的話了。

九、張太后自貽伊戚

專制時代的中國皇帝，後宮姬妾極多。除了皇后限於一人外，所謂妃、嬪、婕妤、才人、昭儀、美人、夫人等，林林總總，名色甚多。即使各朝的制度不盡相同，其要點不外乎皇帝可以擁有甚多女性的陪侍，雖然這些女性的職名不一，總是周代舊制「三夫人，九嬪、二十七世婦、八十一御女」的精神遺留，雖然萬變而不離其宗。由於皇帝的後宮太盛，其得寵與否，就得靠美貌或媚術來決定。皇后為六宮之長，身分最為高貴，當然不能用狐媚手段與妃嬪妾侍爭寵；所以在皇帝面前最不能得寵的女人，可能就是地位最尊貴的皇后了。在這裡面當然也有例外，如隋文帝的皇后獨孤氏，就是在皇帝跟前唯一得寵的女人，隋文帝為了表示愛她，甚至向她保證，決不移情別戀。直到獨孤皇后先皇帝而去世，隋文帝才另納宣華夫人陳氏等美女；即使如此，隋文帝也總算很對得起未做皇帝以前的糟糠之妻，真正做到「貧賤之交不可忘，糟糠之妻不下堂」的古訓，十分難得。至於比隋文帝更進一步，終其身只愛自己的皇后而不好其他女色的皇帝，看來應推明朝的孝宗弘治皇帝為第一。他的皇后，就是在武宗、世宗兩朝被尊為「昭聖慈壽皇太后」的張皇后。身為皇帝而不好女色，終其身與皇后伉儷甚篤，這在現代的一般富貴人家猶且難以辦到，何況古代的皇帝富有四海，任何東西都可以照自己的意旨予取予求，何致於在千千萬萬的美麗女性中只愛一個皇后？實在很使人不敢相信。不過這畢竟是千真萬確的事實，史書的記載昭然明白，使人無從懷疑。只是，這位張皇后得之於皇帝的愛情雖稱專一，她的後來遭遇卻十分不幸，說起來誠然很使人感到遺憾。

張后在明史后妃列傳中有傳，抄一段開頭部分如下，藉以瞭解她的家世出身：

孝宗孝康皇后張氏，興濟人，父巒，以鄉貢入太學。母金氏，夢月入懷而生后。成化二十三年選為太子妃，是年孝宗即位，冊立為后。帝頗優禮外家，追封巒昌國公，封后弟鶴齡壽寧侯，延齡建昌伯。為后立家廟於興濟，工作壯麗，數年始畢，鶴齡延齡並注籍宮禁，縱家人為奸利。……

看明史外戚傳，女為皇后而外家得邀恩眷的情形並不一致，有的可以封爵，有的只能加陞普通官職。張皇后的父親追封公爵，兩個弟弟一封侯而一封伯，足見孝宗皇帝對待他的岳家甚為寬齒，因此被張侯所控告，有勞皇帝親自臨御午門，審理此一公案。正在詰問之時，忽然宮中傳出皇后懿旨，吩咐錦衣衛官校立刻將吳一貫笞殺。錦衣衛官校將皇后懿旨呈送皇帝，皇帝當然知道沒有這種道理，所以吳一貫倖免一死。當時若非皇帝在場，錦衣衛官校必定奉行皇后懿旨，吳一貫的性命就難保了。另一則故事說，當太監李廣貪污婪贓的事件爆發之後，在宮中搜得李廣的一本賬簿，詳細登載京中某些官員向李廣獻納金銀的數目。御史們聽得有此證物，奏請皇帝將賬簿發交理刑衙門查問，以便按律科罪。當時，列名在賬簿上的有關人員都慌了手腳，連夜去走壽寧侯家的門路，由壽寧侯代向皇后請求說情，果然把這件事情壓了下去，但壽寧侯家因此而得到的好處，也就不少。諸如此類的事情，可以證明皇后與她的娘家兄弟之間，往來極為頻繁，消息極為靈通，凡欲有所請託，走壽寧侯家的路子，既穩捷又可靠，十分管用。於是，壽寧侯張鶴齡與建昌伯張延齡成了朝中炙手可熱的紅人，一切蠅營狗苟的門徑都輦趨於此，他們兄弟再恃勢妄行，就更加無法無天了。照明史外戚傳中的張氏兄弟列傳看來，這兩個人在當時的所作所為，無一不是傷天害理，唯利是圖的違法亂紀之行。受害者向官府控告，官府不敢得罪皇帝的「國舅」，一切冤枉都無從平反，所以張氏兄弟的膽子愈來愈大，所作的惡事也愈來愈無忌憚。舊式的章回小說常常描寫惡霸強梁如何藉勢放印子錢盤剝小民，以及小民無法償還債務時，如何被搶去老婆和女兒抵償債務，其中最為人所熟悉的，就是「國老」、「國舅」

一類的「皇親」，如七俠五義彭公案中所寫的這類故事，就很多。宋朝是不是有這種恃勢橫行的「皇親」？有待進一步的查證研究。清代的「皇親」都是滿人；滿人欺壓漢人，又是另一種形態。所以我們很可以這樣假設：凡是明清時人所寫的「公案小說」，出現在其中的兇惡皇親，其實都是明代人物。張鶴齡張延齡固是其中之尤，明憲宗朝的萬貴妃家，明神宗朝的鄭貴妃家，以及明崇禎時的皇后之父周皇親家，莫不皆是如此。不過，皇親們不管如何胡作非為，決沒有張鶴齡張延齡兄弟之肆無忌憚。這其中的道理很簡單：皇帝因皇后之故而特別寬容張氏兄弟，張皇后又特別好為他的兩個寶貝兄弟護短，這兩個人明知有所仗恃，豈有不膽大包天，而無所不為的？明史外戚傳中的張氏兄弟傳，敘述這類事迹的文字簡括籠統，不容易使人得到具體明白的印象，倒不如「皇明泳化類編」這本書中的敘述來得清楚，抄錄一段如下，藉以覘見其一斑。

皇明泳化類編卷四十三「外戚」：

張巒，字來瞻，興濟人，孝康張皇后父也。成化中，皇后為東宮妃，授巒鴻臚卿。弘治三年，加榮祿大夫，中軍都督府都督同知。是年冬，封「推誠宣力武臣」，榮祿大夫、柱國、壽寧伯、食祿千石，與世券。五年，立東宮，進侯，加號「翊運」，階加特進榮祿大夫，加祿二百石，仍與世券。是秋卒，贈太保、昌國公，謚莊肅。鑾子鶴齡嗣侯。十六年秋，太監李榮傳旨，加太保，增歲祿。正德中，進太傅。嘉靖二年三月，加太師，又加祿三百石。是秋，以定策功進昌國公。張延齡即鶴齡弟也，初以恩授都督同知，弘治八年封建昌伯，食祿千石，與世券。十六年，進侯，祿六百石。嘉靖初，加太傅，祿一百石。嘗觀鄭端簡公曰：自古外戚貴盛，莫如西漢，慘禍亦莫如西漢。我朝孝慈馬后有賢德，兵亂，外家無存者，父馬公，追封徐王，歲時祀。仁孝徐后，中山王長女，本功臣家，無封爵。其餘官止都督。至稱舅氏，有封爵，外戚封不俟繼世，實始于泰陵。泰陵時，二張甚橫，奪民田盧，講宮寺舍。又豪奴姻親，凌官府，篡獄囚，莫敢詰，金玉積如山不厭。市津壟斷，往往皆二張人。揚州府同知葉元嘗辱張僕人。元至京，羣僕入吏部扑元，尚書馬文昇護元得免。時言官論劾，朝廷亦不問。近世外戚，莫橫於二張。至正德時稍稍輯斂，嘉靖以來，又加戢且謹。……

明孝宗年號弘治，歿葬泰陵；上文所說的「泰陵」，指的就是孝宗。至於正德和嘉靖，一個是孝宗之子武宗，一個是因武宗無子而以旁支入繼的世宗。明孝宗在世的時候，因敬愛皇后之故而寬縱外家，竟到了放縱不問的程度，以致造成張皇親家橫暴不法的積惡之名，實在是他的盛德之累。中國古語說：「積善之家，必有餘慶。積不善之家，必有餘殃。」張鶴齡延齡兄弟和他家的一干豪奴惡僕，以及仗恃了皇親勢力在外胡作非為的張家親戚，這些人所造下的罪孽，最後必然會要由身為罪魁禍首的張家兄弟來承擔禍殃。張皇后雖然並未直接參與她娘家兄弟的滔天罪惡，但因為她畢竟是庇縱張鶴齡兄弟二人最有力的後臺，這一份賬，終必也會使她受到連累之禍的。看後來的事實發展，竟然便是如此，實在不能不令人歎息張家兄弟之無知妄行，與張皇后之姑息養奸。所謂「愛之適足以害之」者，對張皇后與她母家兄弟的關係而言，確是很適當的定評。

根據明史外戚傳的張氏兄弟傳，明孝宗生前對張家兄弟的約束告誡，頂多只有一次而已。明史外戚傳所記如此：

> 巒起諸生，雖貴盛能敬禮士大夫。鶴齡兄弟並驕肆，縱家奴奪民田廬，篡獄囚，數犯法。帝遣侍郎屠勳、太監蕭敬按得實，坐奴如律。敬復命，皇后怒，帝亦佯怒。已而召敬曰：「汝言是也。」賜之金。給事中吳世忠、主事李夢陽，皆以劾延齡，幾得罪。他日，帝遊南宮，鶴齡兄弟入侍。酒半，皇后、皇太子、及鶴齡母金夫人起更衣，因出遊覽。帝獨召鶴齡語，左右莫得聞，遙見鶴齡免冠，首觸地。自是稍斂跡。……

看史文所述的前後內容，料想這一次孝宗對張鶴齡的訓誡，必定與侍郎屠勳、太監蕭敬所勘回的張家兄弟豪橫劣跡有關。亦正因為按驗的罪證明確，孝宗以此責問，張鶴齡無可抵賴，所以只好免冠碰頭，叩求皇帝開恩饒恕。再不然，就是張鶴齡自知罪孽深重，對於皇帝之一再開恩，自覺負疚太深，此番再經皇帝明白告誡，頓時良心發現，因感激過甚而不覺叩頭如搗蒜，亦不無可能。不過，不管是那一種情況，皇帝的告誡能使張家兄弟知所歛迹，至少可以證明一件事實——假如皇帝在一開始便能以公正無私的態度約束張家兄弟的作為，他們決不敢膽大妄為到如此程度。只可惜明孝宗對張家兄弟的管教行動來得太晚，而他自己又死得太早，以致張家兄弟所造下的罪孽到後來爆發成一大政治事件時，他已經無法對張家兄弟給予需要的照顧。到了這個時候，不但張家兄弟要倒大霉，即是他所最愛的皇后張氏，又何能置身事外？

明孝宗生於憲宗成化六年，至成化二十三年憲宗崩，孝宗繼位，時年十八歲。他一共只做了十八年皇帝，在弘治十八年五月間，因傷寒症不治身死，年只三十六歲。由於他一生別無妃嬪，所以兩個兒子都是正宮張皇后所生。長子厚照，就是後來的明武宗，出生於弘治四年，次子厚煒，生三歲殤，不詳其出生年分。皇帝早死而胤裔單弱，如果這個僅有的兒子再出意外，皇室的繼統問題就會發生麻煩。張皇后後來所面臨的局面，就是這種情況。

明武宗朱厚照年號正德，這個皇帝是中國歷史上數一數二的大紈袴。打從他做皇太子時開始，就不喜歡讀書而好騎馬射箭。舉凡鬥雞走狗、放鷹打獵等等游獵之事，無一不會，吹彈唱拍，角觝歌舞之戲，又無一不愛好，足以看出他從小就是特號的大頑童。明孝宗只此一子，何以不知選擇良師，好好培養他德行學業方面的基礎，反而放縱他荒廢學業，日與佞倖小人為伍，以致德業日遠而頑劣日甚，實在使人弄不懂這位皇帝何以對皇太子的教育問題如此漠視？至於皇后，則由她母親金夫人的事例可以想像得到，她對於皇太子的管教原則，大概也與金夫人教育張鶴齡兄弟一樣，除了縱容溺愛之外，再無其他。平心而論，一般富貴人家對獨生兒子那有不過分溺愛的？明武宗朱厚照不但是張皇后的獨生兒子，也是皇帝的獨生兒子，基於過分疼愛的原因而致他日後成為特號紈袴，原本是十分合理的事。只是，這個特號紈袴非比一般富貴人家的紈袴子弟。富貴人家的子弟紈袴不學，頂多敗盡了祖先的產業；而這個特號紈袴日後必定要做大明朝的皇帝，如果也像一般紈袴子弟那樣放蕩敗壞，勢必要將大明江山斷送在他手上，這又豈是身為國家元首之人所不該預先顧慮到的問題？只因武宗紈袴不學而孝宗帝后不知豫教之重要，所以明武宗一朝的政治最為阢隉動盪，其所以不致亡國覆宗者，一方面由於孝宗在位時多年培養的元氣深厚，一方面也因為朱厚照只活到三十一歲就死了，沒有太多的時間可以讓他繼續胡作非為之故。然而，明武宗的早死固然挽救了明朝政府之免於滅亡，對他的母親張皇后來說，卻是最大噩運的稱大慶法王等等。抄一段明代野史中的記載，以見其荒唐行徑之一斑。曹春林滇南雜志卷十一，有一條說：

武宗嘗在道中見一村婦，即命後車載之以歸。因賦一詞曰：「出得門來三五，偶逢村婦謳歌，紅裙高露足，挑水上南坡。俺這裡停鑾住蹕，他那裡俊眼偷睃。縱然不及俺宮娥，野花偏艷目，村酒醉人多。」

身為皇帝，而如此佻㒓放縱，到處留情，無怪乎民間故事中會有梅龍鎮與李鳳姐這類的風流故事出現。然而，明武宗雖然體格健壯而徵逐無厭，他的後宮妃嬪，包括他的正宮皇后在內，卻沒有人替他生過一個兒子。身為皇帝之母的昭聖慈壽皇太后看在眼裡，急在心裡。卻苦於自幼驕縱已慣，此時再也無法施以管教，只好懷著焦急惶恐的心情，祈禱老天爺保祐她的皇帝兒子千萬不要發生意外，再祝禱皇帝的后妃嬪御們早日替她生個孫兒，以便承嗣有人，皇圖永固。只可惜她空自焦勞惶恐，她所日夕祈禱的希望終於不曾實現，所不希望出現的意外變化，倒竟然出現了。到了這個時候，頑劣不馴的武宗固然後悔已遲，皇帝的生母昭聖皇太后更加惶懼憂傷；因為孝宗別無他子，帝統至此而斷，未來的隱憂，就太可慮了。

明武宗正德十四年六月丙子。封藩在江西南昌的寧王宸濠舉兵造反，聲稱武宗朱厚照乃是張太后抱養來的兒子，異姓亂宗，為天地鬼神所不容，因此要舉兵聲討，以息神人之憤。這當然是編造出來的謊言，其真正目的無非是窺伺朝政濁亂，想乘機篡奪帝位。消息傳至京師，皇帝下詔親征。八月癸未，車駕甫離京城，南贛巡撫王守仁勦平宸濠的捷報便已傳到。明武宗御駕親征，本來就是要藉此題目到江南去巡幸，雖然宸濠之亂已平，他怎肯就此折回京師？所以依舊率領了大批親軍和一干佞倖，浩浩蕩蕩地沿運河乘船南下，直到南京。一路所經過的地方，都有錦衣衛的官校四出騷擾，矯旨徵索鷹犬玩好及金銀寶物，民間的漂亮婦女更加遭殃。依皇帝的意思，既到南京，當然還要到江西，如此方能名符其實的完成「親征」之目的。無奈王守仁此時已將宸濠由江西解至杭州，即日要到南京獻俘了。事勢昭然如此，皇帝沒法子再掩耳盜鈴，便只好在南京住下來，等獻過了俘，算是親征擒獲元兇，於是下詔班師，依舊沿運河水路浩浩蕩蕩地回轉京師。即便如此，皇帝還是要在所經之處任意流連，緊一陣慢一陣地一路玩著回去。這樣子沿途蹭蹬，終於在路上發生了問題。

運河由揚州北上的沿岸大鎮，是淮安府與清江浦。清江浦駐有監倉太監張楊，所住的邸第極為寬敞華麗，皇帝御駕經臨，具有奴僕身分的太監張楊當然要恭請皇帝臨幸，以便少伸孝敬。皇帝對張楊的孝心十分欣慰，在張楊家一住三日，有空就駕小船出遊。在第三天的一次划船釣魚活動中，他親自所划的小船忽然翻覆，皇帝跌入湖中。在岸旁隨扈保駕的太監及錦衣衛官校等趕緊入水將皇帝撈救起來，已經灌了不少水，兼之落水受寒，當天就發熱生病。在此以前，酒色無度的正德皇帝早已被淘空了身體，現在又忽然溺水受寒，病勢來得就很不輕。皇帝這才知道事情麻煩，下令趕緊專程回京，然而已經於事無補，回到京城，在郊祀行禮中忽然嘔血不支，就此睡倒床上，再也無法起來。拖到正德十六年二月十四日丙寅，竟在他最喜愛的「豹房」中崩駕，年止三十一歲。孝宗止此一子，而武宗在位十六年中，并未生子，大明皇朝的帝統至此中斷，必需要從近支親王中選擇一個適當的人物來作為繼承之人，方能延續垂絕的帝統。在這個重要的關鍵性時刻裡，身為皇帝生母的昭聖慈壽皇太后，她的決定如何，便足以對此後的政局推演，發生極深遠的影響。敘述至此，似乎應該先引敘一段發生在漢代的類似故事，以見昭聖太后此時所作的決定，是正確還是錯誤？

漢高祖劉邦是漢朝的開國皇帝，繼劉邦之位的是皇后呂氏之子惠帝。惠帝立七年而崩，無子，呂后陰取後宮美人之子立為皇帝，是為少帝。少帝年幼，呂后臨朝稱制。四年之後，呂后又以皇太后名義頒詔廢少帝，另立恆山王弘為帝。再過了四年，呂后崩，其族屬呂產呂祿等謀篡漢祚。太尉周勃、丞相陳平、朱虛侯劉章等共起兵討滅產、祿，呂氏家族無男女少長皆斬。亂事既定，周勃、陳平等人議立代王恆為帝，是為漢文帝。據史記呂太后本紀中的記述，文帝之能夠被立為帝，與他的母親薄姬大有關係。抄一段呂后本紀中的原文於後，以見當時之真實狀況：

諸大臣相與陰謀曰：「少帝及梁、淮陽、常山王，皆非真孝惠子也。呂后以計詐名他人子，殺其母，養後宮，令孝惠子之，立以為後，及諸王，以強呂氏。今皆已夷滅諸呂，而置所立，即長用事，吾屬無噍類矣。不如視諸王最賢者立之。」或言：「齊悼惠王高帝長子，今其嫡子為齊王，推本言之，高帝嫡長孫，可立也。」大臣皆曰：「呂氏以外家惡而幾危宗廟，亂功臣。今齊王母家駟，駟鈞，惡人也，即立齊王，則復為呂氏。」欲立淮南王，以為少，母家又惡。乃曰：「代王方今高帝見子最長，仁孝寬厚，太后家薄氏謹良。且立長故順，以仁孝聞於天下，便。」乃相與共陰使人召代王。代王使人辭謝。再反，然後乘六乘傳至長安，舍代邸。大臣皆往謁，奉天子璽上代王，共尊立為天子。

由這一段史文中可以知道，文帝之所以得立，是因為與會大臣認為他的母親薄姬仁善而外家「謹良」，遠勝於齊王、淮南王兩王的母家之故。藩王的外家強橫，入嗣帝位後有可能再變成呂氏第二。有此前車之鑑，所以齊王與淮南王都被摒除於候選人之外，而外家謹良的代王入選為嗣皇帝。若以資格而論，代王雖是劉邦「現存」諸王之中年齡最長的一個，而立嗣向以嫡長為重。劉邦的嫡子惠帝已死而無子，庶長子齊悼惠王現有子嗣，以繼嗣的倫序而言，自應以齊悼惠王的長子劉襄最有繼承資格。現在因為齊王母家有惡人駟鈞之故而越次另立代王，可見得以長幼為序的入繼次序，也是可以視情況需要而變更的。明武宗崩駕之後，因為並無兒子可以繼嗣，昭聖皇太后與大學士楊廷和等定議迎立興獻王之子朱厚熜為嗣皇帝，這就是後來的世宗嘉靖帝。嘉靖之入繼資格如何，可以看明史紀事本末中的記載，原文如下：

帝，興獻王子，憲宗純皇帝孫也。憲宗生十皇子，長子孝宗敬皇帝，次興獻王。弘治七年甲寅，興獻王之國安陸州。正德二年秋八月，帝生於興邸。已而獻王薨，帝受敕嗣理國事，至是，年十有五矣。……

嘉靖的生父朱祐杬，是憲宗朱見深的庶二子。憲宗無嫡出之子，庶長子即孝宗朱祐樘，生二子，次子厚煒三歲殤，長子即武宗厚照，繼立十五年而無子，既薨，以憲宗之庶二子朱祐杬一支倫序最近，援兄終弟及之義而以祐杬之子厚熜入繼，自然很合理。但成為問題的是，興獻王朱祐杬雖然已死，興世子朱厚熜卻還有一個極能幹而厲害的母親在；以朱厚熜入繼為皇帝，他的生母勢必也要變成皇太后，將來是否能與昭聖皇太后和平相處，非常值得考慮。旁支入繼的嗣皇帝，其生母與原有的皇太后難以相處，這類事情在歷史不乏前例。如漢哀帝本係漢成帝之姪，成帝無子而以哀帝繼之，哀帝的生母傅昭儀也成了傅太后。當時，成帝的生母皇太后王氏尚在，尊稱為太皇太后。這位太皇太后雖非哀帝的親生祖母，在家族關係上仍是傅昭儀的婆母。而傅昭儀在做了皇太后之後，居然不把這位太皇太后看在眼裡。漢書傅昭儀傳中，就有如下一段話可為證明：

傅太后既尊後，尤驕，與成帝母語，至謂之嫗。

貴為太皇太后而又是傅昭儀婆婆的成帝生母，傅昭儀居然以「嫗」相稱，可見她自恃其子為帝的驕倨高傲情形為如何。假如朱厚熜的生母也是這樣的一個人物，宮闈之間，勢必會增加很多的磨擦，而昭聖太后與厚熜既無親子關係，將來也勢必要吃虧，這都是極明顯的事。然則昭聖太后與大學士楊廷和定策擇立嗣君的時候，為何都不曾把這種因素列入考慮範圍，而只以倫序為重，就是很可注意的問題了。

由明史紀事本末的「大禮議」、「李福達之獄」、「嚴嵩用事」等卷中可以看出，明世宗朱厚熜實在是一個天性忮刻、私心極重，而其聰明才智又足以濟其私欲的人。古語說：「有其母必有其子。」既然兒子的美惡諸德俱與母親相似，則反過來亦未嘗不可以說：「有其子必有其母。」明世宗之刻薄寡恩如此，其生母的品行德性，理應與此相近。而證之史籍，實際上的情形果然如此。由此看來，昭聖皇太后與大學士楊廷和之定策迎立興世子，確實是失策之至！至少，他們應該先調查清楚，厚熜的生母是何等樣之人？厚熜自己的個性又如何？如果這些條件都不便使厚熜入繼為帝，則在憲宗子孫繁多的情形之下，他們儘可以考慮其他更為合適之人。如今一切置之不顧，而只以倫序居先的理由貿貿然地決定以厚熜入繼，實在是不智之甚的大錯誤！

明世宗朱厚熜的生母蔣氏，後來被尊稱為「章聖皇太后」，其傳記附見於明史世宗生父興獻帝朱祐杬的傳記中。明世宗即位以後，為了推尊其所生父母的問題，使皇帝與朝臣之間爆發了一場極大的爭執，是即歷史上很有名的「大禮議」。在爭論開始的時候，朝中大臣的言論，幾乎一致認定，世宗之入繼，應該是孝宗嗣子的身分，所以只能稱孝宗帝后為父母，於其本生父母則應改稱為皇叔父、皇叔母。這種論點當然不正確。可是由於世宗即位之初只是孑然一身，並無臣僚可以作為自己的幫手，所以世宗暫時屈居下風。及至進士張璁上書主張應稱興獻王為父，而主事霍韜、桂萼，給事中熊浹等從而附和之，世宗發現他在朝中仍有可為助力之人。於是先後拔擢張璁、桂萼、霍韜、席書等人，在數年之中，都由新進小臣驟陞至大學士、尚書之類的高級職位，然後再由他們來策劃有關大禮之爭的適當措施，終於使世宗如其心願地達成了他的願望。在大禮之爭剛剛開始的階段，世宗的生母蔣太后也是參與者之一，由於她的堅持，所以世宗的態度也特別堅定。由此可見蔣太后決不是泛泛之人。為了對她有所瞭解起見，需要引述見於明史中的傳記，以詳見其始末。明史「睿宗獻皇帝傳」：

皇后蔣氏，世宗母也。父斆，大興人，追封玉田伯。弘治五年冊為興王妃。世宗入承大統，即位三日，遣使詣安陸奉迎，而令羣臣議推尊禮。咸謂宜考孝宗，而稱興王為皇叔父，妃為皇叔母，議三上未決。時妃至通州，聞考孝宗，恚曰：「安得以吾子為他人子？」留不進。帝涕泣，願避位。羣臣以慈壽太后命，改稱興獻后，乃入。以太后儀謁奉先奉慈二殿，不廟見。元年，改稱興國太后。三年，乃上尊號曰：「本生章聖皇太后」。是年秋，用張璁等言，尊為「聖母章聖皇太后」。

世宗的生母蔣妃，在到達通州時，聽說朝中的意見是要以世宗入嗣孝宗，而以本生父母為叔父母，即刻表示其反對態度，並在通州停留不進；這分明是在指示世宗不得聽從朝臣的意見，更不得以孝宗帝后為父母。這在世宗來說，當然應該聽從。不過，她的這種迹近要挾的態度，可以年之事；章聖太后在入宮之初既然尚未得此尊稱，昭聖太后以不平等的態度對待她，當然是可以想像得到的事。何況在世宗朝見昭聖的時候，昭聖的態度又是如此倨傲！綜合這些情況可以知道，在昭聖太后的立場，以為世宗的帝位乃出於她的授予，她由皇后而至太后，章聖尚是藩妃，上下尊卑之分早定，此時即使貴為天子之母，無論如何也不能與母儀天下業已三十餘年的自己相比擬！至於後來世宗不肯以孝宗為父，而改稱孝宗為皇伯父，稱昭聖為皇伯母，在昭聖心中，無疑會有鳩巢鵲佔的感覺，在對待世宗母子時，更不容易有好的態度了。縱觀漢唐以來的我國歷史，皇太后定策迎立外藩的事實，史不絕書。由於新皇帝的皇位出於皇太后所授予，不但皇太后的權威永遠存在，而且歷史上還一再出現過皇太后廢一君立一君的事實，足見皇太后的崇高地位是不容被藐視的。昭聖太后親手援立世宗，而世宗在得位之後居然便不肯以嗣子身分事奉太后，在制定其生母地位之時，又竟然要以兩太后並尊，如此藐視凌侮，在昭聖太后看來，何異又是「是可忍孰不可忍」？有這種種複雜的因素存在，雙方面的立場又不能彼此調和適應，後來的麻煩當然很多。由於當前的情況業已發生根本變化，昭聖太后既然沒有丈夫兒子可為後盾，在她與世宗母子發生感情衝突時，顯然會處於失敗的一方。何況世宗母子都具有刻薄寡恩的天性，在採取報復手段時一定不會手下留情。因此我們對於昭聖太后此後的處境，實在不能樂觀。他的娘家兄弟從前作惡多端，在孝宗武宗兩朝迄未曾得應有的制裁。如今時移勢遷，新皇帝恰好利用他們來作為洩憤報復的工具。於是，昭聖太后開始嚐到了她親手種下的苦果。

明世宗母子不滿昭聖太后的高傲敵視態度，而由世宗出面報復的事實，在明史外戚傳的張氏兄弟傳記中有詳細記述，可以參看。其大致內容，無非是世宗心銜昭聖太后之壓抑其母蔣太后而懷恨張氏，多方假借張氏兄弟之罪名，必欲置之於死地而後已。終於張鶴齡瘐死獄中，張延齡在昭聖太后死後五年處斬，兄弟二人俱盡。以張氏兄弟的罪惡而言，鶴齡瘐死而延齡斬首，可謂罪有應得，死不蔽辜。只是，明世宗為了報復洩憤的目的而對他們清算舊賬，必欲撏撦其過失而置之於死地，以重傷昭聖皇太后之心，而他所撏撦拾摭的罪過又都是前朝舊事，這種作法是否為身為皇帝之人所應為？就大大值得推敲。明世宗在這件事情中的心態，明史昭聖皇太后傳中的記述最為清楚。引述如下，以資參看：

會太后弟延齡為人所告，帝坐延齡謀逆，論死。太后窘迫無所出。哀沖太子生，請入賀，帝謝不見；使人請，不許。大學士張孚敬亦為延齡請，帝手敕曰：「天下者，高皇帝之天下，孝宗皇帝守高皇帝法，卿慮傷伯母心，豈不慮傷高、孝二廟心耶？」孚敬復奏曰：「陛下嗣位時，用臣言稱伯母皇太后，朝臣歸過陛下，至今未已。茲者大小臣工默無一言，誠幸太后不得令終，重陛下過耳！夫謀逆之罪，獄成當坐族誅，昭聖獨非張氏乎？陛下何以處此？」冬月慮囚，帝又欲殺延齡，復以孚敬言而止。亡何，奸人劉東山者告變，并逮鶴齡下詔獄，太后至衣敝襦席藁為請，亦不聽。久之，鶴齡瘐死。及太后崩，帝竟殺延齡。

看了上面的記述，對於明世宗藉張氏兄弟之獄以對昭聖太后洩憤報復的心理狀態，可謂洞如觀火。就事論事，張氏兄弟在孝宗朝所造的罪孽最多，至武宗時已稍斂戢，到此時幾乎已消聲匿跡。這是因為他們自知平生作惡太多，而昭聖太后此時已是不足憑仗的木偶芻靈，沒有膽量再為非作歹了。明世宗為了要報復昭聖太后，追究張氏兄弟在孝、武兩朝所作的罪惡，奸人揣摩皇帝的心理，紛紛揑飾莫須有之事誣訐，世宗居然不問青紅皂白，務必要將張氏兄弟置之死地，這種作法，不但不能服延齡兄弟之心，更難免後世之譏議。昭聖太后受不了明世宗的精神迫害，至於席藁衣敝向世宗請命，無異已承認投降，而明世宗居然置之不理，其人之刻薄寡恩，當可想見。在這些事件中，世宗之生母章聖太后是否也曾從中推波助瀾，雖然無從知道，但若以世宗母子天性相近的情形看，事實正大有可能。因此我們實在難以想像，昭聖太后在世宗繼立之後的二十年中，她的生活是在何種狀態之下度過的？夫喪子逝而自己卻老壽不死，到最後還得嚐受人生苦果中最慘痛的破家之禍，昭聖太后的後半生，真是何其不幸？

昭聖太后死於嘉靖二十年，死後有何尊崇，因史文無載，不詳，很可能是沒有。至於世宗的生母，則在昭聖死前三年逝世，由明史「睿宗獻皇帝傳」中可以看到，其靈柩後來運回湖北安陸府，與興獻王朱祐杬合葬於「獻陵」。既稱為「陵」，當然其規制比照皇帝，其宏偉可想。其尊謚則是「慈孝貞順仁敬誠一安天誕聖獻皇后」。很顯然的，世宗對他生母章聖皇太后的孝養敬奉，一定遠勝於昭聖太后很多很多。

古語有云：「不孝有三，無後為大。」在宗法時代的社會裡，這兩句話的含義極深，如明武宗朱厚照即是實例。由於明武宗不知自愛其身，生前又不知早為嗣續之計，以致在他死了之後不得不以世宗入繼宗祧，不但嗣續中斷，並且禍延老母，以哀痛終其餘年，實在可說是不孝之至。如果他有一個兒子可以承繼帝位，昭聖太后的後來遭遇，何至如此！明孝宗地下有知，此時想必也會痛罵兒子不孝的吧！

夫婦首擊敗之。追入賊境，連破金筑等七寨。已偕酉陽諸軍直取桑木關，大敗賊眾，為南路戰功第一。賊平，良玉不言功。其後千乘為部民所訟，瘐死雲陽獄，良玉代領其職。

這一段話，一開始便將秦良玉初次隨夫出征就能建立赫赫戰功的非凡事蹟表揚出來，足以顯示她此後之疊建大功，乃是其來有自。這種敘述的方法雖然鮮明而突出，但於不了解秦良玉生平之人，看了之後，殊有難以索解之苦。比如說，秦良玉以一介女流，假如她不是在早年習有武藝及深諳韜鈐兵機之學，如何能在嫁與石砫宣撫使馬千乘之後，就能別統精兵五百人隨夫出征，又能迅即在金筑寨、桑木關等處的戰役中建立首功？再則「宣撫使」是何官職？「播州」又在何處？凡此都需要對明代末年的邊疆土司制度稍有了解，方能一目瞭然。所以，明史的文筆雖然簡潔明白，讀起來仍然並不輕鬆，很有必要再用較為淺近的文字另寫一傳，以便利歷史之大眾化。如秦良玉之傳記，亦是很顯明的一個事例。

忠州，即是現在的四川忠縣，地當四川省之東境，位於長江之北岸；與之隔江相對的，是現在的四川省石砫縣，在明代則是石砫宣撫司的轄境。明代的土司，以官品區分其地位之高下。宣慰使三品，宣撫使四品，安撫使五品，招討使亦五品，長官司的長官六品，副長官七品。四川的石砫與四川貴州之間的播州，都是當時的土司；石砫土司稱為宣撫使，播州土司稱為宣慰使，論品級雖然只差一階，論勢力可是差得遠了。因為石砫土司所管轄的不過只是現代的石砫一縣之地，播州土司則地連川黔二省，下轄安撫司二，長官司六，其轄境相當於清代的遵義、平越二府全境，幅員廣袤，兵力強大，遠勝其北隣的石砫土司。播州土司由楊姓世襲，石砫土司則由馬姓世襲。秦良玉所嫁的石砫土司馬千乘，其始祖是宋高宗時征服五溪硐蠻有功授為安撫使世職的馬定虎，據說乃是漢朝的伏波將軍馬援之後。歷元至明，馬氏世襲石砫土司之職，惟其世次不詳。明太祖定天下，石砫土司馬克用從征有功，加授為四品官階的宣撫使。自此世代相傳，由馬克用至馬千乘為第十一世。在世次承襲及輩行姓名方面，明史土司傳中的記載，與石砫土司馬家的譜牒記載頗有不同，究竟以那一方面的記載為可信，頗難以認定。

據明史卷三百十二石砫土司傳云：

萬曆二十二年，石砫女土官覃氏行宣撫事。土吏馬朝聘謀奪其印，與其黨馬斗斛、斗霖等集眾數千圍覃氏，縱火焚公私廬舍八十餘所，殺掠一空。覃氏上書，請比先年楚金洞舍覃碧謀簒事，與朝聘同就吏。二十三年，命四川撫按讞其獄。事未決，會楊應龍反播州，覃與應龍為姻，而斗斛亦結應龍，兩家觀望，獄遂解。覃氏有智計，性淫。故與應龍通。長子千乘失愛，暱次子千駟，謂應龍可恃，因聘其女為千駟妻。千駟入播同應龍反，千乘襲馬氏爵，應調同征應龍。應龍敗，千駟伏誅，而千乘為宣撫如故。千乘卒，妻秦良玉以功封夫人，自有傳。

這一段文字，以明神宗萬曆初年的石砫土司為「代行宣撫事」的女土官覃氏，馬千乘乃覃氏之子，與覃氏處於敵對地位的土豪則是馬朝聘與馬斗斛。但如以石砫土司馬氏宗譜所載的世次姓名考之，馬斗斛乃馬千乘之父，襲職六年，因開礦事虧欠國帑，部議革職充軍。時其子千乘尚幼，依照土司的承襲規定，應襲的土司子弟如因年幼無法承襲，得由土司之妻暫掌印信，俟其子成年後交還其子承襲。斗斛之妻覃氏乃忠路土司之女，斗斛革職時，其子千乘年方十歲，依例由覃氏掌印。馬千乘生於明穆宗隆慶六年，死於明神宗萬曆四十一年，得年四十二歲。以此而論，覃氏其父馬斗斛因案遣戍之事，應該發生在明神宗萬曆九年，至萬曆二十年馬千乘襲土司之職，覃氏交還印信已久，又何致發生奪印攻殺之事？所以，若以石砫土司的譜牒記載與明史土司傳相比較，二者之間的差異太大。但若以明史土司傳的記載為可信，那就表示石砫土司的譜牒記載為不可信，然則有關馬千乘與秦良玉部分的記載又從何取信？由於明史土司傳中的記叙過分簡略，在這方面，不得不取材於記載較為詳細的石砫土司譜牒記載，即使其內容與明史土司傳互相矛盾，亦難以兼顧。究竟其中是否有誤，則有賴於進一步的研究考證。

看明史秦良玉傳的記載，秦良玉是一個曉暢兵機，深諳韜略，而長於武藝的巾幗英雄。中國的婦女，從唐宋以來就通行纏足，大家閨秀，都以三寸金蓮為美，即使是窮鄉僻壤的小家碧玉，亦沒有不肯纏足的。女人一經纏足，就形同殘廢，如何還能習武？由這一觀點推測，秦良玉應該是不纏足的少數例外。抗戰期間，陪都重慶曾經舉辦過一次秦良玉遺物的展覽會，據曾往參觀過的人事後追記所說，陳列在展覽會中的秦良玉戰袍，長達七尺，足足有一個普通男人的身材高度。以此而言，秦良玉的身高，必定將近八尺了。一個身軀如此高大而又不纏足的漢族女子，在當時一定很難在漢人社會中尋得合適的對象，更何況她又是一個喜歡使刀弄槍而長於武藝之人？以這些條件來說，秦良玉之所以終於會嫁與土司為妻，大概也是形勢所逼，不得不然。清人劉景伯曾撰「書明忠貞侯秦良玉傳後」一文，據此文所說，秦良玉之父秦葵，是歲貢生。良玉字貞素，乃秦葵之長女，幼聰慧，為父所鍾愛，教其經史文藝，能知大意。時當明神宗萬曆中葉，吏治貪黷，朝政不修，隱隱有山雨欲來之勢。秦葵因見地方不靖，時局動盪，深感無實力不足以保家全身，因此延聘教師，命其諸子學習武藝及兵法；秦良玉雖係女流，亦與諸兄弟一同學習。久而久之，秦葵發現其諸子的成就皆不及良玉，因謂之曰：「惜哉，笄而不冠，汝兄弟皆不及也。」其時馬千乘已襲石砫宣撫使之職，聞秦良玉兼擅文武之才，遂娶之為妻。以忠州所處的地理環境來說，隔了一道長江，就是石砫、酉陽、播州等等的土司轄境。土司自古被視為是蠻夷不化之民，叛服不常，忠州

秦良玉誠然精明幹練，明察秋毫，而馬千乘則在此以外還加上秉性剛烈而不畏強禦，不但隣境的土司畏石砫之強，即石砫土司所屬的弁目兵丁，亦都嚴憚馬千乘之剛正嚴毅。所以終於因開礦事積忤榷稅太監邱乘雲，部民乘機構怨，遂被逮下雲陽縣監獄，瘐死。雲陽與梁山，不是同一個地方；雲陽縣隸屬於四川夔州府，梁山縣則隸屬於忠州。明史秦良玉傳與石砫廳志土司傳都說，馬千乘所瘐死之地是四川雲陽縣，只有石砫土司譜牒中的馬千乘傳說是梁山縣，這也是官書與私史顯然歧異的地方，有待進一步的查證。不過，不論馬千乘所瘐死的地方是雲陽縣監獄還是梁山縣監獄，其為瘐死則一。馬千乘既死，他和秦良玉所生的兒子祥麟尚幼，按照土司襲職的成例，應由秦良玉暫襲，俟祥麟成年時交還。秦良玉與馬千乘結褵於萬曆二十年或二十一年，至此時已經有二十年之久，他們惟一的兒子祥麟居然尚因年幼而不能襲職，然則祥麟之出生，豈不是在他們結婚以後很久的事？這一件事看來也十分不合常情。如不是祥麟之晚出，便是馬千乘秦良玉二人感情不睦所造成之結果。這個問題，現在當然也已無法明瞭，提出來聊供參考而已。如以秦良玉的出生時間推測，她之襲替夫職，出任石砫土司的女官那一年，應該是四十歲。但因馬千乘在萬曆四十一年時應有四十二歲，而馬氏宗譜的馬千乘傳卻說他死年四十一歲，因此此傳中所說的萬曆四十一年，又很可能是萬曆四十年之誤，則秦良玉此時，又應該是三十九歲。秦良玉中年喪夫，在守寡以後的三十多年中，長時間奉明朝政府的檄調，出兵四出征討，戰功彪炳。因之石砫士兵的戰績傳聞遐邇，這當然都應該歸功於秦良玉的善於訓練與統御有方。然而以一個身為寡婦的女人來說，這種辛勞備至的軍旅生活，也實在太苦了。

秦良玉曉暢兵機，長於戰陣，這在明史秦良玉傳開頭部分的敘述中已可見其端倪。說得更具體一點，則石砫土司的部隊，訓練精良，而作戰技能極為優越，秦良玉本人更是諳曉韜鈐，故能臨事鎮靜，洞燭機先，處處穩操勝算。明史秦良玉傳中關於這一部分的戰功記述，不如石砫廳志土司傳所述之詳盡，由石砫廳志土司傳中的敘述，更可以充分看出秦良玉善於料敵制勝之情形。不辭繁冗，將這一方面的有關文字引述一段如後，以略見其一斑。

石砫廳志土司傳：

千乘奉調征播，良玉別領精兵五百偕往。諸營抵鄧坎度歲，俟三省奉調兵集進攻。萬曆二十八年正月初二日，置酒宴飲。良玉料敵夜襲，語千乘戒備，下令軍中：解甲韜戈者斬。夜半，賊果至，諸營驚潰，良玉偕千乘獨領本部兵三千五百人奮擊，追入賊境，一晝夜破其金筑等七寨。黎明，抵桑木關，眾軍方招呼陸續集關下。桑木天險，督臣李化龍所遣將馬孔英等叩關門，千乘良玉暨良玉兄邦屏、弟民屏奮勇將白桿兵，分左右鈎連上山，出關後破之。已會八路兵將劉綎等破山關，扼賊海龍囤剿之。是役也，良玉夫婦戰功第一，督臣化龍匿不以聞。千乘死，良玉奉命領職，遂卸裙釵，晉冠裳。從戎侍女，皆改男裝。……

萬曆二十八年平播之役，由明史李化龍傳及劉綎傳見之，實以總兵官劉綎之功最多，劉綎且因此而由都督同知進官左都督，世襲衞指揮使。劉綎當時受總督李化龍之命，統率八路之兵會攻播州，而且始終擔任主攻之責，論功行賞，自當以劉綎之功為第一。所謂「是役也，良玉夫婦戰功第一，督臣李化龍匿不以聞」云云，似乎只是指攻克桑木關之戰而言，並不能總括整個的平播之役。至於總督李化龍之沒其戰功，亦不是沒有可能之事。因為在整個平播戰役之中，總督李化龍所調集的兵員約有二十四萬，其中十分之三為經制的官軍，十分之七為土司兵。土司非流官之比，每每功多而賞薄，而歷來的總督多倚經制官軍為作戰之主力，自更難免厚此而薄彼。這種情形，一直要到秦良玉奉調出征，轉戰於遼東山海之間以後，方纔有所改善。其原因則是此時的滿清已經成為明朝的東方大患，明朝政府疊次調集大軍前往征討，均先後敗沒，石砫土司兵在這些戰役中所向有功。為了鼓勵他們忠於王事，必須破格陞賞。因此自秦良玉以次的石砫將弁，亦能與經制官軍一樣地得蒙賞賚，與政府軍幾同一體。關於這一方面的情形，後文另有敘述，這裡先解釋上文所說的「白桿兵」。

「白桿兵」之名，初見於石砫廳志的土司傳，敘次於秦良玉嫁與馬千乘為妻之後，云：

長歸千乘，儀度嫻雅，而性行嚴明。農隙與千乘訓練士兵，精勁冠諸部。兵器用長矛，後帶鈎環，登山涉水，前後相連，皆白木為之，不裝飾。厥後屢立戰功，石砫白桿兵遂著名海內。

由此可知，所謂「白桿兵」也者，乃是因為他們所用的長矛皆白木柄而不加髹漆，形如白捍的緣故。白桿兵的特點是，長矛的尾端加裝鈎環，可以與前面的長矛互相鈎連，用來登山涉險，最能發揮前後攀援的功用，所以終能在桑木關之戰中攀陟而登，突破播州叛軍所恃為天險的關隘。至於他們在後來的戰役中是否亦曾因此種特殊的兵器裝備而得獲勝捷，則因史無明文之故，不能詳。從前清朝人董榕曾撰雜劇「芝龕記」，專敘秦良玉的生平戰功；抗戰時亦有李慶成周靜安二人合著小說體裁的秦良玉傳，對於秦良玉的一生事蹟，描寫尤為詳盡。但是此二書雖然旨在宣揚秦良玉的非凡戰功，故事的構架亦能勉強符合史傳的記述，但細部情節則全出虛構，毫無採信的價值。石砫廳志土司傳中就說，秦良玉死後，宣撫司衙署屢遭兵火，秦良玉生前所受的誥命均已毀損無存，無從考知其何年拜官，何年封爵，其生前所撰詩文亦被焚燬無傳，「芝龕記所載，皆屬偽撰」，因此石砫廳志卷九卷十的藝文志中，秦良玉所撰詩文全無記載。由此可知，芝龕記及小說秦良玉傳雖然竭力鋪張石砫白桿兵的戰功，卻是不足採信的向壁虛構之言，比較可以相信的，還是明史秦良玉傳及石砫廳志土司傳中的有關記述。現在且引據石砫廳志土司傳中的記載，略述其在萬曆、泰昌、天啟三朝中轉戰南北的情形如次：

> 泰昌時，徵其兵東援。良玉遣其兄弟邦屏、民屏以五千人先往，良玉攜子祥麟領精卒三千繼之。奏聞，賜良玉三品章服，授邦屏都司僉書，民屏守備。天啟元年，師次渾河，邦屏力戰死，民屏負傷突圍出。瀋遼連破，關外殘兵星夜奔竄，良玉聞變，與祥麟兼程赴援，守護榆關。祥麟目中流矢，猶拔矢策馬，奮勇防禦不肯退。良玉陳邦屏死狀，兵部尚書張鶴鳴亦奏稱「渾河之戰，石砫土司遣將秦邦屏戰沒，宣撫女官秦良玉親督精兵，兼撫殘卒，守護榆關，晝夜罔懈。請加賞敘，再徵兵赴援」，等語。詔加良玉二品章服，即予夫人誥命，賜額曰「忠義可嘉」。子祥麟授指揮使。贈邦屏都督僉事，錫世蔭。民屏進都司僉書，命回川練兵赴援。良玉率眾還蜀，抵家甫一日，忠州胡平表奔告藺賊之變。藺賊奢崇明、奢寅陷內江新都等縣，進圍成都，其黨樊龍、張彬據重慶，殺巡撫徐可求及文武官兵五十餘人，川中大震。賊因石砫兵強，遣樊定邦賚金結援。良玉開轅見使，使獻多金，將進說辭。良玉怒罵，

曰：「賊奴敢以逆言污吾耳！我兵將發，即以奴首祭大纛。」立斬之。出其金盡犒三軍，歡聲雷動。遂飛章奏聞，即起兵討賊。遣邦屏子秦翼明、都司胡明臣領兵四千，銜枚疾趨，潛度渝江，駐南坪關扼賊歸路；邦屏子秦拱明領兵四百，襲兩河，焚賊船，阻其東下；裨將秦永成領千兵，分張旗幟山谷間，守護忠、萬、酆、涪，馳檄夔州急防瞿塘上下。乃與子祥麟親率殺手六千，令弟民屏提調，楊學禮督陣。前鋒沿江而上，水陸並進，賊不敢出。而奢崇明造呂公車，攻圍成都甚急。巡撫朱燮元羽檄調援，良玉乃由川北路鼓行而西，分遣民屏復安岳、樂至等縣。良玉復新都縣，長驅抵成都，內外夾攻，破其呂公車。賊敗，解圍遯去，乃還軍救重慶。民屏擒賊將樊虎，殺黑蓬頭，奪二郎關，又奪浮圖關。時南坪關先為秦翼明等所扼，秦拱明擒殺賊將沈霖於兩河，燒其船千餘隻，奪船八百隻。賊聞兩關連破，惶懼束手，困守城中。良玉兵抵城下，賊張彤迎戰，祥麟斬之，乘夜攻破通遠門，樊龍遁走，諸將爭殺之，收復重慶。秦永成同胡平表擊賊將冉應龍於忠州，川東悉平。捷聞，良玉授都督僉事，充總兵官，命祥麟為宣慰使，民屏進副總兵，翼明拱明進參將。……

明神宗萬曆四十六年，努爾哈赤起兵於遼東，建國號稱後金，定年號為「天命」。自此以後，滿清便成為明朝中國的心腹大患，調兵增賦，竭中國之全力以禦之，終不能克。滿清之強，由於滿清兵長於騎射，其弧矢之精與兵甲之堅，非中國之所能敵，所以即使萃全國之精兵於遼東一隅之地，仍不能收克敵制勝之功。石砫土司的白桿兵號稱精良善戰，但因為他們只是山地出身的步兵之故，雖然長於擊刺，卻決不能抵禦騎兵之衝突。所以秦邦明不免戰死於渾河之役，而秦民屏亦僅以身免。當此之時，明朝政府調集全國的強將勁兵，悉數用之以抵禦東北的滿清，中國的內地空虛，便不免使野心人物生覬覦之心。川黔之間，土司眾多，其中不免有野性未馴的蠻酋認為此正是他們起而建功立業的大好機會；奢崇明之起而叛明，即是其中之一例。不過，石砫的白桿兵雖然不足以制勝滿清的騎兵，用來對付同為四川土司的奢崇明叛軍，無論如何總是綽有餘裕的。於是，秦良玉所統率的石砫兵，在萬曆二十八年建下平播之功以後，隔了兩年，又再建下平奢之功，在秦良玉的戰史上，再寫下了顯赫的一筆。

奢崇明是四川永寧宣撫司的宣撫使，其轄境在今四川南方之敘永縣，古稱藺州，與東邊的播州土司接壤，地勢險要，素為四川南方之邊患。明朝政府屢次發大兵征討，僅能克之，所以奢崇明敢於恃險負固，有不臣之心。萬曆天啟之間，遼東方面的戰爭連年不息，官府的征調頻繁，內地空虛，奢崇明遂以為此正是他竊佔全川的大好機會，而變亂以起。其後奢崇明雖屢為石砫土司兵所敗，貴州境內的水西土司安邦彥又起而作亂，收納奢崇明的殘部，大舉起事，貴州境內的畢節、烏撒、普安、平彝、及雲南境內的交水、曲靖、武定、尋甸、嵩明等地皆成為戰區，貴陽亦被圍困，叛亂規模之大，不遜於播州楊應龍及永寧奢崇明之亂。秦良玉在平奢之後，又奉檄調征討安邦彥。適當此時，滿清兵由遼西取道熱河山地，破長城隘口入犯京畿內地，京師戒嚴，崇禎帝詔令各省兵勤王。秦良玉聞警，亟撤征黔之兵，廻師東向，兼程行抵京師，以赴君父之難。崇禎帝聞石砫兵至，優詔褒美，並在平臺召見秦良玉，賜蟒袍玉帶之外，仍親自撰詩四章，以示嘉勉。此詩現仍見於石砫秦良玉祠後的石刻碑上，全詩如下：

學就西川八陣圖，
鴛鴦袖裡握兵符。
由來巾幗甘心受，
何必將軍是丈夫。

蜀錦征袍手製成，
桃花馬上請長纓。
世間多少奇男子，
誰肯沙場萬里行？

露宿風餐誓不辭，
嘔將心血代臙脂。
凱歌馬上清平曲，
不是昭君出塞時。

憑將箕帚掃匈奴，
一派歡聲動地呼。
試看他年麟閣上，
丹青先畫美人圖。

崇禎皇帝的詩，作得並不很好，但是他對秦良玉的誇讚褒美之意，卻是十分明顯的。第四首的「麟閣」二字，指的似乎是凌煙閣。按，唐書太宗本紀云：「貞觀十七年二月，圖功臣於凌煙閣。」凌煙畫像的典故出於此。崇禎在這幾首詩中用到這一典故，顯然寓有以滅清的功臣相期之意。果真如此，在凌煙功臣圖上，勢將出現一個易釵弁而冠的女性將軍，實在是千古罕有的佳話。只可惜明朝中國對滿清的戰爭始終不能取勝，明朝政府且因徵斂繁重之故而引起流寇之亂，最後甚且因此而亡國，不但淩煙圖像的希望渺不可期，便是連功成歸隱的想法也成了不切實際的奢望。秦良玉至此，實在有欲哭無淚之感。然而這卻是大勢所趨的結果，非秦良玉一人之努力所能挽回，又奈之何？

明朝崇禎年間的流寇之亂，起於政府的徵斂繁重，加以陝北地方連年大旱，赤地千里，人民窮無得食而賦稅仍不能免，為逃死之計而冒險作亂，原是不得已之舉。當此之時，假如崇禎皇帝知道徵斂繁重乃是釀亂之本，而對滿清的戰爭一日不能停止，便無法削減龐大軍費的開支，那就應該當機立斷，迅速採取與滿清停戰言和的政策，以便安輯內部，消弭亂源，自不難再有復興圖強的機會。只可惜崇禎皇帝乃是一個剛愎自用之人，他一方面嚴辭拒絕滿清方面的和議請求，一方面又不知道以釜底抽薪之法適時救濟瀕於死亡的無告災民，以免他們再為流寇之續，則亦不致使星星之火日益蔓延，終至於燎原不救的地步。總因為崇禎皇帝不是一個能夠察見安危治亂之理的有為之君，雖然當時的政治情勢業已到了十分危急的嚴重關頭。他仍然不顧分崩離析的危機，一意要對滿清作戰到底。而國內的流寇既起，他所採取的，又是絕不妥協的討伐政策。於是，不但對滿清作戰的軍費不能減少，為了征討流寇，明朝政府又必須募集更多的軍隊，支用更多的軍費，與增加更多的賦稅。這就使後來的情勢陷入了惡性的循環——徵斂愈重，亂源愈盛盜賊亦愈多；古語有所謂「毆民從賊」的話，恰可為此時的寫照。因此之故，明朝政府對流寇的征勦雖然詳，或者是有所顧忌而不願詳述之故。事實上她顯然不是一事不為地壽終於家的。如石砫廳志土司傳就說，她在得悉李自成攻破北京，崇禎殉國的消息之後。「躃踴號慟，氣絕者再。旋更縗麻哭臨萬壽宮，哀動三軍，紛紛雨泣。」張獻忠屠戮全川，「良玉每聞賊慘殺狀，輒奮激扼腕，泣數行下。」可見他此時對國仇家恨的憤激之感，始終痛切在心，只因大廈已傾，一木難支，空懷忠憤，卻於事無補，以是抑鬱難堪，賫恨沒地。若說她已經年過七十便是「壽終」，無寧是對她的侮辱。抗戰期間，在重慶舉行的秦良玉遺物展覽會中，有一顆秦良玉生前所用的銅印，文曰「太子太保總鎮關防」。印的背面鐫有文字兩行，右為印文的釋文，左曰：「隆武二年八月日禮部造。」考之史冊，唐王聿鍵建國於福州，改元隆武，以蘇觀生黃道周為大學士，張肯堂為兵部尚書，議集戰守兵二十萬及興復之計，是即南明史上的隆武帝。隆武元年即清順治二年，隆武二年，則是順治三年。由這一顆關防，可以證明一項事實，那便是說，即使是在順治三年清軍業已佔領四川全省之後，石砫境內的秦良玉所部。仍奉南明朝廷的隆武正朔，並接受其官職，準備起兵響應福建方面的軍事行動，為中興復國之計。這在有關秦良玉的傳記資料中亦是有記載可查的，忠州秦氏家乘中的「秦太保良玉別傳」敘此云：

唐王隆武二年，遣使徵太保，加太子太保，封忠貞侯，賜以印。太保奉詔將行，會我大清兵克福州，遂不果。時海內底定，馬氏懼以唐王事攖禍，故終太保世無敢言者，而明史亦闕而不書。今賜印尚存馬氏宗祠云。

這一段敘述，以見存的秦良玉賜印證之，可知其言不謬。然則明史之所以不記此事並以秦良玉為「壽終」者。正是因為史館諸人尚不知道有這一段掌故的緣故。古詩有云：「老驥伏櫪，志在千里，烈士暮年，壯心未已。」以這一段話來形容秦良玉的晚年心情，庶幾近之。然而，對於她這一份耿耿孤忠的民族志節，實在也太使人感到傷感了。

關於存世的秦良玉遺印，還有一段掌故可以提出一說。由印文的拓本看來，「太子太保總鎮關防」的篆文已經相當粗闊，可以知道此印業已經過無數次的使用，尤以「總」字右上角的情形尤其明顯，幾近於漫漶磨滅了。秦良玉的這顆銅印，頒於隆武二年八月，新印的纂文細而清晰，絕不致有此情形，何況秦良玉雖經奉詔起兵而事實上未曾成行，足證此印並沒有正式使用的機會，何以印文磨損粗闊至此？詢之保存此印的馬家後人，方纔知道，原來相傳此印有避邪驅病之功，石砫縣的人民每患瘧疾，往往來馬氏宗祠求取鈐蓋印文的印紙一張，回家後將印紙蓋在病人頭上，一宿之後，瘧疾便可霍然而癒。當地相傳，張獻忠乃是七殺星下凡的天上星宿，因為殺人太多，死後被貶為瘧鬼，專門害人生病；而秦良玉則是玉女星下凡的星宿，力能收服七殺星，故而張獻忠最懼憚她，即使變為瘧鬼以後仍然一樣。因此之故，蓋有秦良玉遺印的印紙能驅除瘧鬼，所以治瘧最靈。由此引伸而為避邪之用，亦甚為有效。數百年以來求者既眾，不但印文逐漸磨損，印角亦已磨禿，足證此說確為不虛，雖為迷信，卻是事實。然則此一印信之所以能由清代初年保存至今，或者還是由於這一種迷信的力量吧！

秦良玉死後，葬於石砫城東十五里之廻龍山。今石砫城中尚有其專祠，乃是清乾隆四十九年其六世孫馬光裕之妻陳氏所建，其原址則是舊時的石砫宣撫司衙署。祠名「太保祠」，以秦良玉在南明隆武朝廷時曾被封為忠貞侯，加銜太子太保，故名。大門匾額曰「大都督府」，左右對聯曰：「漢室將軍甲第，明朝都督人家」。門內二字匾額，題曰「承恩」，仍是昔日石砫宣撫司衙署之舊。秦良玉在崇禎年間曾因戰功陞授五軍都督府的左都督，總兵官，管石砫宣慰使事，故門匾可題為「大都督府」，對聯亦可寫作「都督人家」。二門有額，題曰「明太保秦夫人廟」，由此始著明現為秦良玉之專祠。大堂為正殿，懸有「帥忠」及「忠義可嘉」匾額二方，後者係明熹宗所賜。神龕正中，塑秦良玉戎裝像，頂盔貫甲，氣象威嚴。其旁為子祥麟，媳張鳳儀、及玄孫馬宗大之像。堂後為寢殿，塑馬千乘秦良玉夫婦二人之像，此殿的秦良玉像，作女裝。殿後有堂曰「忠愛」，有樓曰「蔭遠」。最後一樓名「玉音樓」，額曰「龍章世寶」，專門供奉秦良玉生前所奉頒賜的皇帝書翰。樓高五丈，三層五楹，巍然聳立，最為顯著。以上所

狼驅豖突掃如焚，
更別賢奸不亂羣。
勇率佳兒忠率婦，
節還夫子義還君。
一腔熱血今猶碧，
百戰奇功古未聞。
箇箇鬚眉齊俯首，
玉音樓下拜將軍。

又，徐久道作「謁秦夫人墓」七律二首，云：

兩門忠骨壯山河，
嗚猿飛鶴淚痕多。
補天大力歸元化，
填海精誠托逝波。

浩劫餘灰沈碧草，
清霜明月擁清娥。
墓臺寂寞松楸長，
風雨猶聞撼鐵戈。

宿草回龍冷墓田，
英雄遺憾憶當年。
儘翻桑海殘棊局，
猶保西南半壁天。
慟哭清師空奮臂，
帥臣誤國孰張拳？
勳名蓋世浮雲變，
留得丹心照汗編。

王縈緒作「謁秦夫人墓」七律一首，云：

惆悵松風謖謖聲，
肅瞻高冢憶生平。
指揮欣仰紅裙帥，
披靡驚聞白桿兵。
鴛袖折衝推長子，
龍章寵錫動神京。
於今剩有佳城在，
衰草蒼涼歲幾更。

車中田撰，「經秦宮保夫人故第」七絕二首，云：

閉壘難成犄角謀，
廷臣相對盡含羞。
百年養士功何濟？
第一英雄是女流。

讀上引諸詩，對於秦良玉當年以一介婦人而効命疆埸，一門忠貞，赤忱報國的忠貞大節，雖在三百年後的今天，猶覺有低徊不盡的追思。千百年來的巾幗英豪，如秦良玉者能有幾人？

十一、文采風流柳如是

明末清初，錢謙益在文學界有「詩壇李杜」之稱，其文學造詣極高。他在崇禎十四年娶名妓柳如是為妾，當時他年已五十九歲，而柳如是尚只二十四歲，老夫豔妾，這一段錢柳姻緣，極為人所歆羨。三百年來，錢謙益與柳如是的故事雖然仍流傳不衰，故事的內容卻已逐漸變質，馴至真相不明。原因是記述這些故事的稗官野史或者因展轉聽聞而訛傳失實，或者出於原作者的有意揑造謗言，以為誣衊。在這種情形之下，錢柳姻緣的真實情形終於逐漸不能為人所充分了解，甚至對錢謙益柳如是二人的行為性格等等，也不能有清楚明白的認識。假如說，三百年前的錢柳姻緣，也不過是近世以來的名女人嫁與大人物之類，沒有什麼值得大驚小怪之處，那末，錢謙益與柳如是的故事當然也就沒有什麼值得研究了解的地方。問題是柳如是並非時下一般之所謂名女人，錢謙益也不是有財無學的大老倌，他們的戀愛事蹟，便大有可談之處了。更何況柳如是的文才絕世而性格豪邁倜儻，烈烈有丈夫之風，對於如此這般的一個絕世奇女子，亦更不可以等閒視之也。

能夠使我們真正了解柳如是之才學與個性的，當歸功於陳寅恪先生的辛勤研究。他所著的「柳如是別傳」，洋洋八十萬言，可說是人物研究中的劃時代鉅著。由此書的內容可以知道，寅恪先生的研究取材，包括明末清初有名人物的詩文集，以及正史雜史野史筆記等等有關書籍，無慮一百數十種，其搜羅之廣與鑽研之深，足可使後生晚學歎為觀止。以如此眾多的豐富史材，通過了寅恪先生目光如炬的觀察能力，當然可以使這一部著作達到剔隱鑒微，燭照無遺的地步。但因寅恪先生的原著偏重於學術性，考證不免傷於細密，頭緒亦苦於繁多，恐不是一般讀者所能耐心閱讀的消閒類書籍。因此之故，摘其精華而舉其概要，使多數讀者能在短時間的閱讀中得到大致的認識，似乎仍是值得一做的工作。筆者自己，在過去亦對這個問題只有一知半解的錯誤認識，若不是寅恪先生的啟示，恐怕只能永遠停留在這個錯誤的階段，於此尤當對寅恪先生致誠摯的感謝之忱。

在沒有進入討論之前，應該先將舊時一般所熟悉的資料先加引述，然後再指出其中的錯誤。清人顧苓所撰的「河東君傳」，過去一直被認為是記述錢柳姻緣的正確資料，此傳的開頭部分說：

> 河東君者，柳氏也，初名隱雯，繼名是，字如是。為人短小，結束俏利。性機警，饒膽略。適雲間孝廉為妾。孝廉能文章，工書法，教之作書寫字，婉媚絕倫。顧倜儻好奇，尤

放誕，孝廉謝之去。

這一段紀事的文字雖然不多，所隱諱省略及記述錯誤的地方卻已不少。大概說來，可以分為兩部分，一是柳如是的名字問題，二是所謂嫁與「雲間孝廉」為妾，其後乃為此雲間孝廉所「謝之去」的問題。

柳如是本來並不姓柳，這在別的野史已有記述。如虞陽說苑甲編所收「牧齋遺事」，就說柳如是本姓楊，名愛，柳如是之名，乃是她後來往訪錢謙益時所改，其後就以所改之名為名，「楊愛」二字反不為人所知。究竟柳如是本來姓楊還是姓柳？可以再用其他方面的記述來查證。清人王澐所撰的「輞川詩鈔」，有「虞山柳枝詞」十四首，專記錢柳遇合之故事。其第一首云：

章臺十五喚卿卿，
素影爭憐飛絮輕。
白舫青蓮隨意住，
淡雲微月最含情。

此詩下另有附注，云：

姬少為吳中大家婢，流落北里，楊氏，小字影憐。後自更姓柳，字如是，一時有重名，從吳越間諸名士遊。

王澐亦說柳如是本姓楊，小字影憐，柳如是之名乃後來所改，這就與牧齋遺事所記的內容相合。此外則清人錢肇鰲所撰的「質直談耳」卷七「柳如是軼事」一條，亦有相似的記述，說：

如是幼養于吳江周氏為寵姬，年最稚，明慧無比。主人常抱置膝上，教以文藝，以是為羣妾所忌。獨周母喜其善趨承，愛憐之。然性縱蕩不羈。尋與周僕通，為羣妾所覺，譖於主人，欲殺之。以周母故，得鬻為倡。其家姓楊，乃以柳為姓，自呼如是。

將這一條記事與王澐的虞山柳枝詞相合看，一方面證明了柳如是本姓楊氏之說不錯，二方面也進一步證實了虞山柳枝詞所說的「少為吳中大家婢」，所指的乃是吳江周氏之家；若再從陳子龍宋徵璧等人的詩作中考證，又可知道此「吳江周氏」，究是何人。

陳子龍所撰的陳忠裕公全集卷十「陳李唱和集」，乃是他在崇禎六年時與同學好友李雯等人的唱和集，其中收有此一年秋天他與宋徵璧、彭賓二人泛舟西潭所作的「秋潭曲」，詩題之下有注，云：

偕燕又，讓木、楊姬集西潭舟中作。

彭賓號燕又，宋徵璧號讓木，此二人之外的「楊姬」是誰？據宋徵璧所撰的「秋塘曲序」，其人應即是新從吳江周家鬻出的楊影憐。宋徵璧含真堂詩稿卷五，「秋塘曲序」：

宋子與大樽泛於秋塘，風雨避易，則子美渼陂之遊也。坐有校書，新從吳江故相家流落人間。凡所敘述，感慨激昂，絕不類閨房語。且出其所壽陳徵君詩，有「李衛學書稱弟子，東方大隱號先生」之句焉。陳子酒酣，命予於席上走筆作歌。

陳子龍字大樽，這可以證明「秋潭曲」與「秋塘曲」所寫的是同一時間同一地點的記遊之詩。宋詩原文甚長，不能轉引。其中有兩句很重要，需要注意，乃是：

校書嬋娟年十六，風風雨雨能痛哭。

陳子龍與宋徵璧在崇禎六年秋天同遊西潭，座中有新從「吳江故相」家流落人間的楊姓女校書而此時年方十六。以這幾點關係與王澐的虞山柳枝詞相印證，就可知道，柳如是從吳江故相家放出的時間是崇禎五年。至於何以能確定此座中女校書楊姬便是從吳江故相之家放出的柳如是，則「秋潭曲」下尚有王蘭泉所加的按語，云：

宋子與大樽泛於秋塘，坐有校書，後稱柳夫人，有盛名。

再進一步探索上文所說的「吳江故相」與「吳江周氏」二者是否即是一事，則天啟崇禎年間曾為宰相的周道登，恰為南直隸的吳江縣人，與這些條件均能適合。到此地步，柳如是早年的出身與其姓氏，都已可以確定了。由此說來，顧苓所撰的河東君傳，至少諱飾了兩點事實。第一是柳如是本來姓楊，其後乃改名為柳如是；第二是她在早年曾在吳江周道登家為妾，甚得寵，在崇禎五年十五歲那一年被賣出為娼。至於她與陳子龍等人的詩文唱和雖在崇禎六年，究竟彼此間的交往是否便開始在這一年，則因文獻無徵之故，不能確定。

松江古稱「雲間」。顧苓「河東君傳」說，柳如是早年，曾嫁「雲間孝廉」為妾，後因放誕不羈而為此孝廉所「謝去」，這所指的雲間孝廉究竟是誰，柳如是曾否嫁此孝廉為妾？這是需要查證的第二個問題。

陳子龍、宋徵璧、李雯等都是松江人，陳子龍在崇禎十年始中進士，在崇禎九年以前都只是舉人身分。舉人俗稱孝廉，此所謂「雲間孝廉」，陳子龍很具備此一資格。從陳忠裕全集所收崇禎六至九年陳子龍所作的詩詞看來，他與柳如是之間，很可能具有某一種極為親密的關係。只因詩詞中的文字晦暗不明，陳子龍自己既不肯明白道破，旁人自然不便妄作推斷。不過，有一點是很可以確定的，就是陳子龍與他的朋友們，似乎都不肯承認陳子龍與柳如是之間，曾經有過某種親密的關係。最顯著的，是王澐所作的「虞山柳枝詞」，對柳如是不惜多方誣衊，乍看之下，實在很不容易使人了解，他的這種作法，究竟是何居心？王澐不也是松江人，並且是陳子龍的門生。柳如是假使曾經嫁為雲間孝廉之妾，王澐不會不知道。然則王澐對柳如是的生平事蹟，也當然有所知悉。但是我們看他寫在虞山柳枝詞中的柳如是事蹟，卻不惜揑造虛無妄誕的事實來大肆其詆諆之辭，這其間似乎存有某一種目的，乃是「不足為外人道」的。虞山柳枝詞第二首云：

河東女史善尋芳，
放誕風流獨擅場。
文選每吟十九首，
法書臨得十三行。

此詩既說柳如是「放誕風流獨擅場」，又說她解作詩而知書法，似乎是在誇讚她的才能了。但如細味文意，便又可知其不然。假如王澐真的是在誇讚其解作詩而知書法，便不應以「文選每吟十九首，法書臨得十三行」為言，因為這種句法顯然寓意諷刺，特別強調她讀詩只知文選十九首而習書只會十三行法書，如此語氣，分明只在譏笑柳如是之淺薄寡學而好矜弄才智，並不是真有誇讚之意。至於第三首的譏嘲之意，就更加明顯了。詩云：

鄂君繡被狎同舟，並蒂芙蓉露未收。
莫怪新詩刻燭敏，捉刀人已在床頭。

其下並有注釋，云：

我郡有輕薄子錢岱勳，從姬為狎客若僕隸，名之曰「偕」。姬與客賦詩，思或不繼，輒從舟尾倩作，客不知也。歸虞山之後，偕亦從焉。我友宋轅文有破錢詞。

這一段話對柳如是的造謠毀謗，直可說是卑鄙下流，無聊之甚。按，宋轅文即是宋徵輿，乃宋徵璧之弟，其人與柳如是交好甚篤，雙方且有婚約，後因宋母之反對，宋徵輿不敢堅持己見，柳如是一怒而與之絕，事見錢肇鰲所撰「質直談耳」中的「柳如是軼事」。由於宋徵輿早年與柳如是有情而中途絕交，柳如是後來又嫁了錢謙益，宋徵輿基於撚酸拈醋的作用，對錢謙益極為憎恨，所謂「破錢詞」也者，無非只是基於洩忿目的而寫的謗書而已。王澐以宋徵輿的謗書作證，豈不是欺人無知，可惡之至。至於王澐所說柳如是蓄有槍手錢岱勳，柳之詩文大多出於錢之槍替云云。由後文所引柳如是詩文之精妙情形看來，恐怕連當時的「詩壇李杜」錢牧齋都不夠資格作柳如是之槍替，何物錢岱勳，居然能有此才學？王澐對柳如是如此惡意中傷，應當有其動機。其動機如何？推想起來，大約便是因為她當年曾與陳子龍有極親密的交情，而在王澐等人的眼中看來，以陳子龍的聲譽地位，居然會與風流放誕的娼女親密如此，無疑將為盛名之累。為了替師門「洗謗」，乃不惜無中生有地惡意造謠，務以毀謗柳如是之名譽為事。在如此有計畫有目的之造謠破壞下，各種各樣令人意想不到的謠言都會出現。如牧齋遺事中所說的陳、柳關係，大概便是在這種情形之下出現的謠謗之一。牧齋遺事：

柳嘗之松江，以刺投陳臥子。陳性嚴厲，且視且名帖，意滋不悅，竟不之答。柳恚，登門詈陳曰：風塵中不辨物色，何足為天下名士？

假如牧齋遺事中所說的這段事實確有其事，人們當然會相信陳子龍與柳如是之間決無關係，風流放誕之娼女柳如是，自然也不會成為陳子龍的盛名之累了。無奈陳柳關係在事實上決非如牧齋遺事所說的陳子龍不屑置理，而且陳子龍還曾意態殷勤地為柳如是之詩集「戊寅草」作序哩！如果陳子龍不屑理會柳如是，則戊寅草前的陳子龍序文又從何而來？何況陳子龍的序文中，對柳如是的詩極致其讚頌之意，這又是基於何種理由而寫的文章？由於戊寅草原書尚存，「虞山柳枝詞」與「牧齋遺事」等書的造謠詭計，乃能為我們所洞察無遺。陳子龍所撰的戊寅草序，原文甚長，摘錄其中的讚譽之言，以見一斑：

余覽詩上自漢魏，放乎六季，下獵三唐，其間銘煙蘿土之奇，湖雁芙蓉之藻，固已言人人殊；而其翼虛以造景，緣情以趨質，則未嘗不嘆神明之均也。故讀石城京峴採菱秋散之篇，與寧墅麻源富春之詠，是致莫長於鮑謝矣。觀白馬浮萍瑟調怨歌之作，是情莫深於陳思矣。至巉巖駿發，波動雲委，有君父之思，具黯怨之志，是文莫盛於杜矣。後之作者，或短於言情之綺靡，或淺於詠物之窅昧。惟其惑於形似也，故外易而內傷；惟其務於侈靡也，故貌麗而神竭。此無論唐山班蔡之所不逮，即河朔漢南之才，雕思而多蒙密之失，深謀而益擬議之病，亦罕有兼者焉。……乃今柳子之詩，抑何其凌清而瞷遠，宏達而微恣與？夫柳子非有雄紗窅麗之觀，修靈浩蕩之事，可以發其超曠冥收之好者也。其所見不過草木之華，眺望亦不出百里之內，若魚鳥之沖照，駮霞之明瑟，嚴花肅月之綉染，與夫凌波盤渦，輕嵐晝日，蒹葭菰米，湅浦巖庵，煙火之裊裊，此則柳子居山之所得耳。然余讀其諸詩，遠而惻榮枯之變，悼蕭壯之勢，則有曼衍瀰橛之思；細而飾情於瀦者蜿者，林木之蕪蕩，山川之脩阻，則有寒澹高涼之趣。大都備沈雄之致，進乎華騁之作者焉。……

單看上面所引的這段序文，就可知道，陳子龍對柳如是的詩詞極致其推崇之意，至於以為連漢代最著名的女作家唐山夫人與班昭蔡姬，亦遠為不逮，其他自更不足比擬。陳子龍是明代末年有盛名的作家。他的推崇誠或過當，但決不致夸誕不實，全出於阿好之私。關於這一層，後文另有討論。所值得注意的，是由此所透露出來的陳柳二人不尋常的交誼。

由宋徵璧所撰的「秋塘曲序」文中可以知道，柳如是初從吳江故相之家流落雲間為妓時，雖然也已能作詩，但其詩句不過如「李衞學書稱弟子，東方大隱號先生」之類，不足以列入作家之林。但是在崇禎十一年柳如是刊行其詩集「戊寅草」之時，收在此集中的詩詞，便大有佳什，夠資格被陳子龍推崇為「備沈雄之致，進乎華騁」之標準的了。隨便舉出此集中的閨情詞二則，便可見其詞藻清麗而情意纏綿之筆調一斑。如題名「聽雨」的「更漏子」詞云：

風繡幕，雨簾櫳，好個淒涼時候。
被兒裡，夢兒中，一樣濕殘紅。
香燄短，黃昏促，催得愁魂千簇。
只怕是，那人兒，浸在傷心綠。

又，題名「添病」之「訴衷情近」云：

幾番風信，遮得香魂無影，銜來好夢難憑，碎處輕紅成陣。任教日暮還添，相思近了，莫被花吹醒。雨絲零，又早明簾人靜。輕輕分付，多箇未曾經。畫樓心，東風去也，無奈受他，一宵恩幸，愁甚病兒真。

由戊寅草所收的詩詞中，已很可以看出柳如是的才思細密而文采風流，與「李衞學書稱弟子，東方大隱號先生」之類專事堆砌典故而成的詩作相比，前後之間的進步何可以道里計？柳如是誠然有極高的稟賦天分，但如沒有後天的陶冶與良師的指點，勢不可能在幾年之內以自學的條件達到此一地步。然而，以一個女校書的身分，她又從何處尋得一個十分高明的老師，在數年之內學得如此高明的詩詞寫作能力？這就是十分值得推敲的問題所在。假如柳如是能夠成為陳子龍的外室，以陳子龍的文才與學識，當然最適合成為柳如是的老師。至於這種情形是否有其可能？則可以看「質直談耳」中「柳如是軼事」的記述：

其在雲間，則宋轅文、李存我、陳臥子三先生交最密。

柳如是與宋轅文的關係，已見前述。李存我即李待問，他與柳如是之間的關係，可以參看王澐的「虞山柳枝詞」：

尚書曳履上容臺，燕喜南都綺席開。閃爍珠簾光不定，雙鬟捧出問郎來。

據陳寅恪先生的考證，王澐此詩所寫，乃是當錢謙益與柳如是在南都舉行婚禮時，李待問亦為來賓之一。柳如是見李待問在座，旋即取出他當年所留的「問郎」玉印，命丫鬟送還李待問，以結束她與李待問之間的一段舊情。由留印還印的關係，可以知道李待問與宋徵輿一樣，與柳如是有過親密交情的。宋轅文、李存我、陳臥子三人之中，宋、李都和柳如是有過不尋常的交誼，陳子龍當不例外。寅恪先生因此從陳子龍崇禎六至十一年所作的詩詞中留心考查，以求了解在這一段時間之內，他們二人的關係究竟如何。由寅恪先生考證所得，認為顧苓河東君傳中所說的「雲間孝廉」，應該即是陳子龍，「可以無疑也」。其後并有結論重申其意見，云：

嗚呼，臥子與河東君之關係，其時間，其地點，既如上所考定，明顯確實，無可置疑矣。雖不敢謂同於漢廷老吏之斷獄，然亦可謂發三百年未發之覆，一旦撥雲霧而見青天，誠一大快事。自牧齋遺事誣造臥子不肯接見河東君及河東君登門詈陳之記載後，筆記小說剿襲流布，以譌傳譌，至今未已，殊可憐也。讀者若詳審前所論證，則知虛構陳楊事實如王澐輩者，心勞計拙，竟亦何補！真理實事終不能磨滅，豈不幸哉？

寅恪先生的考證方法，乃是選取陳子龍柳如是二人所作的詩詞，擇其語意相關者挑比對照而探討其含義，最後乃得到如上的結論。由於寅恪先生所取證的詩詞甚多，考證又極為細密繁瑣，無法徵引，只能述其大要為之介紹。雖然寅恪先生自信所斷無誤，但因在文字紀錄上畢竟沒有明白記載之故，讀者諸君之意如何，不妨取寅恪先生之原書自閱。不過，羅振玉在數十年以前就已懷疑此雲間孝廉即是陳子龍，雖然他的懷疑並未同時列舉佐證以為後人之參考，亦可謂英雄所見略同。由此而言，寅恪先生以細密考證所得的結論，更應該是可以相信的。

柳如是在崇禎五年時由吳江周家流落江湖，在雲間為妓，由此而至崇禎十年，她在松江與雲間名士陳子龍、宋徵璧、李待問、李雯等人詩酒流連，其間經過，都可以在柳如是和以上諸人的詩作中看得出來。到了崇禎十三年十一月，柳如是由松江來到常熟的半野堂與錢謙益相會，第二年正月間，柳如是就正式下嫁錢謙益，稱為柳夫人，這一段經過，也有牧齋有學集及東山酬和集中的詩什可查。剩下來的問題，是在崇禎十一年陳子龍離開松江以後，到崇禎十三年十一月柳如是與錢謙益建立關係之前的這一段時間內，柳如是的行止動態如何？以及她在這些時間內都做了一些什麼事？由於文獻缺略，柳如是在這一段時間內的生活史，最不能了解。勉強可以使人得到一些大概觀念的，只是她在崇禎十一、十二兩年間與汪然明之間的往來尺牘，可以讓我們知道，她曾在這段時間內往來松江、嘉定、蘇州、杭州等地，為擇偶之事往來奔波，最後終於決定下嫁於錢謙益。柳如是往來松江、嘉定、蘇州、杭州各地，在杭州方面的居停主人便是汪然明。此人是杭州的富翁，在西湖邊有一座橫山別墅，還有自置的大型遊船多艘，名之曰「不繫園」，豪華侈麗，極有氣派。他自己所鍾情的是另一個吳中名妓林天素。柳如是與林天素交好，與汪然明也熟識，到杭州來時，便住在汪然明的橫山別墅中。由於柳如是的聲名太盛，遊屐所到之處，訪客如雲，幾於戶限為穿。在她寫給汪然明的信件中，可以使我們知道，汪然明對於她的擇偶一事，幫助很大，而她所選擇的條件也很多，一是必須有文才，二是必須有地位，三是必須有錢。能夠合乎這三項條件的人不多，所以往來跋涉，極費周章。看柳如是流露在這些尺牘中的苦經，很值得人的憐憫同情。看柳如是表現在這些尺牘中的文采與才華，又不能不使人對她表示極大的欽敬與景仰。

柳如是寫給汪然明的尺牘共計三十一通，在崇禎十三年年底由汪然明為之結集刊刻，其前有林天素之序言。中云：

余昔寄跡西湖，每見然明拾翠芳隄，偎紅畫舫，徜徉山水間，儼然黃衫豪客。時唱和有女史纖郎，人多艷之。再十年，余歸三山，然明寄視畫卷，知西泠結伴，有畫中人楊雲友，人多妬之。今復出懷中一瓣香，以柳如是尺牘寄余索敘。琅琅數千言，豔過六朝，情深班蔡，人多奇之。……

柳如是的尺牘，被林天素稱為「豔過六朝」而「情深班蔡」，似乎並非過譽之辭。試將原作取來衡量一番，便可知其文字之妙。如尺牘第七通云：

鵾聲雨夢，遂若與先生為隔世遊矣。至歸途黯瑟，惟有輕浪萍花與斷魂楊柳耳。回想先生種種深情，應如銅臺高揭，漢水西流，豈止桃花千尺也？但離別微茫，非若麻姑方平，則為劉阮重來耳。秋間之約，尚懷渺渺，所望於先生維持之矣。便羽便當續及。昔人相思字，每付之斷鴻聲裡，弟於先生，亦正如是。書次惘然。

前引宋徵璧秋塘曲序，已說柳如是「感慨激昂」，無閨房女子之習氣。今由尺牘中的稱呼看來，以女人而自稱為「弟」，可見她未嘗以女人自居之心態一斑。即此二點，已可看出當時人之詆諆柳如是為「風流放誕」，未始不是沒有原因的。至於此信中的遣詞用典，風味雋永，確實如林天素所說，有「艷過六朝」的光景，含英咀華，回味不盡。又，尺牘第四通云：

接教並諸台貺，始知昨宵春去矣。天涯蕩子，關心殊甚。紫燕春泥，落花猶重，未知尚有殷勤啟金屋者否？感甚，感甚！劉晉翁雲霄之誼，使人一往情深，應是江郎所謂神交者耶？某翁願作交甫，正恐弟仍是濯纓人耳。一笑。

此信中說的「昨宵春去」，大概意指汪然明此番為柳如是所物色的擇偶對象，已因意見不諧而作罷，因此柳如是以「天涯蕩子」自比，說明她對此事「關心殊甚」。這大概不會是謙抑，而是實際情形如此。於是她以宋詞中「新筍已成堂下竹，落花都上燕巢泥」的出典，改寫為「紫燕春泥，落花猶重」，所以表示其自傷遲暮之感，文字雖美，意殊酸楚。由於有這種傷感之情，下文「未知尚有殷勤啟金屋者否」之問，自為當然，雖其情迫切，文字上卻毫無寒傖可憐之狀。「劉晉翁」即劉晉卿，名同升，乃是崇禎十年的新科狀元，中狀元時年已五十一歲，有資格被稱為「劉晉翁」了。味文意，似乎劉晉卿頗有垂青之意，並託汪然明向柳如是示意，但柳如是對之殊為落落，所謂「使人一往情深」也者，無非只是泛泛的浮辭。至於願作「交甫」的某翁究是何人，抑即便是劉晉翁其人，殊難確定。「交甫」乃是古人之名，典出韓詩內傳，「鄭交甫遵彼漢皐臺下，遇二神女，向神女請玉珮，神女予之」的故事。用在這裡，便是以漢皐之神女自比，而以向神女請玉珮的鄭交甫比喻有意結交「某翁」。「濯纓」二字，則是借用楚辭中的漁父之歌，「滄浪之水清兮，可以濯吾纓」。其意不過借用這些典故來表示她的拒絕態度。不過，這封信中所談到雖然只是一些庸俗平凡的媒妁關係，一經改用這種典故來巧妙地表達，便使全信充滿了蘊藉風流的美感，循誦再四，齒頰俱芬。柳如是之雅擅文辭而善於取譬古人古事，在這裡充分可見其文采風流之一斑。以此與前引的閨情詞相比，很顯然地，她所寫的文字，其內涵與意境又已邁進了一大步，更有深度，也更善於遣辭用典了。

陳子龍與柳如是之間的關係，到崇禎十一年年初便已結束。由崇禎十一年到十三年，柳如是的文學修養有了更高的造詣，足見她此時更能在多讀多寫的訓練之下使自己得到更多的進步。如此精進不已，終於會使久有「詩中李杜」之稱的錢謙益也為之甘拜下風的。由於柳如是有如此明白顯現出來的文學才華，方纔會使錢謙益深切體認，如此才華絕世的美女，百世難逢一人，如不能把握機會，此生可謂虛度。所謂錢柳姻緣，這纔是真正的促成因素！

牧齋有學集卷十七「移居詩集」，有崇禎十三年秋間所撰的「論近代詞人，戲作絕句十六首」，其第十二首的下半闋所論，便是柳如是的詩，原詩云：

草衣家住斷橋東，
好句清如湖上風。
近日西陵誇柳隱，
桃花得氣美人中。

明末吳中名妓，王修微亦有詩名。自稱「草衣道人」。故而此詩上半闋所論的「草衣」其人，即是王修微。至於柳如是，則其本名雖是楊愛，在崇禎十一年時便已改名柳隱，字如是。陳子龍在崇禎十一年為柳如是的詩集戊寅草作序，作者的姓名已署作「柳隱如是」；汪然明在崇禎十三年刊印柳如是尺牘：亦署「雲間柳隱如是」。可知柳如是之從楊愛改名柳隱，必不會遲至崇禎十一年以後。既然柳如是在崇禎十一年便已改用「柳隱」之名，錢謙益又是在看到了她的詩集之後纔發為議論的，他當然對柳如是這個人早就有了認識，何須要等到崇禎十三年十一月間柳如是到常熟城中的半野堂來訪問錢謙益的時候，錢謙益纔贊成她改用柳如是之名呢？由此亦可證明，牧齋遺事所說的錢柳遇合情形，亦與顧苓所撰的河東君傳一樣地不盡不實，不足採信。為了便於讀者的了解起見，再將牧齋遺事中的這一部分摘錄於後，以便參考。牧齋遺事：

初，吳江盛澤鎮有名妓曰徐佛，善畫蘭，能琴，四方名流，連鑣過訪。其養女楊愛，色美於徐而綺淡亦復過之。崇禎丙子春，婁東張庶常溥告假歸。溥固復社主盟，名噪海內者。過吳江，泊舟垂虹亭，訪佛於盛澤之歸家院。值佛他適，愛出迎，溥一見傾心，攜至垂虹亭，繾綣而別。愛於是竊喜自負，誓擇博學好古為曠代逸才者從之。聞虞山有錢謙益者，實為當今李杜，欲一望見其丰采。乃駕扁舟來虞，為士人裝，坐肩輿造錢投謁，易楊以柳，易愛以是。刺入，錢辭以他往，蓋目之為俗士也。柳於次日作詩，遣伻投之，詩內已微露色相。牧翁得其詩大驚，詰閽者曰：「昨投刺者，士人乎？女子乎？」閽者曰：「士人也。」牧翁愈疑，急登輿訪柳於舟中，則嫣然一女子也。因出其七言近體就正，錢心賞焉。視其書法，得虞褚兩家遺意，又心賞焉。相與絮語者終日。臨別，錢語柳曰：「此後即以柳姓是名相往復，吾且字子以如是，為今日證盟。」柳諾。此錢柳作合之始也。

崇禎丙子即崇禎九年，下距崇禎十三年十一月錢柳初遇，中間相距四年。在這一段長時間之內，柳如是的交遊極廣而讀書極多，其聲名早已大起。而照牧齋遺事所說，錢謙益之所以欣賞柳如是，無非因為她以一女子而能作詩，又善書法，加以色美豔而有意結交，於是遂因勢利導，而成就了兩人間的姻緣。至於實際情況究竟如何，原書的作者顯然不曾細心研究過。欲知真實情形，還需要從正確可信的文獻資料中去研究探索，不可以輕信河東君傳及牧齋遺事等妄誕不實的錯誤記述。在這一方面，牧齋有學集與東山酬和集二書，應該是最可信的資料。

東山酬和集卷一，崇禎十三年庚辰仲冬十一月，柳如是初訪錢謙益於半野堂時，所奉贈的七律詩一首如次：

聲名真似漢扶風，
妙理玄規更不同。
一室茶香開澹黯，
千行墨妙破冥濛。
竺西瓶拂姻緣在，
江左風流物論雄。
今日沾沾誠御李，
東山葱嶺莫辭從。

按，此詩亦見於牧齋初學集卷十八，在「東山葱嶺莫辭從」句下，另有注云：「集名東山，取此詩句也。」原來東山酬和集的得名由來如此！既然東山酬和集之得名是由於柳如是之訪錢贈詩，當可想見此集所收之詩，都是與錢柳遇合有關人士的酬唱之作。由這些詩中可以看出，錢柳姻緣的促成因素，完全基於錢謙益對柳如是才貌風度的極度傾倒。決不需要由柳如是以色相勾引，而且柳如是亦不是善用色相誘人的女性。這其中的關係，在錢柳二人的唱和詩中有明顯的證據可尋。

上引柳如是贈錢謙益之第一詩，雖然只是普通酬應之作，但在讚譽稱頌之中，措辭極為得體，受讚者一見即知作者之才學非比尋常。其第一句「聲名真似漢扶風」，乃是借用漢代經學大師馬融的典故相稱譽。馬融是東漢扶風人，博學高才，授徒數千，常坐高堂施絳紗帳，前授生徒，後列女樂，其倜儻風流及桃李滿天下，錢謙益亦差可比擬。不過，馬融所通的不過是經史之學，錢謙益則不但熟諳經史而長於詩文，且能在中國舊學之外，探索釋道二教的經典而通其要義，較馬融之才學更為博大高深。所以下接「妙理玄規更不同」之句，以表示錢謙益之聲名雖然已如東漢馬融一般地傳播海內，其學問尚高出一籌。「茶香」譽生活情調之高雅，「墨妙」則讚其詩文之精美。「竺西瓶拂姻緣在」，似指錢謙益通曉內典而具有佛家所謂之「宿因」；「江左風流物論雄」，則是借用東晉賢相謝安的典故，推崇錢謙益為東南人物之首。「御李」之典，出於後漢書黨錮傳：「荀爽嘗就謁（李）膺，因為其御，既還，喜曰：今日乃得御李君矣。」「東山」仍指謝安，「葱嶺」與「竺西」之句相關。所以歸結全詩，文思貫通，比喻適切。錢謙益有「詩中李杜」之稱，作詩評詩，是其出色當行之事，看了這樣的詩，豈有不能分辨好壞之理。

全詩中最可注意的地方，是謝安固是東晉名宰相，其所負時譽，在當時實推為天下之重。所謂「斯人不出，如蒼生何」者，即是當時人對謝安之看重處。至於李膺，則是黨錮名士而隱負宰相之望者。錢謙益在明熹宗天啟年間便被閹黨指目為東林黨魁，因而削籍家居。及至崇禎帝即位，被推為宰相的候選人，不料忽遭溫體仁周延儒的攻擊，獲罪罷歸，從此林居養望，再沒有入閣拜相的機會。此是錢謙益一生中最為抱恨的隱痛。柳如是在這首詩中讚美他隱具東山之物望，而又以自己之造謁比擬為荀爽之謁見李膺，真可說是搔到痛癢之處，其內心之愜意，可想而知。及至錢謙益賦詩贈答之後，他自己另有贈柳之詩，題名「冬日同如是泛舟有贈」，詩云：

冰心玉色正含愁，
寒日多情照柂樓。
萬里何當乘小艇，
五湖已許辦扁舟。

每臨青鏡憎紅粉，
莫為朱顏嘆白頭。
苦愛赤欄橋畔柳，
探春仍放舊風流。

在這首「有贈」與「答贈」柳如是的詩中，錢謙益已明顯地流露出他對柳如是的愛慕之情。及至柳如是再寫下另一首「次韻奉答」之詩，錢謙益十分驚訝地發現，柳如是才思之敏，文采之美，運典之妙，取譬之深，竟不是他這個「詩中李杜」的大詩人所能企及！這一來就更加拉近了錢柳二人的感情距離，錢謙益終於心甘情願地做了柳如是的不貳之臣。這一段錢柳姻緣的佳話，因相互贈答詩什而促成，在三百年後仍有一談再談的價值。柳如是的「次韻奉答」詩如次：

誰家樂府唱無愁？
望斷浮雲西北樓。
漢珮敢同神女贈，
越歌聊感鄂君舟。

春前柳欲窺青眼，
雪裡山應想白頭。
莫為盧家怨銀漢，
年年河水向東流。

賡韻賦詩，因為必須使用原韻，以及寫作範圍須與原詩相配合之故，限制較多，往往不能有佳作，但柳如是此詩殊為不然。例如錢謙益詩內有朱顏白頭之句，寓有老少懸殊的年齡慨歎，柳如是答詩，卻以春柳雪山之意為答，在自比春柳及兼含柳姓之外，更寓有尊敬高年之意，其酬答甚為得體。神女及鄂君二典，一譬己身而一喻牧齋，不但意旨通貫，對於水濱泛舟的實際情事，尤其適合，其巧妙最不可及。結末兩句，典出梁武帝的河中之水歌：「河中之水向東流，洛陽女兒名莫愁。十五嫁為盧郎婦，十六生兒字阿侯。盧家蘭室桂為梁，中有鬱金蘇合香。人生富貴何所望？恨不早嫁東家王。」東家王即是崔顥獻李邕詩中的「十五嫁王昌」，亦即是錢牧齋答贈柳詩中所用的原典：「但似王昌消息好，履箱擎了便相從。」錢謙益在前詩中用此典暗示探詢，柳如是在這首詩中巧妙地借用「盧家莫愁」、「河水東流」等語為答，明白地表示了心許之意。由於用典巧妙及表達自然，整首詩的情韻亦極為高雅，其文字及意境之美，超出牧齋原詩甚多。錢謙益在看了此詩之後，一方面對柳如是之以知音相許十分感動，一方面對柳如是的文采與美貌極為傾倒，終於心甘情願地成為柳如是的愛情俘虜，以能娶得柳如是這樣才貌雙全的美人為百世難逢的奇遇。錢柳姻緣在這種情形之下終於促成了。在柳如是方面，當然以為能夠嫁與錢謙益這樣有才學而有地位的人物是很適當的歸宿；在錢謙益方面，也以為能娶得柳如是這樣文采風流的美女是人生最大的幸福。於是錢柳姻緣，在文學史上留下了極美的故事，在三百年後猶傳誦不衰。惟一不妙的地方，是由於傳聞訛誤之故，故事情節有很多地方都被歪曲失實了。如前引牧齋故事所記述的，即是。至於顧苓河東君傳所記述的，則更為妄誕不實了。顧傳云：

> 遊吳越間，以詞翰名。嘉興朱治•為虞山宗伯稱其才，宗伯心艷之而未見也。庚辰冬，扁舟過訪宗伯，佩服妖異，神情灑落。宗伯大喜，驚魂動魄，胡天胡帝，彷彿神仙之徒，不謂從人間至矣。……

這一段話，直以柳如是之於錢謙益，完全是以色相為誘惑，以致錢謙益在神魂顛倒之餘，不知不覺地墮入了柳如是所預設的陷阱。如此抹煞事實，何異蓄意造謠？柳如是在後人心目中的印象。因此也永遠只是以才貌惑人的妖姬艷女一流人物。很顯然地，這是柳如是最大的不幸，然而卻已流傳了三百年之久了。

看柳如是的詩，文字及意境如此之美，設辭取譬如此之妙，譽為當時女詩人之第一，當不為過。錢謙益評其詩作，贊為「桃花得氣美人中」，還不能算是最適當的批評。她在嫁與錢謙益之後，被錢謙益待以嫡室之禮，可以知道她在錢謙益心目中的地位極高。明朝亡國之後，錢謙益屈節降清，柳如是曾勸他為國殉節，錢謙益不能從。由此可知，錢謙益雖為東林黨的魁首，其志趣與識見其實尚不及柳如是。其後錢謙益老病而死，族中鄉紳錢朝鼎、錢曾等人覬覦錢謙益的遺產富厚，以其子錢孫愛懦弱可欺，竟羣起逼索巨貲，錢孫愛幾至破家。在這個重要時候，幸得柳如是以一死殉夫，激起了地方人士的公憤，一致要求官府嚴懲凶頑，方為錢家保全了貲產。這一段故事，知者已多，不需在此多述，所以從略。在這一故事中更可看出，柳如是之機智與志節，確有過人之處，並非只是以言詞慷慨，行事豪邁，而被稱為「有丈夫氣」而已。

十二、桃花遺恨李香君

桃花扇與長生殿，是清人戲劇創作中的兩大名著。長生殿寫唐明皇與楊貴妃的戀愛故事，桃花扇寫侯方域與李香君的愛情故事。唐明皇與楊貴妃的戀愛故事，人人知道。那是因為在長生殿這部戲劇之外，還有白居易的長恨歌傳述其故事，所以即使長生殿早已輟演了一個世紀之後，唐明皇與楊貴妃的戀愛故事，還是人人所熟悉的。至於侯方域與李香君的戀愛故事就不同了。則是因為在桃花扇之外，再沒有其他的小說詩歌之類為之傳述流播，一旦古老的戲劇為時代所淘汰之後，戲劇所描寫的故事也就逐漸為人所遺忘了。這是桃花扇的不幸，也是李香君的不幸。對於一個深明大義而深切關懷國家民族興亡的青樓妓女如李香君者，似乎不應該讓她的生平事蹟在歷史上消失不見，所以應該把她搬出來作一介紹。

孔尚任作桃花扇，其目的是在藉侯、李二人的戀愛故事，襯托出南明弘光朝廷的興亡史蹟。這就是他在書前所寫自序中說的：

桃花扇何奇乎？妓女之扇也，蕩子之題也，遊客之畫也，皆事之鄙焉者也。為悅己者容，甘剺面以誓志，亦事之細焉者也。伊其相謔，借血點而染桃花，亦事之輕焉者也。私物表情，密痕寄信，又事之猥褻而不足道者也。桃花扇何奇乎？其不奇而奇者，扇面之桃花也。桃花者，美人之血痕也；血痕者，守貞待字，碎首淋漓，不肯辱於權奸者也；權奸者，魏閹之餘孽也；餘孽者，進聲色，羅貨利，結黨復仇，隳三百年之帝基者也。帝基不存，權奸安在？惟美人之血痕，扇面之桃花，嘖嘖在口，歷歷在目。此則事之不奇而奇，不必傳而可傳者也。……

這就是所謂，以「場上歌舞，局外指點，知三百年之基業隳於何人，敗於何事，消於何年，歇於何地，不獨令觀者感慨涕零，亦可懲創人心，為末世之一救。」由於桃花扇之寓意深刻，寫作成功，三百年來，不知感動了多少觀眾多少讀者。於是，侯方域與李香君的戀愛故事亦因此而流傳千古。李香君雖為明末的南京名妓，其生平事蹟，殊少人知。自有桃花扇為之義務宣傳，此一平康女子之堅貞志節與愛國情操，幾已使其聲名凌駕於同時一切名妓之上。所成為問題的是，侯方域與李香君的生平及其後來結局，是否便如桃花扇之所寫？以現在所能看到的資料來說，孔尚任作桃花扇，雖然自稱於「朝政得失，文人聚散，皆確考時地，全無假借」，只有在「兒女鍾情，賓客解嘲」的細微處，方纔稍有點染，但亦全非「烏有子虛之比」。其實則桃花扇既屬文藝創作，其內容就必不可能完全合於史實。因為小說與戲劇必須使故事情節集中於較短的時間內，以便利高潮的出現；若是結構鬆懈而情節散漫，便將成為無法控制的一盤散沙，不能達成寫作效果。桃花扇在本質上只是一部歷史劇，無法超越此一寫作原則，怎麼有可能完全按照史實安排其故事情節？只此一點，便可知孔尚任之言不由衷。若由侯方域李香君的傳記資料考之，亦可證此說不虛。

李香君的傳記資料，目前所能看到的，只有侯方域為她所寫的一篇傳記，以及余懷寫在板橋雜記中的兩段有關紀錄；而侯方域所寫的李香君傳記，還只是有前半而無後半的。即使如此，亦已可以證明桃花扇中的錯誤不少。先抄一段李香君的傳記於後，以便研究比較。侯方域所撰壯悔堂集卷五「李姬傳」云：

> 李姬者，名香，母曰貞麗。貞麗有俠氣，嘗一夜博輸千金立盡。所交接皆當世豪傑，尤與陽羨陳貞慧善也。姬為其養女，亦俠而慧，略知書，知辨別士大夫賢否。張學士溥，夏吏部允彝亟稱之。少風調皎爽不羣，十三歲從吳人周如松受歌，玉茗堂四傳奇皆能盡其音節。尤工琵琶詞，然不輕發也。雪苑侯生，己卯來金陵，與相識。姬嘗邀侯生為詩，而自歌以償之。……

以上所述，乃是侯方域追敘他與李香君相識之前的香君生平。由此可知，李香君的假母貞麗，乃是一個有俠氣而好交接當世豪傑的風塵奇女子。既然李貞麗有俠氣而重豪傑之士，她便不致於為了田仰的三百銀子聘金，就願意將香君許嫁給他。而陳貞慧與李貞麗既然素有交情，侯方域與李香君相識，就可能出於陳貞慧的介紹，又何勞楊龍友之介入？然則桃花扇故事中以楊龍友為侯方域牽線，以便阮大鋮得與侯方域結交等等情節，顯然只是出於劇作者的自行安排，與真實情形並不相符。再則，侯方域到了南京之後方纔認識李香君，上文中已明明說到其時間為崇禎「己卯」。己卯乃崇禎十二年。這一年，侯方域因為參加南京鄉試之故，特地以國子監學生的身分到南京國子監來入學，以便就近入場應試。桃花扇將侯、李二人之初識時間安排在崇禎十六年之三月，如何能謂之「確考時地」？至於二人相識之後的第一次分離，其時間亦不在崇禎十七年。李姬傳續云：

初，皖人阮大鋮者，以阿附魏忠賢論城旦，屏居金陵，為清議所斥。陽羨陳貞慧，貴池吳應箕實首其事，持之力。大鋮不得已，欲侯生為解之，乃假所善王將軍，日載酒食與侯生游。姬曰：「王將軍貧，非結客者，公子盍叩之。」侯生三問，將軍乃屏人述大鋮意。姬私語侯生曰：「妾少從假母識陽羨君，其人有高義，吳君尤錚錚。今皆與公子善，奈何以阮公負至交乎？且以公子之世望，安事阮公？公子讀萬卷書，所見豈後於賤妾乎？」侯生大呼稱善，醉而臥。王將軍者殊怏怏，因辭去不復通。……

侯方域的父親侯恂，與阮大鋮同是萬曆四十四年丙辰科的進士同年，侯恂名次三甲第十一名，阮大鋮恰好在他的前面，是三甲第十名。但二人雖是進士同年，其志趣卻大相逕庭，侯恂是東林黨中的大將，阮大鋮則依附閹黨，成了魏忠賢的乾兒子。薰蕕不能同器，此二人在平時既不相過從，侯方域秉承庭訓，自然也不願接近這個「年伯」。不巧的是阮大鋮罷官之後住在南京作寓公，並不安分，大為當時南京名士陳貞慧、吳應箕等人所惡。崇禎十一年戊寅，也就是侯方域到南京來應鄉試之前的一年，陳貞慧、吳應箕等人結合當地士子共計一百四十餘人，聯名刊布「留都防亂揭」，公然對阮大鋮聲討，要將他驅逐出境。此留都防亂揭出於吳應箕的手筆，態度嚴正而文辭犀利，一經刊布，縉紳士大夫方纔知道阮大鋮原來是逆案漏網的閹黨乾兒，其惡性極為重大。由是人人指目，斥為逆某。阮大鋮為此，至於無法在南京存身，被迫得只好躲到宜興相公周延儒的一個幕友家中去住了三年之久，直到崇禎十四年周延儒復起為相，阮大鋮方纔潛回南京。凡此情形，俱見於陳貞慧所撰的「留都防亂揭本末」中，可以覆按。阮大鋮因陳貞慧、吳應箕刊布留都防亂揭而不能見容於清議，當然希望能有挽回之法。由前引侯方域撰李姬傳見之，其中的一項辦法乃是藉王將軍以結歡於侯方域，然後希望透過侯方域為他向陳貞慧、吳應箕等人疏通，卻不料為李香君所一語道破，事遂中輟。桃花扇將這段故事安排在崇禎十六年之三月，又將穿針引線之王將軍其人改為貴陽楊龍友，雖然基於情節結構之需要使然，但卻決不能稱之為「確考時地」而「全無假借」。楊龍友既非牽線之人，出貲梳櫳之說，自亦無此可能。

桃花扇第四齣「借戲」，寫阮大鋮為圖結歡陳貞慧吳應箕等人，於陳貞慧來借戲班演出燕子箋一劇時，不但立即借予，並且刻意奉承，以圖博取諸人之好感。不料此諸人之目的但在藉此羞辱阮大鋮而已，於演劇中途，對阮大鋮痛施罵詈，以致阮大誠求榮反辱，懊喪無似。至此，楊龍友遂乘機提出代侯方域出貲梳櫳香君，以便能透過侯方域的關係消解彼此間之仇。阮大鋮鼓掌稱善，即送白銀三百兩交予楊龍友代為開銷。由於楊龍友有此送金結歡之計，於是方有第五齣之「訪翠」，第六齣之「眠香」，第七齣之「却奩」。侯方域最初並不知道梳櫳香君之費出自阮大鋮，及經楊龍友說出之後，李香君即刻表示拒絕接受，將所有衣著首飾及箱籠物件等一概交予楊龍友帶回，弄得楊龍友十分難堪，相對地也顯得李香君之氣節極為高尚。但楊龍友既非牽線之人，侯方域結識香君時是否曾有梳櫳之事，亦不可知，這一大段極為費力的情節安排，便似乎只是孔尚任所虛構的子虛烏有之事。關於這一點，可以用兩點理由的推測來加以否定。

侯方域之父侯恂，在崇禎六年時由兵部右侍郎升任戶部尚書。因為侯恂是東林黨人之故，與後來出任內閣首輔的宰相溫體仁不睦，到了崇禎九年，就被溫體仁所藉事中傷，革職下獄，直到崇禎十四年方告釋放。侯方域在崇禎十二年到南京來應鄉試，顯然有希望從科舉考試中得一出身，以期自己亦能有所成立的意思在內。此時侯恂尚在獄中，侯方域雖是貴公子，亦當顧及名教倫常之大防。尋歡狎妓，已是有辱聲譽，如果竟大張旗鼓，公然在妓院中為妓女作新婚式之「梳櫳」，恐怕侯方域不敢行此大不韙之醜事。此是第一點理由。至於第二點理由，則是侯家兩世貴顯，父祖公卿，既非寒素之門，何至需人代出尋芳之費？這也是在情理上很難說得通的地方。因此之故，桃花扇第五、六、七齣所刻意描寫的梳櫳、却奩等等情節，殊不可信。在這兩段文字之後，李姬傳所敘，還有與桃花扇故事不能相合之處。傳云：

未幾，侯生下第，姬置酒桃葉渡，歌琵琶詞以送之，曰：「公子才名文藻，雅不減中郎。中郎學不補行，今琵琶所傳詞固妄，然嘗昵董卓，不可掩也。公子豪邁不羈，又失意，此去相見未可期。願終自愛，無忘妾所歌琵琶詞也，妾亦不復歌矣。」侯生去後，而故開府田仰者，以金三百鍰邀姬一見，姬固卻之。開府慚且怒，且有以中傷姬。姬嘆曰：「田公寧異於阮公乎？吾向之贊於侯公子者謂何？今乃利其金而赴之，是妾賣公子矣。」卒不往。

侯方域敘次李香君的生平歷史，至此戛然而止，其後來的發展如何，已不可知。究竟侯方域為什麼不肯寫完李香君的全部歷史？這個問題很難解答。至於李香君與田仰之間的糾紛，在侯方域寫給田仰的一封信中還可以看出若干端倪來。侯方域的覆信，見於壯悔堂文集卷三之「答田中丞」書。田仰曾經做過四川巡撫，巡撫在明朝習稱為大中丞，以其職銜例兼都察院之副都御史，在古時為御史中丞之官，故名。書云：

承示省訟，慙恧無所自容。執事與僕，齒不啻倍蓰，位不啻懸隔，顧猥與僕道及少年之遊。謂執事往日，曾以兼金三百招致金陵伎，為伎所卻，僕實教之，而因以爬垢索瘢甚指議執事者。僕誠不自修飭，然竊恐重為執事累也。使執事無可議，則昔賢如白太傅歐陽公東坡居士，皆與鳴珂不廢酬答，未聞後世之議之也，何獨至執事而苛求之？執事果有可議，即不徵伎，庸但已乎？僕之來金陵也，太倉張西銘偶語僕曰：「金陵有女伎李姓，能歌玉茗堂詞，尤落落有風調。」僕因與相識，間作小詩贈之。未幾下第去，不復更與相見。後半歲乃聞其卻執事金。竊嘗嘆異，自謂知此伎不盡，而又安從教之？且執事之邀之，在僕去金陵之後。今天下如執事者不止一人，豈僕居常獨時時標舉執事之姓名預告此伎，謂異日或邀若，必不得往乎？此伎而無知也者，以執事三百金之厚貲，中丞之貴，方且奔命恐後，豈猶記憶一落拓書生之言？倘其有知，則以三百金之貲，中丞之貴，曾不能一動之，此其胸中必自有說，而何待乎僕之告之也？士君子立身行事，自有本末，反覆表示，益復汗下。僕雖書生，常恐一有蹉跌，將為此伎所笑，而又能以生平讀數卷書賦讀數首詩之伎倆，遂頤指而氣使之耶？惟執事垂察，不宣。

田仰是貴州思南衛人，與馬士英同鄉，萬曆四十一年癸丑科進士，官至巡撫。以出身及仕履而言，這樣的人物可謂之甲科名流，乃是青樓中人所樂於物色的對象。但若由陳其年所撰的「婦人集」中見之，此人亦與阮大鋮一樣是魏忠賢的乾兒，所以不但為清流所鄙，即是李香君亦不願與之交往。由侯方域的覆信內容看，田仰對於李香君拒絕其三百金邀往一見的舉動認為十分難堪，貽書指責侯方域，謂是出於侯方域所教。侯方域的覆信雖然不承此事。但若以情理推測，卻正大有可能。原因是侯方域曾經拒絕阮大鋮的宛轉結交，由阮大鋮說到閹黨人物，必定會提到田仰的大名。李香君既然曾經勸止侯方域拒絕阮大鋮的結交企圖，當然不能接受同類人物田仰的邀約。田仰視此為侯方域之所指授，其懷疑正極為有理。這雖是題外之話，但由侯方域的覆信中，也可以看出他與李香君之間的某些關係。例如侯方域在信中所說：「豈僕居常獨時時標舉執事之姓名預告此伎，謂異日或邀若，必不得往乎？」曰「居常」，曰「時時」，則侯方域與李香君在崇禎十二、三年間的相處時間中，其關係必非泛泛。陳其年所撰的「婦人集」，於「李香君」一條下曾有如此的記載，說：

姬與歸德侯方域善，曾以身許侯方域，設誓最苦，誓辭今尚存湖海樓篋衍中。

陳其年的詩集名為「湖海樓詩」，然則湖海樓即是陳其年的讀書之處，而侯方域與李香君的誓辭便存在陳其年的湖海樓中。既然李香君在結識侯方域之後便有委身相事之意，而侯方域在後來卻又要多方掩飾他與李香君的這一層感情關係，其動機何在，實在耐人尋味。按，清人邵長蘅撰侯方域傳，曾經說到侯方域的一段小故事，謂：

末年游吳下，將刻集，集中文未脫藁者，一夕補綴立就，人益奇之。

侯方域所撰的文集，名「壯悔堂集」，都十卷。由邵長蘅之說，侯方域在決定刻其壯悔堂文集之時，其中的未完舊作，居然可以在臨刻前「一夕補綴立就」，則其間之必有刪節隱瞞等等情形，亦是可想而知的事。收在壯悔堂文集中的「李姬傳」，其所以只有前半而無後半，很可能便是因為有所顧忌之故，而在付刻之前臨時刪節的。侯方域對於他與李香君之間的感情有何難言之隱？似乎可以在「壯悔堂」的名字上加以推敲。壯悔堂文集卷三「與任王叔論文書」云：

僕少年溺於聲伎，未嘗刻意讀書，以此文章淺薄，不能發明古人之旨。……

侯方域在明末本以擅長古文辭著名，收在壯悔堂文集中的各體文字，雄奇精美，兼而有之，向來為後人所極端推重。他自以為他的「文章淺薄，不能發明古人之旨」的原因，是由於早年溺於聲伎而未嘗刻意讀書之故，雖是謙辭，但多少也有若干事實——假如他不是因早年溺於聲伎而好好用功的話，文章一定可以寫得更好。然而這畢竟不是少年荒唐而壯年有悔的真正意思所在。侯方域的少年荒唐，曾經種下一項最惡劣的後果，是即因為逞一時之快，好強鬥勝，以致與阮大鋮結下深仇大恨，到後來因阮大鋮之蓄意報復而對東林復社大肆殘害，使得左良玉能夠以「清君側」為名，由武昌順流東下，造成了南明朝廷的內訌。自古以來，未有內部不團結而能一致禦外的。南明內訌，只為北方的滿清人製造入侵的機會。黃得功的軍隊正由南京調往蕪湖去抵敵左良玉的大軍，北方的滿清兵也正好乘虛而入，於是，鷸蚌相爭而漁人得利，南明朝廷就此瓦解。追源禍始，當年若不是他們這批少年人一定要將阮大鋮趕盡殺絕的話，何致有後來的恩怨報復？如果南明朝廷的內部團結，清兵不能南下，則東晉與南宋的偏安局面必可出現。半壁江山的偏安之局當然不很光榮，但即使只是半壁江山，總要比整個中國悉數淪為夷狄之區，漢族衣冠淪為異族奴虜的情形要好得多。侯方域活到順治十一年，享年三十七歲。他在順治二年曾親眼看到因薙髮問題而引起的揚州十日與嘉定三屠。當時，南方的中國人為了反抗滿清政府的薙髮令而發動武裝起義，旋即遭到滿清人的血腥鎮壓，揚州嘉定二地城破之後，城中男婦盡遭屠殺，至於雞犬不留。侯方域在耳聞目擊之餘，怎不痛悔當時和一班復社少年在南京所作的荒唐事？所謂留都防亂揭與他寫給阮大鋮田仰的那些信，固然在當時幹得十分痛快淋漓，然而其最後所造成的總結果，卻只是因不肯與人為善之故，連國家民族的命脈都給斷送了。這一分難追之悔，纔是侯方域所椎心泣血地終生悲痛的吧！「壯悔」之名，若從此著眼，庶幾可以與他自悔少年溺於聲妓之事相關連，而能抉其難言之隱。如果此說不謬，則他當年在南京城中與李香君往來的那一段感情，似乎便有適當地加以隱藏的必要。因為這正是釀禍搆釁之由來，在桃花扇的故事中就明明白白地勾畫出來了。

孔尚任撰桃花扇，自稱於「朝政得失，文人聚散，皆確考時地，全無假借」。他故事中的情節從何而來？可以在他寫於桃花扇書前的「本末」中得知其經過情形如次：

族兄方訓公，崇禎末為南部曹。予舅翁秦光儀先生，其姻婭也，避亂依之，羈留三載，得弘光遺事甚悉，旋里後數數為予言之。證以諸家稗記，無弗同者，蓋實錄也。獨香君面血濺扇，楊龍友以畫筆點之，此則龍友小史言於方訓公者，雖不見諸別籍，其事新奇可傳。桃花扇一劇，感此而作也。……

記載弘光朝歷史的稗官野史，經過清代康熙、雍正、乾隆三朝的大規模搜查銷燬之後，絕大部分都已遭了丙丁之厄，能夠流傳到現在的，可說微乎其微。孔尚任生當康熙中葉，其時文網未嚴，他一生曾經看到過很多這方面的文獻紀錄；加上他岳翁秦光儀那裡聽來的口語傳述，對於侯方域李香君的戀愛故事，一定遠比我們現在所能看到的資料多得多。所引為遺憾的是，他對於當時所看到的資料，似乎並不曾留意為之考證別擇，以至不免常有因誤信不可靠的資料之故，而將整段故事完全弄錯的情形。如楊龍友之被寫為篾片幫兇型的花臉人物，即其一例。若由侯方域寫給阮大鋮的信函看來，楊龍友應該不是這樣的人。侯方域的信，收在壯悔堂文集卷三，名為「癸未去金陵日與阮光祿書」。阮光祿即阮大鋮，因為他在未被定為閹黨人物而遭革職之前，本是光祿寺的正卿，甚為尊顯。此時雖廢閑在家，仍具有縉紳的資格，稱其舊官，乃是禮貌上的尊敬，亦是當時通行的習慣。信的前半段，追敘其到京以來迄未前往拜訪阮大鋮的原因，是由於某一種不便明說的理由，「執事當自追億其故，不必僕言之也。」其後所敘，就與楊龍友其人有關了。

原信說：

今執事乃責僕與方公厚而與執事薄，噫，亦過矣。忽一日，有王將軍過僕，甚恭。每一至，必邀僕為詩歌，既得之，必喜而為僕貰酒奏伎，招遊舫，攜山屐，殷殷積旬不倦。僕初不解，既而疑以問將軍。將軍乃屏人以告僕，曰：「是皆阮光祿所願納交於君者也。光祿方為諸君所詬，願更以道之君之友陳君定生、吳君次尾，庶稍湔乎？」僕斂容謝之曰：「光祿身為貴卿，又不少佳賓客足自娛，安用此二三書生為哉？僕道之兩君，必重為兩君所絕。若僕私從光祿遊，又竊恐無益於光祿。辱相款八日，意良厚，然不得不絕矣。」凡此皆僕平心稱量，自以為未甚太過，而執事顧含怒不已，僕誠無所逃罪矣。昨夜方寢，而楊令君文驄叩門過僕曰：「左將軍兵且來，都人洶洶。阮光祿揚言於清議堂云：子與有舊，且應之於內，子盍行乎？」僕乃知執事不獨見怒，而且恨之，欲置之族滅而後快也。……

楊文驄即是楊龍友，左將軍則是左良玉。崇禎十六年，侯方域正在南京，左良玉大軍三十萬駐九江，因有兵無餉，饑潰可慮，揚言就食南京，將發大軍沿江東下。南京兵部尚書熊明遇計無所出。因知侯方域之父侯恂乃左良玉之故主，且於良玉有恩，乃請侯方域以其父之名馳書左良玉勸阻，左良玉果然得信停止。就事論事，侯方域之信，係因南京兵部尚書熊明遇之要求而寫，並非與左良玉有私人間之往來關係。而阮大鋮便即以此事作為題目，公開製造侯方域乃是左良玉內應的謠言，希望藉此激起羣眾的反感，好置侯方域於死地。假如楊龍友確為阮大鋮之死黨，此時當無可能亟亟往侯方域之住處通風報信，並催促其從速逃走之理。現在，侯方域在寫給阮大鋮的信中說到，當時若不是楊龍友來秘密通知此一消息，他就將被阮大鋮的陰謀詭計所害，然則楊龍友並非阮大鋮之幫兇，事實也就非常明顯了。除此以外，因為我們別無資料可以查核孔尚任寫在桃花扇中的侯、李二人戀愛故事究竟是何情況，而陳其年又說侯方域李香君在當時確有嚙臂之盟，那麼，桃花扇所寫李香君誓為侯方域守貞，至於血濺桃花扇面而矢志不悔的情節，大概便是當時之事實。侯方域在他的詩文集中將這一段生死戀情隱諱不說，乃是由於他的有意安排，殊不能因為他的蓄意隱諱而誤以為桃花扇所寫不實。不過，出現在文學作品中的故事情節，必定是經過原作者之加工整理的，必不能與真實情況完全相合，這其間的差異必須能予體認，方不致為小說或戲劇所誤。例如，關於李香君的結局，就是需要注意的地方。

桃花扇的最後一齣是「入道」。經由劇作者的安排，侯方域與李香君二人在國破家亡之後都到了南京城外的棲霞山道觀中，觀中的主持道士張薇頗有道行，在為崇禎皇帝及北都殉難文武諸臣做功德道場時，乘機以人天幻境的道理點化二人，使得侯方域與李香君恍然了悟生死寂滅之大道，從此拋撇塵緣，分別跟隨男女黃冠丁繼之卞玉京去出家修行了。李香君是否真的出家當了女道士，事不可知。但因侯方域並沒有出家修行之說，可以知道桃花扇之以「入道」結局，原只是劇作者結束全劇的一種手法，不可信以為真。所以，李香君的結局如何，便很費推敲。

桃花扇正文之前，附有諸家之題辭甚多。其中吳陳玉題的一首七絕，作如此之說：

寇鄭歌喉百囀鶯，
禁中傳點早知名。
官家安用倡家選？
輸與潛身卞玉京。

這首詩的內容，實際上是根據桃花圈的故事而來的。「寇鄭」是指寇白門與鄭妥娘，與卞玉京李香君並為南京名伎。桃花扇第二十五折「選優」，描寫弘光帝在南京登基以後，不以軍國大事為重，惟知徵歌選舞，晏安逸樂，日日沉湎於酒色享樂之中。元宵將屆，他心中最關注的問題，是希望能及早徵集一班歌伎，排演阮大鋮所編的燕子箋一劇，以便歡度佳節，及時行樂。阮大鋮乘機對李香君實施報復，把她與寇白門、鄭妥娘一齊徵召入宮，惟有卞玉京見機得早，業已出家成了女道士，所以徵選不及。李香君寇白門鄭妥娘等人被選入宮以後，形同禁錮，行動完全沒有自由，等於拆散了侯方域與李香君之間的愛情關係。因此方有後來南京被清兵所破，李香君寇白門鄭妥娘等人備嘗流離顛沛之苦等種種情節。事實上則桃花扇中的這部分描寫並不正確，因為李香君是否曾被徵選入宮雖不可知，寇白門與鄭妥娘之不曾被徵選入宮，卻是有書可證的。陳其年婦人集云：

寇白門，南院教坊中女子也。朱保國公娶姬時，令甲士五十，俱執絳紗燈，照耀如同白晝。國初籍沒諸勳衛，朱盡室入燕都，次第賣歌姬自給。姬度亦在所遣中，一日，謂朱曰：「公若賣妾，計所得不過數百金，徒令妾死沙吒利之手。且妾固未暇即死，尚能持我公陰事。不若使妾南歸，一月之間，當得萬金以報。」公度無可奈何，縱之歸。越一月，果得萬金。按，姬出後流落樂籍中，吳祭酒作詩贈之，有江州白傅之嘆。

「朱保國公」乃是崇禎時的明朝勳爵，保國公朱國弼。寇白門既被保國公朱國弼買為歌姬，即使弘光時有徵選歌伎之事，寇白門亦不應在徵選之列，因為她此時已非樂籍歌伎之身分，不能對她實行徵選了。鄭妥娘的情形，似亦彷彿。因為在弘光時被徵選入宮的歌姬：後來的遭遇都很悲慘，而鄭妥娘無此情形。錢謙益所作「金陵雜詠詩」，中有一首云：

舊曲新詩壓教坊，
繡衣垂白感湖湘。
閒開閏集教孫女，
身是前朝鄭妥娘。

鄭妥娘在明亡入清之後，尚在教坊中討生活，且能以悠閒自在之身教孫女讀詩唱曲，可知其未曾經過劇烈之變故，有如南明宮中婦女之遭遇。然則鄭妥娘之未曾被徵選入宮，亦是極合理的推測。所剩下來的，只是李香君的問題。

李香君是否曾在南明弘光朝廷時被徵選入宮？應先知當時是否有徵選歌伎之事。按，無名氏所撰「樵史」中有一條云：

弘光乙酉正月初七日，阮大鋮搜舊院伎女入宮。

又一條云：

四月，禮部尚書錢謙益請選淑女。

選淑女是為了新皇帝的椒房掖庭之選，與搜訪歌姬伎女之專供歌舞祇應者不同。李香君因與侯方域相愛而被阮大鋮視如仇寇，恰好弘光帝在當時曾命阮大鋮搜尋教坊樂籍之南京名伎入宮演劇，李香君便很有可能在阮大鋮公報私仇之目的下，被搜尋入宮充數。既被選入宮中，到了清兵渡江，弘光出奔之時，李香君便會與當時宮中的無數宮眷婦女一樣，因為名麗冊籍之故，被清兵繫擄北去。這種情形在當時頗有文獻紀錄可按，如吳梅村撰卞玉京傳，轉述卞玉京當時在南京目擊魏國公徐弘基之女被弘光選為皇后，尚未入宮成婚，即遭亡國之變，徐女及另兩個被選中妃嬪的祁、阮二女，均被滿清兵驅迫北去，形同囚虜，情況極慘。吳梅村詩集中另有一首「聽女道士卞玉京彈琴歌」，亦有關於這方面的描寫。詩云：

萬事倉皇在南渡，大家幾日能枝梧。詔書忽下選蛾眉，細馬輕車不知數。中山好女光徘徊，一時粉黛無人顧。艷色知為天下傳，高門愁被旁人妒。盡道當前黃屋尊，誰知轉盼紅顏誤。南內方看起桂宮，北兵已報臨瓜步。聞道君王走玉驄，犢車不用聘昭容。幸遲身入陳宮裏，卻早名填代籍中。依稀記得祁與阮，同時亦中三宮選。可憐俱未識君王，軍府抄名被驅遣。……

類似的記載，在陳其年所撰的婦人集中亦有之，僅只順治二年清兵下江南時婦女被擄北去的有關紀錄，便有三條之多。其一條云：

辛卯冬：宜興史孝廉北上，道經淇水，夜宿宜溝客舍，見壁間有數行云：「馬足飛塵到鬢邊，傷心羞整舊花鈿。回頭難憶宮中事，衰柳空垂起暮煙。」後又云：「妾廣陵人也，從事西宮，曾不二載，馬上琵琶，逐塵長去，愴懷賦此。和淚濡毫，倚裝心亂，語不成章。時庚寅七夕後四日，廣陵葉子眉識。」呼主者問之，知為弘光西宮也。

按，宜溝驛在河南省湯陰縣城南二十五里之宜溝鎮，乃是由北京經河南至陝西或湖北湖南的驛路經由之地；若是由南京往北京，按照明清兩代的驛遞路線，應由南京取道徐州，經山東而至北京；迂道河南，有干禁例，乃是法令所不許可的。又，「庚寅」乃順治七年，「辛卯」則順治八年。由前引吳梅村「聽女道士卞玉京彈琴歌」中見之，弘光所選定的一后兩妃，尚未及舉行冊立大典，便已遭亡國之變，弘光被俘，三女亦與其他宮眷同被北兵驅遣北去，並沒有來得及入宮成婚。據此云云，則弘光即位為帝的一年之中，並無正式冊定的皇后妃嬪。此所謂「西宮」，不知是出於其人之自誇自詡，抑或只是並無名號的嬪御之類？而由題壁詩的時間及地點看來，順治二年乙酉五月弘光朝廷傾覆之後，被驅遣北去的嬪御宮眷等人，有很多人大概都在事後被給賜予滿清的功臣，成為姬妾奴婢之類，所以纔會跟同主人展轉流徙而至河南湯陰縣的宜溝驛。如其不然，這情形就無法可以解釋了。至於後面所引的兩條紀錄雖然無此情形，亦仍可以看出當時被擄婦女之多，及其遭遇之慘，其一條云：

秦淮宋蕙湘，教坊女也，被北兵掠去，題詩郵壁，悽然有去國離家之痛焉。詩凡四首，猶記其一云：「風動江聲羯鼓催，降旗飄揚鳳城開。君王下殿將軍死，絕代紅顏馬上來。」──王西樵曰：絕代一作薄命。

又一條云：

賡明弟自北歸，以郵亭女子一詩示予，予為憮然。詩曰：「凌波卸卻換宮鞾，女作男妝實可嗟。扶上高鞍愁不穩，淚痕多似馬蹄沙。」蓋流人羈子過之繫念矣。詩更有自序云：「乙酉六月初一日遇難寶林莊，彷徨無地，洒淚而書，以為異日訪尋之記。廣陵十七歲女子張氏淚筆書於方順橋店中。」

看了上面所引的這些紀錄，可知當順治二年南京城破，南明亡國之後，滿清兵不但視弘光朝廷的後宮婦女為戰利品，悉數驅遣北去，即是在沿途所見的漢人中發現姿色姣好的少年女子，亦一概掠為俘虜，絕無憐香惜玉之念。由於這些被掠的女子中偶然也有精通文翰的才女，她們所題留在郵亭旅壁上的詩句又偶然能被他人所紀錄流傳下來，於是我們這些生在三百多年後的人，方能藉此知悉當年清兵破江南之時，漢人在滿人侵略鐵蹄下所受的破國亡家之痛，究竟是何模樣。假如李香君在當時也曾被滿兵所驅遣北去，而她也能藉詩文記述她的遭遇的話，她後來的事蹟，或許也有可能因此而流傳下來。只是李香君在明朝末年的南京名妓之中，雖以諳音律善歌舞而有俠氣著稱於時，卻不曾聽說她能詩文。以一個不能寫作詩文之弱女子，一旦被如狼如虎的韃子兵當作俘虜一般地驅遣趕逐，而她又無法藉文字紀錄來表達內心的痛楚，這一種悲慘的遭遇雖然其痛無比，卻永遠只能與肉體的死亡一同沈埋於地下，永遠無法為人所知曉的了。偏偏她生平所最愛的男人又不願意公開他們之間的戀愛故事，於是便使這僅有的希望也為之幻滅。侯方域的「壯悔」，造成了李香君的事蹟不傳。桃花扇的故事雖然哀感頑豔，其奈並非李香君的真實事蹟何？不幸的李香君，她的一生事蹟，看來只有藉桃花扇的不實描寫永遠流傳下去了，奈何，奈何！

除了侯方域所撰的李姬傳，及陳其年婦人集中的少許資料之外，李香君的事蹟，在余懷所撰的板橋雜記中也有一部分資料，但多與侯方域的李姬傳有重複之處，殊不足以窺見李香君之全貌。迻錄於後，以為參考。

板橋雜記卷中，「麗品」下一條云：

李香，身軀短小。膚理玉色，慧俊宛轉，調笑無雙，人名之曰香扇墜。余有詩贈之曰：「生小傾城是李香，懷中婀娜袖中藏。何緣十二巫峯女，夢裡偏來見楚王。」武塘魏子中為書於粉壁，貴陽楊龍友寫崇蘭詭石於左偏，時人稱為三絕。由是香之名盛於南曲，四方才士，爭一識面為榮。

這一段文字記述李香君之身材、容貌、及風致，與桃花扇所寫的大致相同，大約即是桃花扇的取材所本。又同書下卷「軼事」中一條云：

李貞麗者，李香之假母，有豪俠氣，嘗一夜博翰千金立盡。與陽羨陳定生善。香年十三，亦俠而慧。從吳人周如松受歌，玉茗堂四夢，皆能妙其音節。尤工琵琶。與雪苑侯朝宗善。閹兒阮大鋮欲納交於朝宗，香力諫阻，不與通。朝宗去後，有故開府田仰以重金邀致香，香辭曰：「妾不敢負侯公子也。」卒不往。蓋前此大鋮恨朝宗，羅致欲殺之，朝宗逃而免，並欲殺定生也。定生大為錦衣馮可宗所辱。

按，李香君拒絕田仰之邀約，是崇禎十三、四年間的事，而阮大鋮之欲捕殺侯朝宗，則是崇禎十七年五月以後的事。板橋雜記的作者余懷親見侯、李二人的戀愛故事，而在記事方面猶復顛倒如此，又怎能怪孔尚任撰桃花扇之錯謬雜亂呢？錄此以見桃花扇固為文人筆下的小說家言，即是板橋雜記的作者余懷，亦難免有信筆所之之病也。

十三、紅顏禍水陳圓圓

歷史上有很多重大的變故，其發生的原因往往只是由一些微小的事件所造成。這種事例太多，即以滿清之得主中國來說，便是極顯著的一個事例。

明朝末年，女真崛起於中國東北，成為明朝中國最嚴重的敵國外患。女真兵長於騎射，所攻之處，無堅不摧，整個遼東地方很快地落入女真人之手，他們因此建立了滿清國，很希望由此而奪取整個明朝中國的天下。但是，由遼東進入河北省境的交通路線，只有寧遠、錦州至山海關的沿海一線之地，而山海關背山面海，地勢險要，明朝大軍把關而守，滿清兵永遠無法插翅飛越。所以，若不是吳三桂把山海關拱手送給了滿清人，滿清兵力再強，也無法由此長驅直入，輕易占奪了明朝中國的天下。吳三桂為什麼要把山海關拱手送與滿清人？這問題當然誰都能回答——是因為他的愛姬陳圓圓被攻陷北京的流賊所得，為了要報此奪妻之恨，所以他甘願投順滿清人，以便借滿清之力量，報自己之私仇。吳三桂因私怨而賣國降敵，注定了他要成為國家民族的罪人，陳圓圓的大名，也因此而與吳三桂一起成為後人的談笑之資。很顯然地，陳圓圓已經因為吳三桂公私不分之故，很不幸地成了此一關鍵事件中的關鍵人物。但是，很多讀者雖然知道陳圓圓是此一關鍵事件中的關鍵人物，卻不知道，她之不幸而成為關鍵人物，其實是由於另一件意外錯誤所促成。如果沒有此一意外錯誤，陳圓圓不致成為吳三桂之愛姬，吳三桂自然就不致有奪妻之恨，也就不會有請清兵之事了。這才是真正影響到重大歷史事變中的微小事件，其中關係，微妙之至。

陳圓圓本名陳沅，圓圓乃其小字。在很多的文獻紀錄中，都只稱陳圓圓而不稱其本名，以致現在很多人都不大清楚她的本名原來叫陳沅的。吳梅村所撰的圓圓曲，是一首很有名的樂府詩，藉陳圓圓的一生遭際諷刺吳三桂之為一女人而改寫了整個的中國歷史，其中寓有很深刻的諷刺意義。此曲的開頭部分說：

鼎湖當日棄人間，破敵收京下玉關。痛哭六軍俱縞素，衝冠一怒為紅顏。

昔黃帝鑄鼎於荊山之下，鼎成而乘龍仙去，後人遂以此典故隱喻帝皇之崩逝。崇禎十七年三月十九日，流賊攻破北京，莊烈帝自縊煤山，首句「鼎湖當日棄人間」，所詠即此。崇禮自縊殉國之後，吳三桂請來清兵，全軍縞素，為崇禎發喪，隨即大破流寇，收復北京，其志節何等崇高，其戰功何等輝煌？然而吳三桂之所以衝冠一怒，誓不與流寇共存者，其真正的原因，實際上只是為了要報復他自己的奪妻之恨。如此急轉直下，實在使吳三桂無法立足於天地之間。吳梅村在清代初年有詩史之稱，圓圓曲對吳三桂的褒貶儼如史筆，因此之故，圓圓曲也更加成為家喻戶曉的著名詩篇，至今猶膾炙人口。不過，圓圓曲愈是為人所傳誦不衰，陳圓圓難免要永遠被指目為覆人邦家的紅顏禍水，這纔是陳圓圓的不幸。可憐的陳圓圓，她何其不幸的成為吳三桂的妾侍，又何其不幸的生當亂世，因容貌美艷而成為男人們的爭奪對象，終於被指責為紅顏禍水，這真是從何說起的冤枉事，假如她當年不因錯誤的安排而成為吳三桂的妾侍，這一切變化當然都不會發生了。影響歷史巨變的關鍵性事件竟是如此地細微，實在使人難以相信。然而這卻是千真萬確的事實，文獻紀錄上鑿鑿有據，並非是齊東野語式的神話。

在沒有說到這種錯誤安排的由來之前，應該先把陳圓圓的出身作一交待。清人鈕琇所撰的「觚賸」，有一條關於陳圓圓的記事，見於此書卷四的「圓圓」篇，云：

> 明崇禎末，流氛日熾。秦豫之間，關城失守，燕都震動；而大江以南，阻於天塹，民物晏如，方極聲色之娛，吳門尤甚。有名妓陳圓圓者，容辭閑雅，額秀頤豐，有林下風致。年十八，隸籍梨園。每一登場，花明雪豔，獨出冠時，觀者魂斷。

明朝社會到嘉靖、萬曆以後，由於經濟繁榮而生活富庶，享用豪奢，尤以江南一帶的南京、揚州、蘇州、杭州等大都市為然。在這些繁華富庶的大城市中，酒樓妓館之類銷金窟極多，容貌美麗而能歌善舞的名妓，層見疊出。最著名的人物，如李香君、柳如是、董小宛、顧眉生、卞玉京、馬婉容、寇白門等，皆名見於余懷所撰的板橋雜記，乃是當時梨園名妓中的翹楚。陳圓圓出生於這一時代，又有容貌美豔與能歌善舞的條件，自然能為達官貴人所垂青，有資格成為名妓之一。當時的名妓，大多以嫁與士大夫縉紳為歸宿。如李香君愛侯方域，柳如是嫁錢謙益，顧眉生嫁龔鼎孳，董小宛嫁冒辟疆；均其實例。陳圓圓在未遇吳三桂之前，她最初所物色的對象，是冒辟疆；這在冒辟疆所撰的影梅菴憶語中有具體的紀錄可尋，不容置疑。

冒辟疆娶董小宛，是崇禎十六年以後的事；在崇禎十五年以前，他與陳圓圓曾有一段不尋常的交往。影梅菴憶語云：

己卯初夏，應試白門，晤密之云：「秦淮佳麗，近有雙成，年甚綺，才色為一時之冠。」余訪之，則以厭薄紛華，挈家去金閶矣。嗣下第，浪游吳門，屢訪之半塘，時逗留洞庭不返。名與姬頡頏者，有沙九畹、楊漪炤，予日遊兩生間，獨咫尺不見姬。將歸棹，重往，冀一見。姬母秀且賢，勞余曰：「君來數矣，余女幸在舍，薄醉未醒。」然稍停復他出，從兔徑扶姬於曲欄，與余晤。面暈淺春，纈眼流視，香姿玉色，神韻天然，懶嫚不交一語。余驚愛之，惜其倦，遂別歸。此良晤之始也，時姬年十六。庚辰夏，留滯影園，欲過訪姬。客從吳門來，知姬去西子湖，兼往遊黃山白嶽，遂不果行。辛巳早春，余省覲去衡嶽，由浙路往。過半塘訊姬，則仍滯黃山。……

冒辟疆是明末「四公子」之一，他的父親名冒起宗，崇禎十四年時方以湖廣按察使司副使的本官出任衡永兵備道。上文所謂「辛巳早春，余省覲去衡嶽」即是指冒辟疆為省父而遠赴衡、永一事而言。由「辛巳」上推二年「己卯」，是崇禎十二年，「庚辰」則是十三年。「密之」，乃是明末四公子的另一人方以智，「密之」乃其字。據上所述可知，崇禮十二年的初夏，冒辟疆為應江南鄉試而赴南京，方以智告訴他，南京新來一個「才色為一時之冠」的名妓董小宛，由此開始了冒辟疆與董小宛之間的交往。但崇禎十二年冒辟疆在南京，幾次造訪的結果，只在董小宛宿醉未醒的疲倦狀態中匆匆一面。翌年及再後一年冒辟疆幾次想往蘇州尋訪董小宛，都因董小宛往遊黃山未回之故，未能相見。至此，冒辟疆就認識了另一個吳中名妓，即是陳圓圓。影梅菴憶語記此，續云：

辛巳早春，余省覲去衡嶽，由浙路往。過半塘詢姬，則仍滯黃山。許忠節公赴粵任，余聯舟行。偶一日赴飲歸，謂余曰：「此中有陳姬某，擅梨園之勝，不可不見。」余佐忠節治舟數往返，始得之。其人淡而韻，盈盈冉冉。衣椒繭時背，顧湘裙，真如孤鸞之在煙霧。是日演弋腔紅梅，以燕俗之劇，咿呀啁啾之調，乃出之陳姬身口，如雲出岫，如珠在盤，令人欲仙欲死。漏下四鼓，風雨忽作，必欲駕小舟去。余牽衣訂再晤，答曰：「光福梅花，如冷雲萬頃，子能越旦偕我遊否？則有半月淹也。」余迫省覲，告以不敢遲留故。則曰：「南嶽歸棹，當遲子於虎疁叢桂間。」蓋計其期八月返也。……

上文所說的「陳姬」，未舉其名，何以知道她即是陳圓圓？這有幾點理由可以證明。第一，冒辟疆撰影梅菴憶語時，在順治十年，其時吳三桂正以平西王的身分綜領征滇之師，而陳圓圓為其愛妾，冒辟疆不敢在追憶他自己的舊日戀史時顯指圓圓之名，以免觸忤時忌。第二，冒辟疆寫「陳姬」長於歌舞，此正是陳圓圓所出色當行之事，吳梅村圓圓曲中說「相見初經田竇家，侯門歌舞出如花。許將戚里箜篌妓，等取將軍油壁車。」即為其證明。第三，陸次雲撰圓圓傳云：「羣姬調絲竹，皆殊秀，一淡妝者統諸美而先眾音。」圓圓好淡妝，與影梅菴憶語中所寫的陳姬亦恰相合。有這三點證據，足可證明冒辟疆在崇禎十四年時所遇到的陳姬，即是陳圓圓，而且兩人一見即甚投緣，冒辟疆固有意訂交，陳圓圓亦以似拒實迎的態度約定後會之期。陳圓圓不肯明白表示她願意接受冒辟疆的示愛，無非基於身分上的矜持，其實其內心是非常愛慕冒辟疆的。其道理非常簡單：第一，冒辟疆是當時的「名公子」之一，聲譽甚盛，足令女人傾心；第二，張明弼所撰的董小宛傳中曾經對冒辟疆有如此之描寫：「其人姿儀天出，神清徹膚，余嘗以詩贈之，目為『東海秀影』。所居凡女子見之，有不樂為貴人婦，願為夫子妾者無數。」換一句話說，冒辟疆是當時極為有名的美男子。少年美男子而又為貴公子，至於不知有多少名女人不樂為貴人之妻而願為夫子之妾，則陳圓圓對之，又焉能不怦然心動者？此所以她要在若拒實迎之間預訂八月間虎邱賞桂之約。而冒辟疆對之，亦極為欣賞，則不但由於陳圓圓之姿容秀麗，風度高雅，而又天賦歌喉，聽之銷魂，自然會使冒辟疆情不自禁地一見傾心。所謂郎既有意，妾亦多情，這兩個人之必能結合，應該是很自然的發展了。然而後來的事實卻並不如此，因為冒辟疆尚有堂上嚴君需要稟明，而冒起宗此時方身任危疆，舉家驚惶不寧，冒辟疆如何能在此時談到「納寵」之事？影梅菴憶語記此，云：

余別去，恰以觀潮日奉母回至西湖，因家君調已破之襄陽，心緒如焚。便訊陳姬，則已為竇霍豪家掠去，聞之慘然。及抵閶門，水澀舟膠，去滸關十五里，皆充斥不可行。偶晤一友，語次，有「佳人難再得」之嘆。友曰：「子誤矣，前以勢刦去者，贋某也；某之匿處，去此甚邇，與子偕往。」至果得見，又如芳蘭之在幽谷也。相視而笑曰：「子至矣！子非雨夜舟中訂芳約者耶？曩感子殷勤，以凌遽不獲訂再晤。今幾入虎口，得脫重晤子，真天幸也。我居甚僻，復長齋，茗椀爐香，留子傾倒於明月桂影之下，且有所商。」余以老母在舟，緣江楚多梗，率健兒百餘護行，皆住河干，矍矍欲返。甫黃昏而礮械震耳擊，礮聲如在余舟旁。亟星馳回，則中貴爭馳河道，與我兵鬥，解之始去。自此余不復登岸。越旦，則姬淡妝至，求謁吾母太恭人，見後仍堅訂過其家。乃是晚舟仍中梗，乘月一往相見，卒然曰：「余此身脫樊寵，欲擇人事之，終身可託者無出君右。適見太恭人，如覆春雲，如飲甘露，真得所天，子毋辭。」余笑曰：「天下無此易易事。且嚴親在兵火，我歸，當棄妻子以殉。兩過子，皆路梗中無聊閑步耳。子言突至，余甚訝。即果爾，亦塞耳堅謝，無徒誤子。」復宛轉云：「君倘不終棄，誓待君堂上畫錦旋。」余答曰：「若爾，當與子約。」驚喜申囑，語絮絮不悉記，即席作八絕句付之。

事情發展到這一地步，一方面陳圓圓已經表示了非冒辟疆不嫁，一方面冒辟疆亦深愛陳圓圓之風姿綽約而雅擅歌舞，所以兩人終於訂下了婚約，不過婚期須待冒起宗能夠從襄陽「危疆」中安然脫身，冒辟疆可以向其父啟稟之後。明朝末年，由於流寇作亂，戰火遍及黃河流域各省，至崇禎十年以後，則寖假而發展到了湖北省境內。崇禎十四年，李自成陷洛陽，殺福王，張獻忠陷襄陽，殺襄王，兩省的封疆大吏，因失陷親藩而遭棄市者纍纍相繼。冒起宗在這一時間內被調到襄陽去作兵備道，顯然是遭受敵對者的傾陷排擠。張明弼所撰的董小宛傳中有一段話說到此事，云：

> 時辟疆痛尊人身陷兵火，上書萬言於政府言路，歷陳尊人剛介不阿，逢怒同鄉同年，傾動朝堂。

有此一段文字，足證冒起宗之由衡永兵備道北調襄陽，乃是仇家的借刀殺人之計，目的在使他遭遇軍事失利而陷入刑辟。明朝崇禎末年，朝分朋黨而政治水火，冒起宗之被仇家乘機擠陷，乃是極常見的事。亦正因為如此，所以冒辟疆必需要多方奔走設法，以求脫此困。其結果是冒起宗固然因冒辟疆的奔走努力而得調「善地」，冒辟疆與陳圓圓之間的婚約，卻因一再躭延之故而發生了意外的變化，影梅菴憶語記此云：

歸歷秋冬，奔馳萬狀。至壬午仲春，都門政府言路諸公，恤勞臣之勞，憐獨子之苦，馳量移之耗先報。余時正在毗陵，聞音如石去心。因便過吳門慰陳姬，蓋殘冬屢趣余，皆未及答。至則十日前復為竇霍門下客以勢逼去。先吳門有嗁之者，集千人譁劫之，勢家復為大言挾詐，又不惜數千金為賄。地方恐貽伊戚，劫出復納入。余至，悵惘無極。然以急嚴親患難，負一女子無憾也。

壬午，即崇禎十五年。冒辟疆在上一年的八月間與陳圓圓締定婚約，約定俟冒辟疆之父得調善地後往娶圓圓。到了這一年的二月間，冒起宗調職之事已有確耗，冒辟疆急往蘇州通知陳圓圓，卻不料陳圓圓已經在十天之前再度為「竇霍豪家」所劫擄以去，而且從此一去無消息了。這真是所謂「侯門一入深似海，從此蕭郎是路人」，冒辟疆與陳圓圓間的戀史從此告終，陳圓圓自此步入一個新的命運，其將來如何，全不可卜。假如沒有這種突如其來的變化，冒辟疆與陳圓圓的婚事得諧，陳圓圓當然不會與吳三桂發生關係，自更不會有後來的「衝冠一怒為紅顏」之事，明清之間的歷史究應如何寫法，正是一個極大的未知數。只因冒辟疆與陳圓圓的婚約忽然起了這一變化，遂致牽掣到整個中國歷史的演變，其影響之大，實在不可思議。這一段事實，寫在吳梅村所撰「圓圓曲」中的，就是下面這段文字：

家本姑蘇浣花里，圓圓小字嬌羅綺。夢向夫差苑裡遊，宮娥擁入君王起。前生合是探蓮人，門前一片橫塘水。橫塘雙槳去如飛，何處豪家強載歸。此際豈知非薄命，此時只有淚沾衣。薰天意氣連宮掖，明眸皓齒無人惜。奪歸永巷閉良家，教就新聲傾座客。

陳圓圓被劫，據影梅菴憶語所說，是為「竇霍豪家」所恃勢逼脅而去。此「竇霍豪家」，當是指其時之周皇親——嘉定伯周奎，其女乃當今皇帝之正宮皇后。漢朝的竇武、霍光，其女俱貴為皇后，以此喻周皇親家，自甚貼切而明白。鈕琇觚賸卷四「圓圓」篇，有關於此事的記述，云：

維時田妃擅寵，兩宮不協，烽火羽書，相望於道，宸居為之憔悴。外戚嘉定伯以營葬歸蘇，將求色藝兼絕之女，由母后進之，以紓宵旰憂，且分西宮之寵。因出重貲購圓圓，載以之北，納於椒庭。一日侍后側，上見之，問所從來？后對：「左右供御，鮮同里順意者，此女吳人，且嫻崑伎，令侍櫛盥耳。」上制於田妃，復念國事，不甚顧，遂命遣還。故圓圓仍入周邸。

在明朝以前，「妓」字通常兼包女樂及倡妓兩種人物而言，陳圓圓被稱為「名妓」，顯然是指前者的意義而言。如其不然，她就不能被獻進內廷，以及藉歌舞之技博得冒辟疆吳三桂之激賞了。冒辟疆的事情雖然已成過去，以陳圓圓之色藝與才華，應當不愁沒有理想的歸宿。果然，後來就遇到了吳三桂。觚賸圓圓篇記此，續云：

延陵方為上倚重，奉詔出鎮山海，祖道者綿亘青門以外。嘉定伯首置綺筵，餞之甲第，出女樂佐觴，圓圓亦在擁紈之列。輕鬟纖屐，綽約凌雲，每至遲聲，則歌珠纍纍與蘭馨併發。延陵停卮流盼，深屬意焉。詰朝，使人道情於周，有紫雲見惠之請。周將拒之，其暱者說周曰：「方今四方多事，寄命干城，巖關鎖鑰，尤稱重任。天子尚隆推轂之儀，將軍獨耑受脤之柄，他日功成奏凱，則二八之賜，降自上方，猶非所憶。君侯以田竇之親坐膺紱冕，北地芳脂，南都媚黛，皆得致之下陳，何惜一女子以結其歡耶？」周然其說，乃許諾。延陵陛辭，上賜三千金，分千金為聘，限迫即行，未及娶也。嘉定伯盛具奩媵，擇吉送其父襄家。

延陵乃是吳姓之郡望，這裡只稱延陵而不斥吳三桂之名，顯然亦是有所諱飾之故。關於這一部分的史實，陸次雲所撰的陳圓圓傳亦有類似的敘述，不過，其內容稍有不同而已。亦迻錄於後，以資參考比較：

圓圓陳姓，玉峯歌妓也，聲色俱絕。崇禎癸未，總兵吳三桂慕其名，齎千金往聘之，已先為田畹所得。田畹者，懷宗妃之父也。甲申春，流氛大熾，懷宗憂廢寢食。妃謀所以解帝憂者於父，畹乃以圓圓進。圓圓掃眉而入，冀邀一顧，帝穆然也。旋命之歸畹第。時闖賊將逼畿輔矣，帝亟召三桂對平臺，賜蟒玉，賜上方，託重寄，命守山海關。三桂亦慷慨受命，而寇深矣。畹憂甚。圓圓曰：「當世亂而公無所依，禍必至，曷不締交於吳將軍？吳慕公家歌舞久矣，以此請，必來。」畹從之。吳故卻也，強而後可。至則戎服臨筵，儼然有不可犯之色。酒甫行，即欲去。畹屢易席，至邃室，出羣姬，調絲竹，皆殊秀，一淡妝者統諸美而先眾音，情豔意嬌。三桂不覺神移心蕩，遽命解戎服，易輕裘，顧謂畹曰：「此非所謂圓圓耶？洵足傾人城矣，公寧不畏而擁此耶？」畹不知所答。命圓圓行酒。圓圓至席，吳語曰：「卿樂甚。」圓圓小語曰：「紅拂尚不樂越公，矧不逮越公者耶？」吳頷之。酣飲間，警報踵至。畹前席曰：「寇至矣，將奈何？」吳避曰：「能以圓圓見贈，吾當報公家先於報國也。」畹勉許之。吳即命圓圓拜辭畹，擇細馬馱之去，畹爽然，無如何也。帝促三桂出關，三桂父督理御營名襄者，恐帝聞其子載圓圓事，留府第，不令往。三桂去而闖賊旋拔城矣。

上文所說的「田畹」，即是田貴妃之父田弘遇，與嘉定伯周奎同為戚畹而實為敵對之人。比較上面這兩條史文的差異處，陸次雲所撰的陳圓圓傳以為出重金購致圓圓者，乃是田貴妃之父弘遇，而觚賸陳圓圓篇則以為是周奎；又，陸次雲以為吳三桂早就慕圓圓之名而有意娶為妾媵，而觚賸無此一說；又，陸次雲以為陳圓圓之所以終歸吳三桂，乃是出於陳圓圓自謀的結果，而觚賸則以為是出於吳三桂向周奎提出之要求。比較起來，似以觚賸所記較為真實。這又可以列舉如下各點理由為證。

第一、后妃爭寵，有時往往需要利用各種工具來達成自己的目標，陳圓圓在此時無疑只是皇后或貴妃中的工具。但此時得寵的乃是貴妃而非皇后，貴妃已有寵，便沒有理由再為皇帝物色絕色美女，以分自己之寵。相反的情形，正因皇后無寵，纔會想到去物色一個絕色美女來分貴妃之寵，間接達成幫助自己鬥倒貴妃之目的。唐高宗即位初年，蕭淑妃有寵，而王皇后遭受冷落，為了與淑妃爭寵，王皇后引進武則天作為幫手，好幫自己鬥倒蕭淑妃，無疑正為類此事件的先例。

而且周皇后籍隸蘇州，而田貴妃則是揚州人。假如是田貴妃的家人要物色進奉的美女，似乎也不會到並非自己故鄉的蘇州來，反倒是周皇后家正合於此一條件。而且冒辟疆的影梅菴憶語中還曾說到，他在得悉陳圓圓被劫之後，即再遇董小宛，其經過如此：

明日，遣人之襄陽，便解維歸里。舟過一橋，見小樓立水邊，偶詢遊人，此何處何人之居？友以雙成館對。余三年積念，不禁狂喜，即停舟相訪。友阻云：「彼前亦為勢家所驚，危病十有八日。母死，鐍戶不見客。」余強之上，叩門至再三，始啟戶，燈火闃如。宛轉登樓，則藥餌滿几榻。姬沈吟詢何來……？

由董小宛之「亦為勢家所驚」可以知道，當時的周皇親為了選美女以供進御，曾經四處查訪，凡屬美姬名妓，均不放過。若是田皇親，恐怕就沒有這種就近之利了。

第二、冒辟疆的影梅菴憶語中明明說到，陳圓圓之被奪，乃是崇禎十五年仲春二月間之事；此與陸次雲所說的「癸未」年，在時間上不能吻合。而觚賸所說，周皇親因營葬歸蘇，乘機為皇后覓尋美色以供進御之用，其時間既與崇禎十七年「流氛大熾」的情形相去尚遠，看起來便遠較陸次雲之說為合理。

不論陳圓圓是為周皇親或田皇親所脅奪而去。這畢竟只是次要的問題；因為陳圓圓最後都在吳三桂的求索之下，由周皇親或田皇親贈與吳三桂作妾了。吳三桂在降清之後，封平西親王，鎮守雲南，貴盛無比；因為他在明朝時不過只是一名總兵官而已。關於他在降清以前的歷史，清史逆臣傳中語焉不詳，需要另外參看其他記載。署名「蒼弁山樵」所撰的「吳逆取亡錄」說：

三桂者，故明武舉，沈毅敢戰。少時逐一騎，射之墮，下馬欲取其首。其人故佯死，突揮刀刃三桂，中鼻，故鼻左微凹。目瞻視，隆準無鬚。監軍太監高起潛愛其勇，認為義子。屢以戰功得優敘，不數歲授總兵官，鎮守寧遠。其先世居徽州，流寓遼東，因家焉。父襄，由武進士起家，官錦州總兵，以援大凌河師潰，削職。後從征山東，克登州，復官，洊擢京營都督。歲甲申，我世祖章皇帝順治元年，明莊烈帝崇禎十七年也。春二月，流賊李自成自秦犯晉，畿輔大震，議撤三桂兵守山海關，為京師衛。大學士陳演恐事平以棄地獲咎，執不可。越月賊鋒益逼，始決計棄寧遠，封三桂平西伯，趣入援。甫及關而京師陷，襄降賊。三桂聞變，逡巡關西，將赴降。自成命降將唐通作書招之，脅襄貽書敦促，中有「吾君已矣，爾父命在須臾，及今早降，不失通侯之位」語。有陳沅者，字圓圓，美麗善歌，戚畹周奎得之以進御。莊烈帝憂勤國事，不暇顧，飭歸奎邸。三桂歆其豔，請於奎，奎盛飾奩具以贈。三桂妻張氏，貌寢而悍，三桂頗憚之，不敢攜沅行，留居京都。城陷，為賊將劉宗敏所得。三桂抵薊州，襄使者至。詰知襄被執，笑曰：「是脅我耳，我至即釋，何患？」復問陳姬無恙乎？使者以實告，勃然曰：「大丈夫不能保一女子，何面目見天下人？」遂反旆而東，回山海關，以討賊復仇佈告遠邇。繼恐賊大隊至，眾寡不敵。遣其副將郭雲龍、楊坤、孫文煥乞師於我朝。時睿親王率師西征，中途得請，允之。……

這就吳梅村圓圓曲中所說的：「痛哭六軍俱縞素，衝冠一怒為紅顏」的故事由來了。六軍縞素，名義上是為崇禎帝發喪報仇。然而事實上吳三桂卻早已決定了投降闖賊，若不是因為其愛妾陳圓圓為賊將劉宗敏所奪，吳三桂顯然即將成為李自成的新朝貴人，無論崇禎皇帝生前對吳三桂的恩義何等稠疊，此時並不在吳三桂考慮之列。只因愛姬被奪，吳三桂之衝冠一怒，變成了要向滿清借兵來報此奪妻之恨，於是李闖王的江山亦坐不穩了。陳圓圓之為紅顏禍水，既使中國衣冠因此而淪為披髮左衽，亦使李闖王失掉了他已經到手的江山，其影響力之深遠巨大，可謂空前絕後。吳梅村圓圓曲總敘這其中的經過，云：

薰天意氣連宮掖，明眸皓齒無人惜。奪歸永巷閉良家，教就新聲傾坐客。坐客飛觴紅日暮，一曲哀絃向誰訴？白皙通侯最少年，揀取花枝屢回顧。早攜嬌鳥出樊籠，待得銀河幾時渡？恨殺軍書抵死催，苦留後約將人誤。相約恩深相見難，一朝蟻賊滿長安。可憐思婦樓頭柳，認作天邊粉絮看。遍索綠珠圍內第，強呼絳樹出雕闌。若非壯士全師勝，爭得蛾眉匹馬還？……

吳三桂於清康熙十二年十一月起兵叛清，時年已六十二歲。以此推算，吳三桂在明崇禎十七年時應為三十四歲。三十四歲便已位至總兵官，爵平西侯，不可不說是得志很早的了。何況吳三桂目瞻視而隆準無鬚，不但相貌堂堂，而且因沒有鬍子而特別顯得少年英俊，如此人才而如此地位，又怎能不使陷身樊籠的陳圓圓深慶所事得人呢？在吳三桂來說，為欲得回一美豔而擅長歌舞的愛姬而不惜屈身降敵，其犧牲已經很大；而當時的李自成，已經擁有明朝中國的半壁江山，挾雄兵數十萬以來與吳三桂決一死戰，勝負之數難卜，其前途如何，亦著實令人擔憂。在這種情況之下，吳三桂為了自救與報仇，勢非拚全力以搏戰不可。明朝末年，為了對付東北方面的滿清，將全國所有的強兵勁卒悉數聚於寧遠至山海關的一隅之地，所以當時以關寧兵的戰力最為強勁，即清人亦不敢輕視。現在因為吳三桂已經投降滿清而沒有了來自東方的後顧之憂，出死力與李自成之大軍搏戰，雖眾寡之數懸殊，李自成亦不一定能夠穩操勝算。果然，一旦交手，李自成便發覺，吳三桂的軍隊確實是一大勁敵。加上滿清兵此時亦來為吳三桂助戰，整個戰局便對李自成十分不利了。清人劉健所撰的「庭聞錄」，有關於吳三桂李自成山海關之戰的記述，云：

四月十八日，賊兵犯關城，圍之數匝。關東二里許，有羅城外拒，賊慮三桂東遁，出二萬騎從關西一片石轉東，夾攻關外城。三桂堅壁拒守，遣人趣大清援兵。睿王兼程進，命英王將萬騎為左翼，由西水關入；豫王將萬騎為右翼，由東水關入；自以大兵隨後，繼使宿將祖大壽帥精兵駐歎喜嶺，高張旗幟，為聲援。三桂選死士五百人突圍出謁睿王，情詞懇切，聲與淚俱，一軍為之動容。三桂即壁中薙髮，與睿王攢刀定盟而返。二十一日，開關出戰，敗之，賊分道併進，會日暮乃罷。二十二日，復戰。賊知官兵勁，成敗待此一決，驅其眾死鬥。三桂悉銳而出，無不以一當十，殺傷過半。賊恃其眾，鼓勇迭進，挾二王於高岡立馬觀戰。賊眾我寡，三面受敵，我兵東西馳突，賊眾亦左縈而右拂之，陣數十交，圍開復合。自成按轡岡上，見有騎兵出三桂旁突陣而入者，自成麾後軍益進。或曰：「彼騎兵非關寧兵，必滿洲兵也，宜避之。」騎兵銳甚，所至莫當。自成策馬走，諸賊畏令嚴，未敢退。忽塵開，見辮而甲者，或驚呼曰：「滿兵來矣」！拉然崩潰。是日戰初合，滿兵蓄銳不發，苦戰至日昳，三桂兵幾不支，滿兵乃分左右翼鼓勇而前，以逸擊勞，遂大克捷。陣斬賊大帥十五人，殺賊兵數萬，奪軍資無算。自成潰敗，奔至永平，使降臣張若麒詣三桂軍議和。明日，三桂追至永平，又敗之。自成殺吳襄於永平城西二十里范家莊。二十六日，狼狽近都城，盡戮吳氏家屬三十四口，尸諸王於二條胡同。二十七日，宵遁。二十九日，餘黨焚宮殿及各城門樓，出阜城門西奔。……

上文所說的「賊兵」及「賊大帥」等，俱指李闖之軍；「官兵」與「我兵」，則指吳三桂之軍。由於關寧軍強勁善戰，李自成之軍雖眾，竟不能敗之；所謂「三桂軍幾不支」，事實上當是原書作者誇張滿兵戰力的諛辭，因為其時吳三桂已因叛清而遭覆滅，吳三桂的過去歷史此時不必再作忠實的記述，所以在此故為貶抑之辭，以為抬高滿兵身價之計，揆之事實，殊不盡然。由於李自成在山海關之戰中已經領教了吳三桂所統關寧軍的厲害，在喪敗之餘，已無鬥志，所以在吳三桂的一路緊追之下，只有狼狽奔逃，至於連辛苦得來的北京城亦不要了。亦正因為李自成恨極了吳三桂，在大敗之餘，只好將吳三桂留在京中的家屬拿來出氣。於是，自吳三桂之父吳襄以次三十四人，悉數遭李自成之毒手。只有吳三桂的妻子張氏因隨同吳三桂在寧遠，以及陳圓圓已被賊將劉宗敏所掠之故，得免此禍。吳梅村圓圓曲所謂：「全家白骨成灰土，一代紅粧照汗青」，即是指吳襄一家三十四口俱死，而陳圓圓反得倖免的這段慘事而言。陳圓圓之為紅顏禍水，在吳襄而言，亦是不錯的。

李自成兵敗西遁，其部眾亦委棄所掠婦女輜重，狼狽逃遯，於是陳圓圓復為吳三桂所得。鈕琇觚賸圓圓篇記云：

延陵追度故關，至山西，晝夜不息，尚未知圓圓之存亡也，其部將已於都城搜訪得之，飛騎傳送。延陵方駐師絳州，將渡河，聞之大喜。遂於玉帳結五綵樓，備翟茀之服，從以香輦，列旌旗簫鼓三十里，親往迎迓。雖霧髩風鬟，不勝掩抑，而翠消紅泫，嬌態愈增。自此由秦入蜀，迄於秉鉞滇雲，垂旒洱海，人臣之位，於斯已極。圓圓皈依上將，匹合大藩，回憶當年牽蘿幽谷，挾瑟勾欄時，豈復思有茲日？

這就是吳梅村圓圓曲中所說的：「若非壯士全師勝，爭得蛾眉匹馬還？蛾眉馬上傳呼進，雲鬟不整驚魂定。蠟炬迎來在戰場，啼粧滿面殘紅印。專征簫鼓向秦川，金牛道上車千乘。斜谷雲深起畫樓，散關月落開粧鏡。傳來消息滿江鄉，烏桕紅經十度霜。教曲伎師憐尚在，浣紗女伴憶同行。舊巢合是啣泥燕，飛上枝頭變鳳凰。長向尊前悲老大，有人夫婿擅侯王。當年祇受聲名累，貴戚名豪競延致。一斛明珠萬斛愁，關山漂泊腰肢細。錯怨狂風颺落花，無邊春色來天地。嘗聞傾國與傾城，翻使周郎受重名。妻子豈應關大計，英雄無奈是多情。全家白骨成灰土，一代紅粧照汗青」了。兒女之情，男女之私，本來決不可以置於國家民族的安危考慮之上。然而吳三桂卻要為陳圓圓的緣故，甘心使國家民族淪於萬劫不復之境，更甘心使父母兄弟同為俎上之肉而不顧，其人之不忠不孝不義，亦可謂是前無古人而後無來者。陳圓圓一代絕色，偶此不忠不孝不義的全無心肝之人，不知道作何感想？據野史相傳，陳圓圓在隨吳三桂入滇之後，逐漸察知吳三桂又有叛清之心，深懼將來或不得善終，遂託辭年事已長，請求出家為女道士，從此霞帔星冠，日以藥鑪經卷自隨。及吳三桂叛清事敗，昆明為清兵所攻陷，平西王府中的宮眷悉遭籍沒，惟有陳圓圓因為早已出家為女道士之故，冊籍無名，獨未波及云。由此而言，陳圓圓後來似乎並未與吳三桂永偕白頭。不過，陳圓圓後來雖然出家為女道士，其出家之動機是否便是為了吳三桂「漸有異心」的緣故，殊不可必。因為我們現在從別的史料中可以看到，吳三桂在做了平西親王之後，內寵頗多，陳圓圓因深感吳三桂之愛情不專而發憤出家，亦未始沒有可能的。

關於吳三桂多內寵之事，劉健庭聞錄謂其王滇以後所最寵愛之妾侍有二人，一名「八面觀音」，本南昌李明睿之歌伎，容貌極美，一名「四面觀音」，雖姿容略遜，仍為人間難得一見之絕色美女。昆明城破後，八面觀音為湖廣總督蔡毓榮所得，四面觀音為征南將軍穆占所得云云。

另據不知名人所撰之「夕陽紅淚餘」云，吳三桂有寵姬名連兒，姿容秀麗，尤長於詩詞，城破後為趙良棟部將所得，未幾死。其絕命詩有「君王不得見，妾命薄如煙」之句，麗質清才，洵非陳圓圓所能及云。由此而言，吳三桂似乎亦與舊時的達官貴人一樣，所愛的只是人間美色，並不是對某一個人有堅定不移之愛心。陳圓圓在年青時才貌出眾，故能得吳三桂之鍾愛，及其年長色衰，而吳三桂又復移情別戀，正是事理之所必至。在這種情形之下，陳圓圓自傷遲暮，又自覺以一身而貽害國家民族至於萬劫不復之境，因了悟孽緣而勘破紅塵，自願以青燈黃卷懺悔宿業，更是最合理的安排。筆者以前曾在某一本舊書上看到一幅吳三桂的畫像，少年英俊而相貌堂堂，可知吳梅村在圓圓曲中所寫的「白皙通侯」，確有所本。只可惜陳圓圓的畫像已不可得見，對此一代美人，竟無由一瞻顏色，實為可憾之事。

十四、太后下嫁故事中的順治生母孝莊太后

十部梨園奏上方，穹廬天子亦登場。纏頭豈惜千金費，學得吳歈醉一場。

上壽稱為合巹尊，慈寧宮裡爛盈門。春官昨進新儀注，大禮躬逢太后婚。

掖庭又聞冊閼氏，妙選孀娃足母儀。椒殿夢回雲雨散，錯將蝦子作龍兒。

——張煌言奇零草，建州宮詞第六至八首

上面的這幾首詩，乃是南明朝廷的兵部尚書張煌言所作，用來罵滿清皇朝的「建州宮詞」之一部份，因為與順治之母孝莊皇太后有關，所以將它們抄錄在上面。「建州」是滿清未入關以前的部落名稱，「慈寧宮」乃太后居住之地，「春官」是禮部的別稱，「閼氏」則是匈奴單于的皇后。綜合這些詩句中的記述，可以知道，當滿清入關之初，遠在浙閩邊際的南明朝廷曾經聽得一項傳聞，攝政王多爾袞當上了順治皇帝的「皇父」之後，曾經有過冊妃之舉，所冊立的便是當今

滿清皇帝順治之母，當年被尊稱為「孝莊皇太后」的博爾濟吉特氏。太后下嫁與攝政王為妻，不但在當時要被認為千古奇聞，便是在今天，何嘗不是使人難以想像之事。因為在一般人的觀念裡，總會覺得，既是太后，必是五十、六十的龍鍾老嫗，如何還能再登紅氈，重作新娘？而且從古以來只有聽說寡婦因貧而改嫁，哪裡有什麼貴為皇帝，而甘心將老母嫁人作妻之事？然而這不僅在當時是轟動一時的奇聞奇事，還有較此更進一步，言之鑿鑿的詳細記載呢。為了便於作深一層的探討起見，有必要先將這些記載抄錄於後，以便讀者之了解。清宮遺聞卷上，「太后下嫁攝政王」一條說：

方皇太極之甫歿也，有欲援立多爾袞，為以弟承兄之舉者。多爾袞心為之動。及將臨朝，服冠袍，對鏡自視，以為不稱，因奉世祖登位，且首先下拜。其時外廷諸人見其誠意推戴，遂相與嵩呼，而世祖之位於是定。未幾，多爾袞入關，仍不以帝位自居，遣使迎世祖至。舉朝咸為世祖歉然，思所以報之。多爾袞與范文程密計，使昌言於朝曰：「攝政王功高望重，而謙抑自持，德莫與京矣，我皇上雖欲報之，將何以報之哉？雖然，王固皇上之叔父也，今日之事，猶父傳其子也。王既以子視皇上，則皇上亦當以父視王，可乎？」眾議曰：「可。」文程乃復言曰：「今聞王新悼亡，而我皇太后又寡居無偶，皇上既視王若父，今不可使父母異居，宜請王與皇太后同宮。」眾又議曰：「可。」於是史臣乃大書特書於策曰：「皇太后下嫁攝政王。」羣臣上賀表，當時又有恩詔謄黃，宣示天下，其略曰：「太后盛年寡居，春花秋月，悄然不怡。朕貴為天子，以天下養，乃獨能養口體而不能養志，使聖母以喪偶之故，日在愁煩抑鬱之中，其何以教天下之孝？皇叔攝政王現方鰥居，其身分容貌，皆為中國第一人，太后頗願紆尊下嫁。朕仰體慈懷，敬謹遵行，一應典禮，著所司預辦。」及乾隆朝，紀昀見之，以為此何事也，乃可傳示來茲，以彰其醜乎？遂請於高宗削之，是後遂鮮有知者。

這一條記事中的文字奇妙無比，尤其是所謂宣示天下的「恩詔謄黃」，竟然有「太后盛年寡居，春花秋月，悄然不怡」，及「太后頗願紆尊下嫁，朕仰體慈懷，敬謹遵行」之類的話，簡直以父死嫁母為怡悅親心的孝順之行，豈不成了千古奇聞的笑談？果真如此，紀昀看見了之後，當然要建議乾隆皇帝亟亟將此事從有關史書中削去不錄，以免彰示滿清皇室之醜。但如從情理及事實兩方面推敲，皇帝嫁母，當是曠古之奇聞，滿清皇室即使不諳中國禮教，亦不可能公然行此有失顏面之事的吧！再退一步說，即使當時果真有此事實，當時的朝中自皇帝以至大小臣僚，難道就沒有一個人知道這是暴露皇室中苒之醜的不名譽之事，不但不加勸阻，反而贊成以恩詔謄黃的方式昭示天下，惟恐人之不知麼？所以這件宮闈奇聞聽來雖似海外奇談，其實恐怕只是不盡可信的傳說而已。為了這一緣故，清史權威孟森先生特別寫了「太后下嫁考實」一文，以辨駁其事，歷舉各種證明，以支持他的否定意見。但因孟先生的論點只偏重證據，以為在檔案、實錄，以及朝鮮史料等有關方面都毫無踪跡可尋的事，決不能聽信傳說之辭，就相信它確有其事，自不免因此而招致反對派的攻擊。因為檔案、實錄等等官方的文獻可以由官方設法淹滅證據，而朝鮮方面的紀錄又並不完全，單以證據不足為理由，就認定傳說不可信，無論如何不能使人信服。於是，這一件宮闈奇聞，就因正反兩方面各執己見而相持不下，迄今仍懸為清史上的三大疑案之一，無法確定其真實情形究竟如何。

要希望解決歷史疑案的真相，需要多方搜集證據，及從事各方面的研究探討。這是歷史學家所要做的工作，不是這一篇小文章所敢於輕易嘗試。而且這一篇小文章之目的也只在介紹孝莊皇太后這一個人，對於下嫁疑案這樣大的題目，何敢不自量力，妄圖考定其是非真偽？不過，假如我們能對孝莊皇太后的生平及其所處環境能有具體認識的話，對於這件疑案的了解，一定會有相當的幫助。更何況孝莊太后是此一疑案的主要當事人之一，在談到孝莊太后時，自不可能不牽涉到這一疑案。準此而言，此文在涉及下嫁疑案時，即使有某種程度的推測或假設，亦是無法擺脫此案的牽涉而生。其本意並非在為此案考定其是非真偽，這是必需在這裡先加聲明的地方。

歷史上的順治之母孝莊皇太后，乃是清太宗的諸妃之一，其後因順治得立為帝而被尊封為皇太后。清太宗所娶妻妾甚多，依清史稿后妃列傳所記，有名號可考者如次：

一、元妃鈕祜祿氏，巴圖魯公額亦都之女，生皇三子洛博會。

二、繼妃烏喇納喇氏，貝勒博克鐸之女，生皇長子多鐸及皇二子洛格。

三、嫡妃博爾濟吉特氏，蒙古科爾沁貝勒莽古思之女。

四、宸妃博爾濟吉特氏，蒙古科爾沁貝勒寨桑之女，生皇八子（殤）。

五、莊妃博爾濟吉特氏，宸妃之妹，生皇九子福臨。

六、貴妃博爾濟吉特氏，阿霸垓部落那頞額齊格之女，生皇十一子博穆博果爾。

七、淑妃博爾濟吉特氏，阿霸垓部落博底賽楚祜爾塔布褰之女。

八、側妃葉赫那拉氏，貝勒阿納布女，生皇五子碩塞。

九、側妃札魯特博爾濟吉特氏，巴雅爾圖代青之女。

十、庶妃納喇氏，英格布之女，生皇六子高塞。

十一、庶妃奇壘氏，察哈爾謂勒濟圖固英寨桑之女。

十二、庶妃頞札氏，布顏之女，生皇四子葉布舒。

十三、庶妃伊爾根覺羅氏，安塔錫之女，生皇七子常舒。

清太宗皇太極在崇德元年（明思宗崇禎九年）方纔建號稱帝，在此之前，他只是後金國的「汗」。在他即位稱帝的那年，他立了「嫡妃」博爾濟吉特氏為皇后，又將另幾個姓博爾濟吉特氏的妃嬪加了封號，如宸妃、莊妃、貴妃、淑妃等等；此外，凡是與「博爾濟吉特」這個姓沾不上關係的，只好照舊稱為「庶妃」，顯示她們的地位要比得有封號的諸妃要低一等。至於在此以前所立的正妻，如元妃鈕祜祿氏，繼妃烏拉納喇氏，則在崇德元年以前業已先後死亡，不致於發生地位與名份的問題了。清太宗在未正大位以前，雖然也與蒙古科爾沁部落的博爾濟吉特家連姻，在最初似乎沒有給予太大的重視；一到此時，情形顯然不同，不但較早娶回的大博爾濟吉特氏被立為皇后，此時更先後娶回兩個小博爾濟吉特氏，一稱宸妃、一稱莊妃，所得到的寵信與倚重，顯然要比在她們之前早在宮中的那幾個「庶妃」高得多。其後他又娶回兩個阿霸垓部落的博爾濟吉特氏，雖非科爾沁一族，但總也與科爾沁部的一后兩妃同姓博爾濟吉特氏。這其中究竟有什麼特別的理由？實在使人不能無疑。

清太宗皇太極是太祖努爾哈赤的第八個兒子。努爾哈赤的兒子眾多，是由於他的妻子多。看他妻子的不同來源，可以發現一項事實——滿清未入關以前，常藉婚姻關係與鄰國締結聯盟，以求增強政治軍事上的勢力。如努爾哈赤已曾娶葉赫部的納喇氏為大妃，後因與葉赫部失和，又娶烏喇部的納喇氏為妃。及葉赫納喇氏死，烏喇納喇氏就繼為大妃，地位在先已娶回的科爾沁部博爾濟吉特氏，暨伊爾根覺羅氏、納喇氏、兆佳氏、鈕祜祿氏等稱為側妃、庶妃的諸妻之上。努爾哈赤不但自娶烏喇納喇氏為大妃，更為皇太極娶烏喇部的納喇氏為繼妃，繼承已死元妃鈕祜祿的地位成為皇太極的正妻，其情形殆亦與此相同，其目的則顯然是藉婚姻關係強固滿清與烏喇部之間的友誼。皇太極繼立為汗之後，積極展開對明朝的和平攻勢，希望締結和約，以結束兩國間的戰爭狀態，但為明朝的崇禎皇帝所一再峻拒，迫得皇太極只好改採「以戰脅和」的辦法，來強迫明朝政府非同滿清談和不可。他當時所採取的辦法就是取道遼西山地，「假途」蒙古部落的轄境，從熱河境內的長城隘口侵入中國內地，以避開山海關的正面封鎖，使用入侵軍力強迫崇禎皇帝停戰談和。即使崇禎皇帝還是不肯談和，清兵亦可以從入侵中國內地的竄擾戰術中，大肆掠奪金銀財寶及各種有用的戰略物資，一方面解決本身物資不足的困難，一方面嚴重削弱明朝中國的作戰能力，一舉兩得，高明之至。為了實現這一戰略目的，他必需取得鄰境蒙古部落的支持與幫助。而科爾沁部落恰好能在這方面給他最大的助力。為了爭取科爾沁部落的積極支持，所以皇太極要藉婚姻來加強雙方面的友誼及合作。宸妃及莊妃之冊封在清太宗的崇德元年，到了崇德三年，就有第一次入侵長城的戰爭，正好說明了這裡面的政治作用。而且不僅皇太極自己先後娶了四個姓博爾濟吉特的蒙古女子為妃，更令多爾袞及長子豪格亦娶科爾沁部的博爾濟吉特氏為福晉，其作用更是十分明顯不過的了。

由於皇太極的竭力拉攏蒙古科爾沁部落，科爾沁部的三個博爾濟吉特氏女人，在皇太極宮中有了很高的地位：嫡妃博爾濟吉特氏被立為皇后，她的兩個姪女亦分別成為有位號的妃子。那一年，皇太極三十六歲，皇后二十九歲，宸妃十九歲，莊妃十五歲。在這三個博爾濟吉特氏中，宸妃最有寵，是不是由於她最美麗的原因？因為史無明文，不能知道。不過，直到宸妃在崇德六年以三十三歲的盛年遽然病死為止，比她小四歲的妹妹莊妃，一直未曾聽說亦為太宗所寵幸。清朝野史中說，這個號為莊妃的博爾濟吉特氏貌美如花，最得太宗皇太極的寵愛。當洪承疇兵敗被俘，拒絕投降，而皇太極一心想收降他的時候，洪承疇以絕食表示他矢死效忠明朝的態度，皇太極至於無計可施，只好徒喚奈何。在這重要時刻裡，莊妃向太宗獻議，犧牲她自己的花容月貌向洪承疇施展美人計，終於把洪承疇收服。其後太宗皇太極病死，也是莊妃藉美色勾引多爾袞，纔能使多爾袞甘心擁立其子福臨為帝云云。若以宸妃有寵而莊妃不能與宸妃相提並論的情形看來，野史的傳聞，恐怕難以相信的成份太多。不過，野史的記述內容雖然過分惡劣，莊妃與多爾袞之間，也還是很可能頗有感情的。其原因則是由於皇太極與多爾袞的關係，頗與其他兄弟不大一樣的緣故。

多爾袞是努爾哈赤最後所娶正妃烏喇納喇氏之子。烏喇納喇氏共生三子，即是排行十二的阿濟格、排行十四、十五的多爾袞與多鐸。烏喇納喇氏富有機謀，努爾哈赤死後，皇太極深怕烏喇納喇氏策動反對他的力量來對付他，所以假藉夫死妻殉的理由，迫令烏喇納喇氏殉葬而死，年止三十七歲。當時，多爾袞只有十五歲，多鐸十三歲，因為年紀尚小，仍留宮中，與時年只有十四歲的莊妃常有接觸，不免互生情愫。至於他們之間，是否曾因兩情相悅而有逾越規矩的行為，則是無從揣測的事。所能夠了解的是：當太宗皇太極崩駕的時候，多爾袞自己也有繼立為君的希望。他在此時不圖自立而甘心擁戴福臨為君，而福臨又恰好正是莊妃所生之子，這就不免使人懷疑福臨之所以能夠繼立，頗與莊妃之勸說有關了。因為多爾袞以有資格繼立之人而忽然自甘退讓，必定有其原因；這個原因若非與莊妃有關，何致於使莊妃之子成為繼位之君？此即所謂蛛絲馬跡，疑竇甚多，不能不使人有所懷疑之故。

多爾袞在皇太極死後何以有資格繼立為君？這應當從清代的八旗制度說起。

八旗制度是清太祖努爾哈赤所創建的特殊軍事制度。這一制度在最初兼具政治功能，到後來方纔逐漸演變為純粹屬於軍事方面的兵制。為了簡單介紹八旗制度的源起及其性質，不如搬引清史權威孟森先生寫在「八旗制度考實」中的一段話，較為簡單而且容易明瞭。八旗制度考實：

> 八旗者，太祖所定之國體也。一國盡隸於八旗，以八和碩貝勒為旗主，旗下人謂之屬人。對旗主，有君臣之分。八貝勒分治其國，無一定君主，由八家公推一人為首長。如八家意有不合，即可易之。此太祖之口定憲法。其國體假借名之，可曰聯邦制，實則聯旗制耳。

在此「聯旗制」之下，滿清國汗由八旗旗主共同推選產生。清太宗皇太極在努爾哈赤死後之所以能繼立為汗，便是在這種情形之下推選產生的。這當然也有其易於獲選的原因，第一是皇太極乃太祖已故正妃葉赫納喇氏之子，其地位儼如嫡出之子；第二是皇太極當時已是正黃旗與鑲黃旗兩旗的旗主，在實力上較他人遠為雄厚之故。依照孟森先生「八旗制度考實」一文中的考證，皇太極即位之後，其餘六旗的旗主姓名如下：

正紅旗——太祖努爾哈赤之第二子貝勒代善。

鑲紅旗——太祖第十二子貝勒阿濟格。

正白旗——太祖第十四子貝勒多爾袞。

鑲白旗——太祖第十五子貝勒多鐸。

正藍旗——太祖第五子貝勒莽古爾泰。

鑲藍旗——太祖弟舒爾哈齊之第二子貝勒阿敏。阿敏後因罪被廢，旗主改為阿敏之弟濟爾哈朗。

代善的生母是元妃佟佳氏，莽古爾泰的生母是繼妃富察氏，與皇太極的生母大妃葉赫納喇同樣具有正妻的身分；所以代善以長兄的身分地位，在最初也有被選為汗的資格。只因代善生性甘於恬退，願將汗位讓與皇太極，而莽古爾泰的聲望與實力又遠非皇太極之比，所以太祖死後的汗位纔歸於皇太極。到了皇太極繼立之後，先則藉事削奪莽古爾泰的正藍旗旗主地位，將正藍旗收歸自將；繼又藉口阿敏不遵軍令，擅自從佔領地區撤軍為有罪，奪去其鑲藍旗旗主的地位，改授阿敏之弟濟爾哈朗。代善、皇太極、莽古爾泰、和阿敏，乃是努爾哈赤生前指定的「四大貝勒」，其地位高於另外幾個旗主；到此地步，四大貝勒只剩下皇太極和另一個沒有領袖野心的代善，皇太極的「汗」位，這纔穩如泰山，不怕另有夠資格問鼎汗位的人前來覬覦了。不料天下事不能盡如人意，他以五十二歲的盛年忽然病死，遺下的汗位，仍然需由各旗旗主來共同商討決定繼承人選，究竟鹿死誰手，問題就太多了。因為在皇太極即位之初年尚幼稚的大妃諸子——阿濟格、多爾袞、多鐸，此時都已年長，他們的身分與皇太極相同，均為正妻之子，同樣有資格問鼎汗位。此時的汗位究當誰屬，就得看代善和這幾個人的態度如何。假如他們都願意推戴皇太極之子，汗位自可歸皇太極一系所有；如其不然，新汗的人選，就得在這幾個人當中推選產生。而依當時的情形看來，這兩種情形都有贊成與反對的意見，於是就不得不出現第三種形式，以為調和折衷的解決之道。

皇太極的諸子之中，長子豪格乃是繼妃烏喇納喇氏所生，應該稱是正室所出的「嫡子」。與豪格資格相當的，是皇二子洛格與三子洛博會。洛格亦烏喇納喇氏所生，洛博會則是元妃鈕祜祿氏所生，但此二子早已夭殤，其他比較適合的，只有側妃葉赫納喇氏所生的皇五子碩塞、莊妃博爾濟吉特氏所生的皇九子福臨，與貴妃博爾濟吉特氏所生的皇十一子博穆博果爾。豪格年長，且素有戰功，向來為正黃、鑲黃兩旗的屬下人所推戴，如以皇太極之子繼承汗位，豪格自是最適當的人選。但是他卻不敢承擔此一責任，因為來自反對方面的力量太大。根據朝鮮王子所撰「瀋陽日記」的記載、崇德七年八月初八日夜間皇太極崩駕之後不久，滿清皇室諸王公集會討論汗位繼承人選問題的情形，大概如下所述：

十四日，諸王皆會於大衙門，禮親王代善議擁戴皇太極長子豪格。豪格曰：「德少福薄，不堪承任」，固辭而退。諸將等皆言：「吾等衣食於帝，養育之恩，同於天大，若不立帝之子，則寧從帝於地下。」代善與英王阿濟格不欲干朝政，即時辭去。多鐸無言。睿親王多爾衮曰：「諸將之言是也。豪格既退讓無續繼意，則當立帝之第三子，若以為年稚，則吾與鄭親王濟爾哈朗分掌其半，以左右輔政，年長之後，當即歸政」。因誓天而罷。所謂第三子，今年六歲。

這一條記事中沒有記明「所謂第三子」的名字，但如由「今年六歲」及後由福臨繼立的事實看來，此「所謂第三子」，當然就是福臨了。因為福臨在繼立之時只有六歲，而若由豪格、碩塞、福臨、博穆博果爾這幾個具有繼承資格的皇子排行看來，福臨亦恰為第三。豪格以長子而多有戰功，自謙「德小福薄，不堪承任」，比較起來，福臨方為孺子，應該更不堪承當大任才是；而當時卻不聞有反對的意見，然則豪格之所以謙辭，顯然是由於他自知不能克服反對方面力量的原因了。這反對的意見來自何處？蕭一山著清代通史曾經引據清實錄中的記述，敘錄了如下一段文字，可以參看：

順治二年十二月，多爾袞集諸王大臣議政，遣人傳語曰：「今觀諸王貝勒大臣但見諂媚於予，未見有尊崇皇上者，予豈能容此？昔太宗升遐，嗣君未立，諸王貝勒大臣率屬意於予，請予即尊位。予曰：爾等若如此言，予當自刎。誓死不從，遂奉皇上續承大統。似此危疑之時，以予為君，予尚不可，今乃不敬皇上而媚予，予何能容？自今以後，有盡忠皇上者，予愛之用之；其不盡忠，不敬事皇上者，雖媚予，予不爾宥也。」……

清實錄中的文字，是經過了許多次修改潤飾的，很多事實真相都已經被小心地掩蓋了。即如上文所引多爾袞自述，在清太宗皇太極死後被諸王大臣貝勒推戴為君，而多爾袞「誓死不從」的那一段話，就決不是真正的事實。蕭著清代通史在引錄朝鮮王子「瀋陽日記」所述繼嗣問題的資料之後，接著說：

多爾袞既以明敏之資為努兒哈赤所鍾愛，臨死時，即有授以大位之說。然幼未得立。皇太極以勢優得位，而莽古爾泰、阿敏、代善等不為之下，皇太極曲意為之連絡。後阿敏、莽古爾泰以廢死，代善無不臣之跡，得以善終。多爾袞年漸長，頗能善承意旨，得皇太極之歡心，因與同母弟多鐸領有兩旗，其勢力在諸王上，豪格知不敵，故不敢接受代善之擁戴。而多爾袞又何敢冒天下之不韙，以求自立？蓋皇太極由汗而帝，樹恩深厚，雖八旗聯治之規模仍舊，而帝王傳嫡之觀念已萌。非立其子，不足以服眾心，權臣利立幼主，故福臨得以繼承焉。多爾袞自居輔政地位，掌握實權，此亦善自為謀者也。惟豪格與多爾袞之不相容，於此已露端倪，故不久豪格以誹謗罪下獄矣。

上面這段文字，以豪格之不敢接受推戴是自知不能抵敵多爾袞多鐸兄弟聯合起來的反對力量，誠然不錯；但如以為福臨之所以能夠繼立，是由於多爾袞有「權臣利立幼主」之心，這就不一定正確。因為福臨雖然年幼，福臨之弟博穆博果爾時年三歲，豈不更合於「利立幼主」的條件？多爾袞在此時，決定選擇福臨為皇位繼承人，而不考慮比福臨更小三歲的博穆博果爾，當然還有其他的考慮因素存在。這就與福臨的生母莊妃博爾濟吉特氏不無關係了。

莊妃博爾濟吉特氏在福臨登上帝位之後被尊為皇太后，稱「孝莊皇太后」，皇太極的正宮皇后博爾濟吉特氏，則被尊稱為「孝端皇太后」。孝端比孝莊年長十四歲，在皇太極逝世的那一年是四十五歲，孝莊三十一歲，多爾袞則是三十二歲。論年齡，孝莊雖是多爾袞的寡嫂而且有了皇太后的頭銜，實際上還比多爾袞小一歲。假如滿清宮廷中果真有過太后下嫁這一幕趣劇，多爾袞與孝莊太后的年齡，倒也是十分適當的，問題是那時候到底有沒有發生過這一幕笑話奇談式的趣劇？孟心史先生撰「太后下嫁考實」，從官文書及檔案資料中去搜尋證據，甚且旁及於朝鮮方面的紀錄，用力不可謂不勤。由於他結果並無任何發現，因此他認為太后下嫁之說只是敵國所加的誣衊之言，不足憑信。但孟先生的考證雖然證明了下嫁並無其事，對於多爾袞與孝莊之間的可能關係，卻無法作進一步的考定，因為事涉曖昧，不可能留下實際證據來供我們瞭解其中的真正內幕。不過，多爾袞與孝莊之間必定存有某種難以告人的秘密，則是確定不移的事。這可以舉出三點事實來證明。

第一是多爾袞在討論繼嗣問題的會議上，只支持具有繼立資格的四人中之一人——福臨；而孝莊恰為福臨之生母，與下嫁疑案分明有直接淵源。

第二，是多爾袞在死後遭到仇家的報復，以「意圖篡逆」的主要罪名向順治告發，其餘的罪名尚有許多，其中之一款竟是「親到皇宮內院」。皇宮內院乃是禁衛森嚴的禁地，多爾袞雖然是攝政王，也不能跑到皇宮內院去和先皇所遺妃嬪廝混，何況還有下嫁疑案這樣晦暗不明的關係在內？這更加足以證明多爾袞與孝莊太后頗有瓜葛，只是告發多爾袞之人：不便說得太明白而已。

第三，多爾袞是十分好色的人。他除了自己的正室之外，還曾強取豪格的遺孀，繼其亡妻博爾濟吉特氏為福晉。又曾多次派人到朝鮮去徵索朝鮮國王的宗室之女為側福晉。清末以來，各種稗官野史雜出，許指嚴所撰「十葉野聞」中有一章名曰「九王軼事」，專記多爾袞的各種雜事秘辛，其中就曾說到，多爾袞之所以會在三十九歲的英年早死，實因其色慾過度，精力耗竭，以致死於癆瘵。這也可以證明，多爾袞之所以親到皇宮內院中走動，必與色慾有關。而孝莊太后既是宮廷中最有權威地位之人，多爾袞如不得其允許，又怎能隨便到皇宮內院去廝混？

多爾袞以攝政王的身分輔立幼主，其時間從順治元年到順治七年十二月多爾袞墜馬身死，前後歷時七年有餘。假如不是多爾袞因體弱不支而致意外墜馬，他這種「周公輔成王」的攝政方式將要繼續到那一年為止，這問題很難解答。早在順治五年的冬天，清世祖福臨以追尊四代為皇帝而覃恩肆赦，同時宣布加上皇叔父攝政王的尊稱為「皇父攝政王」。自此以後，凡是一切內外本章及硃批諭旨，在提到多爾袞時都用皇父攝政王的尊稱，即是新科進士的殿試對策卷亦然。因此之故，現在的檔案資料及殿試卷中，纔會留下許多「皇父攝政王」的尊貴銜頭。有人因此懷疑，以為這便是太后下嫁的證據，事實殊屬不然。因為照這種事實加以推測，多爾袞當時所採取的辦法，似乎是要以漸進的步驟取得政權，所以多爾袞死了之後被人訐告有意圖篡逆之心，應該是不錯的。不過，他的意圖取得政權，與歷史上一般常見的篡奪帝位情形，又似乎不能相提並論，主要原因是由於多爾袞並無子嗣。既無子嗣，則篡奪帝位之後又將傳之何人？這看起來豈不是一大矛盾？而這也正是這一疑案的關鍵所在，值得加以深入討論一番。

前讀清史，記得曾在某書中見到關於多爾袞的一條記事，大意是說，多爾袞在位高權重之後不願向皇帝行跪拜之禮，藉口身患風疾，行動不便，不肯上朝。其親信人等到王府問疾，多爾袞很感慨的對他們說：「當年若以我為皇帝，而以皇上為太子，我今日何致有此疾病？」這幾句話最能道出多爾袞內心深處的隱痛，可知他到此時為止，一直以未能成為事實上的真皇帝為終生恨事。這一段記事因為忘記了本來的出處，遍檢各書不獲，最後只在清世祖實錄卷卅五中找到了相關的一條記事，乃是順治四年十二月除夕，豫親王多鐸及鄭親王濟爾哈朗等諸王貝勒使索尼、冷僧機等人向攝政王多爾袞面致王公貝勒們的共同決議，以多爾袞體患風疾，不便跪拜為理由，免除了他以後向皇帝的跪拜禮節。以這種情形與後人對多爾袞的評論相比較，頗可看出多爾袞此時的心態。孟森清代史論多爾袞云：

清入關創業，為多爾袞一手所為。世祖沖齡，政由攝政王出。當順治七年以前，事皆攝政專斷，其不為帝者，攝政自守臣節耳。

多爾袞自順治元年至順治七年一直謹守臣節，不曾有取順治而自代的逆亂之行，當然很值得稱道。但誰又能真正知道，多爾袞如果不在順治七年十二月墜馬而死，他是否仍能繼續恪守他臣事順治的態度始終不變？由上面所舉的事實可以知道，多爾袞其實不甘心以手握大柄的國家實際統治之人，俯首向十幾歲的順治皇帝拜伏稱臣。由免除跪拜之禮到尊稱皇父，即是逐漸取得平等地位的開始。窺測多爾袞的意圖，他大概很希望由皇父更進一步成為真正的皇帝，而以順治作為儲君，一俟他百年之後，再將皇位交還順治，如此既可滿足他內心的不平衡心理，於順治的帝位亦無損害，因為他自知因色慾而斲傷過度，不可能再有生兒育女之能力了。以這種可能發展來推測多爾袞稱皇父的真正目的，方有實質上的意義，如其不然，又何必多此一舉？但亦就是因為多爾袞曾有尊稱皇父的行為，更使外人對於多爾袞與孝莊太后的關係，多了一層揣測附會性的猜疑。於是，所謂既稱皇父，「必是妻世祖之母，而後尊之為父」的邏輯推論就順理成章的出現了，究其實際，似乎並不如此。

多爾袞稱「皇父」，不可能是「妻世祖之母」的惟一解釋；孝莊太后下嫁之說，就勢必要如孟森先生「太后下嫁考實」一文中之所說，要以「事出有因，查無實據」式的官文書用語作為此一疑案的結論了。然而，孝莊太后一生中的重重疑竇，並不能到此就告結束，因為後來還有其他方面的種種疑竇存在。

多爾袞墜馬喪命之時，福臨年已十三歲，過了年就是十四歲，已經是可以親政的年齡了。因此，從順治八年正月開始，皇帝就舉行了親政大典，在形式上將政權收歸自己執掌。據清朝文獻通考所載，順治八年二月，世祖親政之後所舉行的第一件大事，就是加上孝莊太后的徽號，尊稱為「昭聖慈壽皇太后」。書中附載加上徽號時的冊文如下：

開國承家，道莫先於立愛；正名定位，禮莫大於尊親。子有至情，古垂彝憲，宜登崇號，以表化原。恭惟聖母體備含宏，性成聖善，克勤儉而襄大業，秉慈惠而諧六宮，祐既篤於家邦，祥乃鍾於繼嗣。恩勤顧復，丕殫鞠子之勞，啟迪訓行，備示作君之則。坤教彰於率土，母儀式於九圍。至德難名，莫罄揄揚之實，深恩罔報，圖申尊養之誠。爰順輿情，肇隆盛典，謹告天地宗廟社稷，率諸王貝勒文武羣臣恭奉冊寶、上尊號曰昭聖慈壽皇太后。伏願凝和履泰，燕子詒孫，德位兼崇，錫鴻禧於四海，天人協慶，介眉壽於萬年。

到了順治八年八月，因皇帝大婚禮成，再加上皇太后徽號，尊稱為「昭聖慈壽恭簡皇太后」，亦有冊文。自此以後，直到康熙二十六年孝莊以七十五歲高齡病逝為止，所累次加上的徽號已經共計有了十八字之多，稱為「昭聖慈壽恭簡安懿章慶敦惠温莊康和仁宣太皇太后」，其諡號則是「孝莊仁宣誠憲恭懿翊天啟聖文皇后」。

綜觀清史后妃列傳中的孝莊皇太后博爾濟吉特氏傳，康熙對他的這一位親生祖母最為孝順。「時海寓晏清，省山逭暑，帝每奉太皇太后同行。或鑾輿順動，則馳書問起居，雖魚腊棗脯必上獻。」孝莊太后巡幸遵化温泉，經過長城八達嶺，地勢頗為高峻難行，康熙一再下馬扶持太皇太后所乘坐的步輦，一直到了平路上方纔繼續乘馬前進。巡幸五臺山時亦復如此。每逢太皇太后有病，輒齋戒祝禱，逢壽辰則親製壽詩式表文獻頌，天下人無不知曉皇帝對祖母極為孝順。康熙二十六年，太皇太后年高體弱，臥病床褥，皇帝在慈寧宮親侍湯藥，晝夜不離左右。為了希望為祖母延壽，特別恩赦內外問刑衙門所監禁的囚犯，概行減等發落。又步詣天壇禱祭，求為祖母延壽。等到一切措施都無效驗，孝莊太后畢竟在康熙二十六年十二月壽終於慈寧宮之時，康熙皇帝「哀慕擗踊」，割辮髮成服，喪服用布不用帛，又欲在宮中守三年之喪，一切禮節，都踰越皇帝為太后舉喪的儀制範圍，足以顯示康熙對這位祖母的孺慕愛戀，終其生不衰。但是，可怪的事情卻又在後面發生了。孝莊太后病逝之後，相隔一年，康熙將孝莊的靈柩運送到與清世祖孝陵相近的昌瑞山，在那裡起造一座宮殿，就以孝莊生前所住慈寧宮東側新建的宮殿五間拆遷至昌瑞山，稱之為暫奉安殿，將靈柩安放其中，並不為之營葬。而且一放就是三十七年，直到康熙崩駕，雍正繼立，纔在雍正三年的二月間「因山起隧」，於昌瑞山營建昭西陵殯葬。康熙在孝莊太后生前如此恪盡孝養之道，在孝莊死後卻對殯葬問題如此冷漠，這種前後矛盾的情形，看起來實在使人大惑不解，不知道這其間究竟還有什麼難以透露的隱情？

清太宗皇太極的陵寢稱為昭陵，在瀋陽西北十里之隆業山，祔葬的是大博爾濟吉特氏「孝端文皇后」。孝莊在福臨繼立為帝後被尊奉為皇太后，照例也有資格可以祔葬在昭陵，因為自古以來儘有一帝二后或一帝三后同葬一陵的例子，孝莊如果祔葬，並無不合之處。但禮法上亦有「卑不動尊」之說，意即陵寢如果早已建成，後死的另一后亦可以「卑不動尊」之理由，不啟塋祔葬於帝陵之中，而在其他地方另建一陵，以為葬地。這種例子在清代最多，如乾隆之生母死於乾隆四十二年，並未與雍正合葬，其別葬之陵稱為泰東陵。咸豐之定陵中只祔葬一后——孝德皇后，其後死之孝貞后（東太后）及孝欽后（慈禧）均別葬，稱為定東陵。都是最明顯的例證。所以，孝莊死後未與皇太極合葬一陵，固然沒有什麼可議之處，但是，康熙將她的靈柩停放在昌瑞山暫奉安殿中，一放三十七年，並不為之起陵營葬，看起來總是大違常情之事。就此一點而言，其中就儘多引人非議之處。

孟森先生撰「太后下嫁考實」一文，旨在辨明孝莊太后並無下嫁之事。此文發表之後，反對者大有其人。如胡適之先生即表示不能同意其說。其後，吳宗慈亦曾撰文與孟森先生辯論，所提出的理由主要有兩點，第一是多爾衮的「皇父」之稱太不可思議，第二就是孝莊太后死後康熙不為之營葬，是表示康熙對他的這位祖母有不慊於懷之意，如其不然，何致其前後行事矛盾如此？吳宗慈所提出的第一點理由，其實沒有太大的作證力量，至於第二點理由，就實在太使人懷疑了。康熙在孝莊生前如此克盡孝養之道，死後卻一任其靈柩長期停放在暫奉安殿，一放三十多年，迄不為之營葬，這究竟有什麼理由可說？人死之後，入土為安，只有那些忤逆不孝的子孫，纔會為了爭遺產、看風水等等不成理由的理由，將父母的靈柩擱置不葬。康熙身為皇帝，普通人不葬父母的理由都不存在，然則他又是為了什麼理由，竟將祖母的靈柩長期擱置不葬？以此而言，後人懷疑他對於孝莊太后有不嫌於懷之心，當然就不無理由。

綜觀孝莊太后之一生，啟人疑竇的地方實在太多。縱然太后下嫁的疑案不能成立，其蛛絲馬跡，總不能使人無猜疑之心。自古以來，宮闈中的秘辛太多了，這一疑案，也將永遠像謎一樣流傳下去吧！

十五、垂簾聽政四十年——慈禧太后的一生

武則天是中國歷史上的唯一女皇帝。她以一個女人而登上皇帝寶座，統治中國十八年，在中國歷史上無人可以比擬。不過，中國歷史上雖然從此再沒有女皇帝，卻有過許多「垂簾聽政」的皇太后，雖無皇帝之名，隱有皇帝之實。其中的慈禧太后，柄政達四十餘年之久，當時的皇帝幾乎只是形式上的傀儡。這種樣式的皇太后，事實上差不多也就是武則天第二，很值得在歷史上誇耀一番了。

清代自順治入關以至宣統遜位，歷時共二百六十八年。順治以後的康熙、雍正、乾隆三朝是清代中國的盛世，到嘉慶道光以後逐漸衰頹。咸豐英年早世，到了同治光緒二朝，就因為皇帝幼弱之故而必須由皇太后垂簾聽政。但是清代的家法規定后妃不得干預國家大政，歷代皇帝都嚴格遵守這一祖訓，不敢有違。在咸豐十一年七月，皇帝因病崩駕之時，遺詔中並沒有指定由后妃輔立幼主，慈禧雖為同治的親生母親，又怎能公然違背祖訓，以皇太后的地位出而干預國家大政？

這就是慈禧太后行事厲害，眼光準確的地方了。唐朝的武則天，利用唐高宗的個性柔懦，先則協助皇帝處理國家大政，繼則要求唐高宗將整個大權交付予她，由此達成了控制全盤政局之目標，奠定其以皇太后轉變為女皇帝的條件。可見凡是有野心的人物必需能製造有利於自己的條件，慈禧太后之能以皇帝生母掌握國家大權，其過程亦彷彿類此。不過，武則天是有識見而有手段的女政治家，慈禧與武則天相比，顯然遠為不逮。一般說來，慈禧的心胸狹隘而手段毒辣，雖有小聰明而識見十分有限，權利慾望與自私心又復十分強烈。以這些條件出任事實上的專制女主，當然可以達到宰制大清帝國之目的，卻決無法適應當時中國面臨外國侵略的複雜多變局面。因此之故，在慈禧太后垂簾聽政下的清朝政府，必然會出現親貴用事、宦官干政、政治腐敗，社會動亂等各種惡劣情勢非慈禧太后之能力所能改變。也因為如此，在她一手統治下的中國，非走上積貧積弱的道路不可，這又豈是慈禧所能企望於武則天的統治業績？如果說武則天的一生歷史是毀譽參半，那末，慈禧的歷史可說是毀多於譽。正因為她在清末中國的歷史上影響力十分巨大，對於她的是非功過，亦應該有所認識，所以在這裡略作介紹。

慈禧太后姓葉赫那拉氏，滿洲鑲黃旗人，生於道光十五年十月十日。祖名景瑞，曾官刑部員外郎。父名惠徵，曾官安徽省的「徽寧太池廣道」。清制，旗人官員所生女子必須在及齡後報選秀女，以備皇帝的采擇。咸豐元年，皇帝下詔徵選秀女，慈禧就因此機緣被皇帝所選中，開始了她後半生的宮廷生活。

按照清代的宮闈制度，皇帝的後宮除皇后外，尚有皇貴妃一人，貴妃二人，妃三人；其餘稱為「貴人」、「答應」、「常在」的人數無定額。慈禧在被選中入宮時的名號是「懿貴人」，至咸豐四年方獲晉封為「懿嬪」；及至誕生皇子載淳，再被晉封為懿貴妃。一般來說，由貴人晉封為嬪，是慈禧得蒙皇帝寵幸的開始，其原因則由於她久住江南，善唱南方小調之故。許指嚴所撰的「十葉野聞」中有一條說：

圓明園自雍正以迄於咸豐十年英法聯軍一炬之前，皆為每歲春秋駐蹕之所。蓋園中頤養適宜，且禮節稍疏闊，故歷代帝王以為便也，至咸豐朝而尤甚。蓋文宗聲色之好，本突過前朝，感宮中不便，乃益園居。故事至三、四月始蒞園，八月往木蘭秋狩，即行回宮。文宗則甫過新年即詔園居，秋狩後尚須返園，至十月始還宮，其好園居若此，用意固別有在也。初，文宗厭宮禁之嚴守祖制，不得縱情聲色，乃託言因疾頤養，多延園居時日。偏徵秀女之能漢語及知漢人俗尚裝飾者，得那拉后於桐陰深處，蓋后因能唱吳歈，及習俗吳下衣飾者也。后父曾宦廣東，又居蕪湖，以故知南中習尚，文宗寵之，旋生皇子。既而文宗意后終係滿人，不稱其意。某大臣陰察之，乃以重金購蘇浙妙齡女子數十人，置諸宮禁，其後選尤佳麗稱旨者加以位號，即世所稱圓明園四春者是也。文宗春秋方富，遽遘疾不起，良有以也。

上文所說的「圓明園四春」，由收在滿清野史三編的「圓明園總管世家」一書中可以考見其名稱，謂之「杏花春」、「武林春」、「牡丹春」、「海棠春」，都是能歌善舞而姿容絕豔的江浙美女；其購進奉獻的某大臣，則是圓明園的管園大臣文豐。咸豐好女色，據說是由於時局不利的刺激使然。當時，太平天國的革命運動擾攘及於半個中國，東南各省糜爛，政府軍無力討平亂事，而英法聯軍又乘中國之內亂攻陷平津要地。內憂與外患相繼而來，無論軍事、政治、財政、經濟，都呈現出一片分崩離析之象。國家情勢如此江河日下，咸豐負擔不了精神上的沉重壓力，不知不覺地走上了逃遁避匿的道路。清稗類抄中有一條說：

咸豐季年，天下糜爛，幾於不可收拾，故文宗以醇酒婦人自戕。

所指即此。咸豐以酒色自戕的結果，是提早結束了他自己的生命，纔不過三十一歲，就因肺結核不治而死，所遺下的唯一兒子載淳，在他死的那一年只有六歲。偏偏這個唯一的兒子又恰好是慈禧所生，援照母以子貴的道理，慈禧在咸豐晚年雖然只是一個「貴妃」，而兒子既然做了皇帝，母親自然變成了皇太后。如果是別人當皇太后，對咸豐死後的政局，也許不致發生太大的影響。但因慈禧乃是一個權力慾望極強的女人，她要憑藉皇太后的地位來支配政局，要希望由此而成為清代中國的實際統治者。於是，這一個新出現的皇太后，開始在清末中國的政治舞臺上發揮其重要的影響力，前後歷時達五十年之久。

咸豐死後，他的兒子載淳繼立為帝，就是後來的同治皇帝。同治即位之後，首先尊封咸豐的皇后鈕祜祿氏為母后皇太后，亦尊封自己的生母葉赫那拉氏為聖母皇太后，是即所謂「兩宮並尊」。既然同時有了兩個皇太后，在名號上當然應該有所區別。因此，母后皇太后加徽號曰「慈安」，稱為慈安皇太后；聖母皇太后加徽號曰「慈禧」，稱為慈禧皇太后。不過，一般人為了簡單省事，直接稱之為東太后與西太后；因為慈安本來具有東宮皇后的身分，慈禧不過只是西宮的貴妃，以東西為稱，更實在也更明白之故。

同治在位十三年，史書上說他因出天花而死，實際上恐怕是死於梅毒。同治無子，慈禧選立咸豐同父異母弟奕譞的長子載湉為帝，是為光緒。光緒在位三十四年，在慈禧病死以前的一天也以病死聞，實際的死因恐怕是中毒。歷同治以至光緒的四十七年慈禧太后實際上是大清帝國的真正統治者。總括這將近五十年中的慈禧歷史，大約可以區分為三個時期。第一個時期為垂簾聽政的初期，恭親王奕訢以議政王的身分為軍機領班，政權由慈安、慈禧及恭王共同執掌，凡事協商而行，諸事俱能和諧妥適，其時間為咸豐十一年十月兩宮回鑾以後，直至同治四年之三月，前後歷時約三年半。第二個時期自同治四年三月至光緒十年三月。前後歷時共十九年。此一時期，恭親王奕訢雖仍為軍機領班，但已無議政王身分，只能秉承慈禧之指麾，而不敢擅自有所主張，垂簾的基礎已經十分鞏固，早年所有的那一點和衷協商氣氛沒有了，於是慈禧太后變成了大清帝國的真正主宰，女主專政之局面自此形成。自光緒十年三月朝局發生變更，恭王以次的軍機大臣全班皆撤，換上了以禮親王世鐸為首的新軍機大臣五人。軍機全班撤換的原因，是慈禧對恭王之不能徹底服從深為不滿，換了禮王世鐸的新軍機大臣以後，指麾更加如意，行事更無顧忌，自此以後，慈禧的私慾與其愚昧無知的惡行，方纔百分之百的影響到整個中國的命運。因破壞戊戌維新而有以後的廢立陰謀，因廢立陰謀不逞而欲藉義和團以為報復，因義和團運動而招致八國聯軍的武裝干涉，各種災難紛至沓來，中國幾乎因此而致亡國滅種。自此以迄光緒三十四年十月慈禧患病不起，前後歷時共二十四年有餘，這是慈禧獨柄大政的絕對專制時期，也就是垂廉聽政制度對中國近代歷史發生最惡劣影響的時期。在慈禧個人的政治歷史上，是第三個時期了。

慈禧在垂簾聽政的初期給予恭親王奕訢以特別禮遇的議政王地位，此後又使奕訢擔任領班的首席軍機大臣二十三年之久，其意義極不尋常。其根本原因，是由於恭王乃是協助慈禧篡奪政權的同謀者，為了酬庸他的貢獻以及必須借助他的豐富政治經驗，她不得不將軍機首揆的地位給予奕訢，以實踐當年的諾言。及至慈禧的權力基礎已經十分穩固，恭王實際已沒有太大的利用價值之後，她毫不容情的加以撤換，以便利她自己的直接控制。由此不難想見慈禧之善於操縱駕御，夠資格成為武則天一樣的女皇帝。至於她何以必須藉助恭親王的力量方能奪得政權，則需要從咸豐崩駕前後的政治運作情形說起。

咸豐與恭王奕訢本來是感情極好的異母兄弟，但後來却因為某一些細小的事故發生嫌隙，終於使咸豐視奕訢為陰謀篡奪帝位的野心人物，在疾篤之時，猶不願與之相見。關於這方面的情形，王闓運「祺祥故事」中的敘述最為簡明扼要，值得加以引敘，以避免不必要的枝蔓葛藤。「祺祥故事」說：

> 恭忠王母，文宗慈母也，孝全太后以託康慈貴妃，貴妃舍其子而乳文宗，故與王如親昆弟。即位之日，即命王入軍機，恩禮有加，而冊貴妃為太貴妃（按即恭王之生母靜皇貴妃博爾吉濟特氏，咸豐即位後尊為康慈皇貴太妃）。王心慊焉，頻以宜尊號太后為言，上默

不應。會太妃疾，王日省視，帝亦省視。一日，太妃寢未覺，上問安至，宮監將告。上搖手令勿驚。妃見牀前影，以為恭王，即問曰：「汝何尚在此？我所有盡與汝矣，他性情不易知，勿生嫌疑也。」帝知其誤，即呼「額娘」。太妃覺焉，回面一視，仍向內臥不言。自此始有猜，而王不知也。又一日，上問安入，遇恭王自內出。上問病如何？王跪泣言：「已篤，意待封號以瞑。」上但曰：「哦，哦。」王至軍機，遂傳旨令具冊禮。所司以禮請，上不肯卻奏，依而上尊號。遂慍王，出軍機，入上書房，而減殺太后喪儀，皆稱遺詔減損之。自此遠王，同諸王矣。

王闓運是咸豐朝御前大臣兼協辦大學士肅順的上客，而肅順在當時的御前大臣及軍機大臣中最得咸豐的寵信，咸豐臨終時且任命肅順為八顧命大臣之一，令其輔立幼主載淳，可知咸豐與肅順的關係甚深。咸豐早喪其母，幼時由恭王之母代盡撫育之責，所以視同慈母。咸豐與奕訢早時的感情甚篤，其後因問安誤會，發現恭王之生母對待恭王及自己顯有厚薄，因此遂生嫌隙。這一段話，若非咸豐親告肅順，又由肅順告之王闓運，以王闓運「疏逖小臣」之身分，怎有可能得知這種最細微的宮廷秘辛？由此可知，王闓運的敘述確有其來歷，其可信程度極高。自恭王退出軍機及咸豐視恭王有同其他諸王之後，恭王在咸豐心目中本來已沒有特殊地位。其後因英法聯軍入侵之役，咸豐倉皇逃往熱河，臨去之前，特頒諭旨，命奕訢留京議和，以緩追兵。這一道諭旨的措辭殊為奇妙，值得注意，抄錄如下：

現在撫局難成，人所共曉，派汝出名與該夷照會，不過暫緩一步，將來往返面商，自有恆祺，藍蔚雯等，汝不值與該酋見面！若撫仍不成，即在軍營後路督剿；若實在不支，即全身而退，速赴行在。

看這道諭旨中的本意，不過使奕訢暫留京中與英法兩國公使敷衍委蛇，免得英法兩國派兵追趕皇帝，逼得皇帝無處可逃。而即便如此，真正談和之代表，還是咸豐心目中的通曉洋務之人——恆祺與藍蔚雯，奕訢不過暫負緩衝之責，一等此二人到京，便應往軍營與洋人打仗，打不過洋人，也逃到熱河去。奕訢平素不曾與洋人打過交道，在圓明園被焚之後接到措辭嚴厲的照會，限期答應賠償英法聯軍巨額軍費，及交出殺害英法戰俘兇手的要求，否則就要再縱火焚燒北京城內的宮殿時，根本沒有時間再去請示咸豐，就匆促接受了英法兩國的一切要求，訂立了停戰言和的條約。這一來使得咸豐認為他太越權行事，而京中傳來的謠言，又有英法兩國將謀擁立恭王為帝，以抵制咸豐的不妥協態度之說。於是，咸豐對恭王大起反感，認為他頗有挾洋人自重的

「不臣」之心。加上恭王的政敵肅順等人從旁煽風助火，使得君臣兩人間的猜忌日深。和議成立之後，恭王率同留京王公大臣聯名具摺，奏請咸豐回鑾京師，以安人心，咸豐批示不准。其後雖因王公大臣之一再陳情而同意新年以後回鑾，卻又在過年之後降諭延緩，理由是體氣不支，仍需靜心調攝，「俟秋間再降諭旨」。此時的咸豐，確實因酒色斲傷過度，以致肺結核進入第三期，咯血嚴重，骨瘦如柴，身體極度虛弱。恭王奕訢得此消息，奏請覲見問安，咸豐的態度仍無轉圜之意，他在恭王摺後的批語是：

相見徒增感傷，不必來覲。

到此地步，咸豐與恭王手足參商的情形已十分明顯，而恭王也終於不能在咸豐死前親見咸豐一面，親自聆聽他萬一發生不測之後究竟對政局作何安排的意見指示。於是，咸豐在臨崩之前所指定的顧命大臣名單之中，竟然沒有關係最密切的恭王奕訢，這自然是使奕訢感到十分難堪的事！

奕訢對咸豐臨終時的後事安排不滿，恰好為另一個懷有不滿之心的野心人物提供了陰謀篡奪政權的機會；這個野心人物是誰？不問可知，便是慈禧，因為在當時的滿清宮廷中，只有她是政治慾望極強的野心人物。咸豐死後，載淳以皇太子身分即位，而載淳又恰好是慈禧的親生兒子。

具此優勢的條件，她當然也會像奕訢一樣地不甘心被冷落一旁。因此之故，兩個人的利害觀點相同，自然而然地促成了合作機會。

慈禧與恭王合作推翻咸豐死前所安排的政局，成功地篡奪了大清帝國的政權，這在晚清歷史上稱為辛酉政變——咸豐十一年歲次辛酉。關於辛酉政變的經過情形，清史稿諱莫如深，各種野史雜史的記載亦缺略不全，必須在眾多史料中鈎稽探索，方能明其真相。今先據薛福成庸菴筆記所述，敘其大概情形如次，然後補正其缺漏，庶能詳細了解其中的究竟。庸菴筆記卷一，「咸豐季年三奸伏誅」一條，說：

怡親王載垣，鄭親王端華，皆於咸豐初年襲爵，俱官宗人府宗正領侍衛內大臣；而端華同母弟肅順方為戶部郎中，好為狹邪遊，惟酒食鷹犬是務，無所知名。五年夏，官軍既克馮官屯，殲滅粵賊之北犯者，載垣端華漸以聲色惑聖聰，薦肅順入內廷供奉，尤善迎合上旨，三奸盤結，同干大政，而軍機處之權漸移，軍機大臣皆拱手聽命，伴食而已。惟軍機大臣大學士柏葰資望既深，性頗鯁直，不願遷就，三奸畏而惡之。戊午科場之獄，竟置柏相大辟，蓋三奸以全力羅織之，欲以樹威。於是朝臣震悚，權勢益張矣。肅順又借鑄錢局一事與大獄，戶部司員皆褫職逮問，京師自縉紳以至商店，被其株累破家者甚多，皆怨肅順入骨。肅順恃寵而驕，凌轢同列，諸大臣亦往往受其侵侮，無不飲恨於心。十年七月，英吉利法蘭西兵船犯大沽，陷東西礮臺，入天津，逼通州，焚圓明園。肅順方以協辦大學士兼步軍統領，與載垣端華同勸上舉木蘭秋狩之典，巡幸熱河。熱河行宮本湫隘，內外禁防不甚嚴，三奸益得出入自便，導上娛情聲色，實為希寵攬權之計。迨和議成，英法兵退至天津，留京王大臣疏請回蹕，上將從之，為三奸所尼，屢下詔改行期。十一年秋七月，上不豫。十六日，上疾大漸，召載垣等及軍機大臣至御榻前受遺詔，立皇太子。是日辰刻，文宗顯皇帝崩，三奸輒矯遺詔，與御前大臣額駙景壽、軍機大臣兵部尚書穆蔭，吏部左侍郎匡源、署禮部右侍郎杜翰、太僕寺少卿焦佑瀛等共八人，自署為贊襄政務王大臣，又遏禁留京王大臣恭親王不得奔喪。自是詔旨皆出三奸之意，口授軍機處行之，多未進呈御覽，中外惶惶。八月十日，御史董元醇疏言：「皇上沖齡，未能親政，天步方艱，軍國事重，暫請皇太后垂簾聽決，並派近支親王一二人輔政，以繫人心。」三奸不悅。明日，上奉皇太后召見贊襄王大臣，命即照董元醇所奏行。三奸勃然抗論，以為不可。退復以本朝無太后垂簾故事，令軍機處擬旨駁還。

然恭親王遂得於此時奔赴熱河叩謁梓宮。端華等頗不以近支視之，以為贊襄政務之權在我，彼雖近支，何足輕重？恭親王先見三奸，卑遜甚，肅順頗蔑視之，以為彼何能為？

不足畏也。兩宮皇太后欲召見恭親王，三奸力阻之。侍郎杜翰昌言於眾，謂叔嫂當避嫌疑；且先帝賓天，皇太后居喪，尤不宜召見親王。肅順拊掌稱善。而皇太后召見恭親王之意亦甚決，太監輩數傳旨出宮，恭親王乃請端華同進見。端華目視肅順，肅順笑曰：「老六，汝與兩宮叔嫂耳，何必我輩陪哉？」王乃得一人獨進見。兩宮皆涕泣而道三奸之侵侮。因密商誅三奸之策，並召鴻臚寺少卿曹毓瑛密擬拿問各旨，以備到京即發，而三奸不知也。次日，王即請訓回京，以釋三奸之忌。兼程而行，州縣備尖宿處，皆不敢輕居，懼三奸之行刺也。及抵京，密甚，無一人知者。兩宮俟恭親王行後，即下回鑾之旨，三奸力阻之，謂京師何等空虛，如必欲回鑾，臣等不敢贊一辭。兩宮曰：「回京後設有意外，不與汝等相干。」乃議以九月二十三日派肅順護送梓宮回京，上恭送登輿後，先奉兩宮間道啟蹕，載垣端華皆扈從。十月朔，車駕至京師。將至之日，諸大臣皆循例郊迎，兩宮對大臣涕泣縷述三奸欺藐之狀。周祖培奏曰：「何不重治其罪？」皇太后曰：「彼為贊襄王大臣，可徑予治罪乎？」祖培對曰：「皇太后可降旨先令解任，再行拿問。」太后曰：「善。」乃詔解贊襄王大臣八人之任，以恭親王奕訢為議政王，從民望也，垂簾典禮，令在廷大小臣工集議以聞。先召見議政王大臣，上南面稍東席地坐，兩宮亦南面稍北坐。皇太后面諭三奸跋扈諸不法狀，且泣下。上顧曰：「阿孁，奴輩如此負恩，即斫頭可也，請勿悲。」遂與王大臣密定計，即另派大學士桂良、戶部尚書沈兆霖、戶部左侍郎文祥、右侍郎寶鋆、鴻臚寺少卿曹毓瑛為軍機大臣。初二日，恭親王率周祖培文祥等入朝待命，載垣等已先至，尚未知解任之信，見恭親王等，則大言曰：「外廷臣子，何得擅入？」王答以「有詔」。復以「不應召見」呵止王，王遜謝，卻立宮門外。俄詔下，命恭親王將載垣端華肅順革去爵職，拿交宗人府，會同大學士六部九卿翰詹科道嚴行議罪。王捧詔宣示，二人厲聲曰：「我輩未入，詔從何來？」王命擒出，遂踉蹌擁至宗人府幽之。肅順方護送梓宮，次於密雲，逮者至，門已閉，乃毀外戶而入。械至，亦繫宗人府。廷議既上，請均照大逆例凌遲處死。初六日，詔曰：「載垣端華均着加恩賜令自盡，肅順着加恩改為斬立決。……」

薛福成在這段文字中稱肅順、載垣、端華為三奸，又有「跋扈不法」、「大逆不道」等字樣，一似肅順等人之慘遭殺戮為罪有應得者。揆之實際，殊不盡然。因為慈禧太后是辛酉政變的得勝者，此後的滿清政局，即在慈禧之控制下。慈禧在政變得勝後宣佈肅順等人為「大逆不道」的「三奸」，薛福成如何敢不用這個皇太后「欽定」的字眼？但事實上薛福成對肅順是很欽佩的，庸菴筆記中另有關於肅順的記事，就不用「三奸」這樣的字眼，且語氣亦全不一樣。如「肅順推服楚賢」一條，對於肅順之能識拔曾，左、胡諸人且加以大力推轂，卒使清朝政府能藉以平定太平天國之革命運動一事，極致其推挹之誠，其中毫無輕蔑侮辱之言詞。由此可知，薛福成對於肅順之品德才能，自有清楚明白之認識，只因格於事實，在敘述咸豐辛酉政變時不得不對肅順載垣端華諸人有所詆毀，以符合清政府所持之立場而已。以這一標準來衡量「咸豐季年三奸伏誅」一文中的記述，便可知道其中對肅順載垣端華三人之口誅筆伐，未必即是真正的事實，正需以另一種角度重新衡量，方能真正了解當時的事實情況。民國二十一年以前，商務印書館所編印的東方雜誌，曾經刊印了一批重要資料，乃是咸豐辛酉政變時，行在軍機處的軍機章京們與京中友人傳遞信息的秘密函件十二件，其中一件，詳細敘述咸豐崩駕前後的政局安排情形，極具參考價值，抄錄如下：

十六午後暈厥，囑內中緩散，至晚甦轉，始定大計。子初三刻見時，傳諭清楚。各位請丹毫諭，以不能執筆，着寫來述旨，故有「承寫」字樣。八位共矢報効，極為和衷，大異以前局面。兩印均大行所賜，母后用「御賞」印，印起，上用「同道堂」印，印訖，凡應用硃筆者，用此代之，述旨亦均用之，以杜弊端。諸事母后頗有主見，垂簾輔政，蓋兼有之。自顧命後至今十餘日，所行均愜人意。要缺公擬，其餘掣籤，均取旨進止。考日知錄，四星聚主中興，看此氣象，天道竟有準也。長星主國喪，驗矣。七月十二日中白氣穿貫珥抱，占主乍離，風聞兩宮不甚愜洽，所爭在禮節事故，似易於調停也。歸期有九月廿三日之說，俟直督到後，計橋道工程定準，或改早而不改遲。……諸事照舊章，並無人攙入，愚見差使尚屬可當，循此不改，且有蒸蒸日上之勢。夫己氏聲勢大減，凡所鑽求，不敢輕諾。六兄來，頗覺隆重，單起請見，談之許久，同輩亦極尊敬之。已定拿車兩百輛，於八月初十日齊備，主位先行陸續回京，以免臨行缺乏。行期又聞有九月初三之說，亦尚未確。總之，歸志已決，遲早可勿問也。……

咸豐崩駕，是咸豐十一年七月十七日的事。清史稿文宗本紀載，這年七月十六日壬寅，「上大漸，召王大臣承寫硃諭，立皇長子為皇太子。」翌日癸卯，即崩於熱河行宮。前引密札記載，「十六日午後暈厥」，「至晚甦轉」，「子初三刻見時，傳諭清楚。各位請丹毫諭，以不能執筆，着寫來述旨，故有『承寫』字樣」，可知咸豐之立太子載淳及以肅順等八人為贊襄王大臣輔立載淳二諭，都是由軍機大臣「承寫」諭旨的名義頒發，其原因為咸豐此時已腕弱不能執筆，不得不由軍機大臣以承寫諭旨的名義頒發，而後來卻被慈禧及恭王指為「輒矯遺詔」，「自署為贊襄政務王大臣」的口實。皇帝指定顧命大臣輔立幼主，這在清朝亦有前例。如清世祖順治帝於臨崩前指定由內大臣索尼、蘇克薩哈、遏必隆、鰲拜四人為「輔臣」，輔立康熙。其時康熙年止八歲，即位之後，政由四輔臣出，太皇太后、皇太后，暨近支親王等均無異言。其後索尼、蘇克薩哈、遏必隆三人均被鰲拜藉事陷害，權歸鰲拜一人。康熙八年五月，康熙以鰲拜專權亂政，目無君上，親將鰲拜擒繫治罪，皇帝始得親政。但在此之前，亦不聞有太皇太后、皇太后，及近支親王等人以鰲拜之輔政為不當，而欲將鰲拜除去的情形。這可以證明，由上一代皇帝所決定的政治權力運作方式，除了下一代皇帝之外，沒有人敢輕易嘗試變更。咸豐在死前指定八顧命大臣為贊襄政務王大臣，命之輔立幼主載淳，諭旨並無皇太后垂簾的字樣，慈安與慈禧即使貴為皇太后，又有什麼資格可以隨意變更咸豐的意旨？在這種情形之下，誠如肅順等人所說，「請皇太后看摺，已為多餘」，再要實行垂簾聽政的故事，顯然即是公然背悖咸豐的遺命了。

由前引政變密札中更可看出，贊襄政務王大臣以皇帝名義頒發諭旨時，諭旨的起訖處各鈐一印，起處用「御賞」印，訖處用「同道堂」印，一在母后皇太后處，一在幼主載淳處，目的在防杜贊襄王大臣之擅稱諭旨，濫用職權，這已經是皇太后干預贊襄王大臣權力的證據，贊襄王大臣能夠接受這樣的安排，已經表示他們沒有擅權專政的企圖，兩宮皇太后如果還要剝奪他們的輔政權力，更顯然有篡奪政權的野心，咸豐如果未死，必定要視為大逆不道的叛行，決不能輕加容忍的。其所以終於發展到此一情形的原因，還是由於慈禧與恭親王二人都有強烈的權力慾望，不能甘心政權操於敵對人物之手，處心積慮地要推翻此一局面的緣故。史學家鄧之誠談到這一影響清末歷史極為深遠的辛酉政變，曾有一番極為精闢的論述，說：

予考辛酉之事，特為黨局翻覆而已。肅順得君既專，挾怡、鄭二王，以御前大臣盡籠軍機之權，起科場之獄，枉殺柏葰，又起戶部鑄錢局之獄，以撼翁心存，士大夫切齒久矣，一旦親受顧命，驟以軍機處贊襄王大臣自居，一手握定，人人自危。稔知肅順積為兩宮所惡，乃倡垂簾之說以動之，事前密計，其事有迹，初但欲削贊襄之名，以垂簾為題目。然既已看摺，召見軍機，且以印代硃筆，即無異垂簾；所不同者，惟不召見外臣，是何必爭？觀董（元醇）勝（保）疏，皆以別簡親王與垂簾並請，始悟所爭者在彼不在此矣。後來欲使此舉有名，乃不得不隆召見之儀，甚端，肅之罪。若端、肅者，府怨已深，皆曰可殺，然死非其罪，則為失平。怡、鄭為人，可以不論。肅順能延攬湘綺及龍汝霖、李簃壽、尹耕雲、郭嵩燾、高心夔諸人，皆一時之彥，其人未可輕也。脫左于囚，畀曾兩江，使賢授能，實由密贊。科場錢局之獄，未嘗非尊主權，除積弊；若皆以為罪，則曾左不足道，而蠹國者當受上賞矣。自三人之誅，女主專政亘五十年，恭、醇、禮、慶相繼用事，遂致亡國，斯又湘綺所未及也。……

鄧先生以為，引起辛酉政變的真正原因是「朝局翻覆」，所爭的不僅是垂簾，也不只是為了反對肅順一派之希望由近支親王出來代替肅順派執掌政局，這些話可說是深中要害的分析觀察。說得更簡單一點，其根本原因，還是由於咸豐臨死以前所安排的贊襄政務王大臣選錯了人——如果他不選派肅順端華載垣而選派奕訢，朝中就不會有人反對，奕訢就不會因不滿而生覬覦之心，則慈禧縱有野心，亦無機會可乘。只因咸豐選定的贊襄王大臣是人人都厭惡的肅順端華與載垣，這就給予了不滿意的奕訢與有野心的慈禧以覬覦政權的機會。奕訢如果沒有慈禧的同意，不能成事；慈禧沒有奕訢的支持，不能成功。雙方一旦達成合作，咸豐死前所安排的政權運作方式，就要全盤推翻了。辛酉政變的發生原因如此，實在出於咸豐的意料之外。

辛酉政變成功之後，奕訢當上了議政王，慈禧太后達到了驅除肅順而掌握政權的目的。然而，這一場政變的真正勝利者畢竟不會是奕訢，因為他只是由兩宮皇太后所任命的議政王，「趙孟之所貴者，趙孟亦可賤之」，奕訢一旦失慈禧之意旨，他的議政王或軍機領班的地位，隨時都可以被慈禧太后所剝奪。而這一天也必定會要來的，因為奕訢不是甘心俯首弭耳地接受慈禧指麾之人，而慈禧亦必不能容忍一個不能百分之百地忠心効順之人，所以這兩個人遲早必生衝突。而政權既在慈禧之手，奕訢當然非失敗不可。自同治四年至光緒十年，朝局兩生變革，奕訢終於被慈禧所逐，即是此一情勢演變到了最後的結果。奕訢在被革退軍機領班的「首揆」後，曾經刻了

到此時刻，思前想後，把一切前因後果都想明白了之後，他這纔覺悟，自己徒負叛逆之名，反而成了大清江山之罪人，這種傻事實在做得太不值得。由於他愈想愈追悔，愈想愈自恨，所以要在「猛拍闌干思往事」之餘，自嘆春夢已醒，悔之無及。由奕訢之悔恨，更足以證明慈禧太后之善於把握機會，利用他人。類此情形的另一件實際例證，則表現在她利用醇王奕譞以實現她的權利慾望上。

清宣宗道光皇帝共有九個兒子。長子奕緯，和妃生，道光十一年卒。次子奕綱，靜妃生，道光七年卒。三子奕繼，五子奕誴，六子奕訢，亦均靜妃所生，只四子奕詝係皇后所生。其餘七子奕譞、八子奕詥、九子奕譓，則為莊妃所生。奕詝就是後來的咸豐帝，奕譞則因娶了慈禧太后的胞妹葉赫那拉氏之故，在諸兄弟之間，與慈禧太后的關係最為密切。奕譞之為人，志大才疏而性情懦弱，這是慈禧太后所看得非常清楚的。由於志大，奕譞不甘心久處奕訢之下，永遠庸庸碌碌地無所表現。由於才疏，奕譞徒然心懷大志，實際上，並不能做出什麼事情來。志大才疏，已經是很容易受人鼓惑或煽動的了，再加上性情懦弱，就注定他將要受人控制利用，而缺乏反抗的勇氣。慈禧太后看準了奕譞的這些性格缺點，先則利用他來對抗奕訢，使他成為奕訢的繼任者。再則指使他出面為自己籌劃財源，以興建耗貲千萬的園苑工程，由此可以使自己不受輿論的指責。至於她用來控制奕譞的方法，說穿了其實很簡單，即是在同治帝載淳死亡之後，以奕譞的兒子載湉繼立為帝，以使奕譞在感激與畏懼之餘。甘心聽其指麾擺佈，如此而已。

同治帝載淳之死，由官修史書的記載所見，其死因是由於天花；但若由清末的各種野史雜史所說，則同治之得病，分明是由於翰林院侍講王慶祺及貝勒載澂帶了小皇帝去逛私窩子所感染的性病。至於皇帝嫖娼的原因，則是由於慈禧對於小皇帝自己所選的皇后不滿意，以婆婆的身分橫加干涉小夫妻之婚姻生活，迫得小皇帝在失望無趣之餘另外尋求向外發展道路的結果。同治死時只有十九歲，距大婚雖已有二年之久，然而卻無一男半女。皇帝無子，必須擇立近支親王諸子之年齡適當者為嗣皇帝，以延續滿清皇朝之統治。以行輩來說，道光的長孫溥倫最合於繼嗣條件，繼立之後，可以作為載淳的嗣子，倫序相合，頗適合當時的需要。但慈禧卻自有她的主張，要以奕譞之長子載湉繼立，完全不考慮這樣做是否會使同治成為絕後之人。當時頗有人以為，慈禧之所以要這樣做，目的是在保持她以皇太后垂簾聽政的資格；如援立溥倫，慈禧的身分就成了太皇太后，沒有資格可以垂簾聽政了。由於她不肯交出統治大清帝國的權力。所以溥倫不能繼立，同治的皇后也永遠成不了皇太后。這話看似有理，其實並不盡然。

中國歷史上不乏有皇太后垂簾聽政的往例。但女主專政，並不限定只有皇太后纔能夠具此資格，做了太皇太后，便得將「權棒」交與下一代的皇太后。這種權力轉移與否的情形，完全得看當時的政治權力究竟掌握在誰的手中而定，與皇太后或太皇太后的資格並無直接關係。如宋朝的英宗皇后高氏，在神宗時已是皇太后；及神宗崩駕，哲宗即位，年甫十歲，高氏以太皇太后的身分臨朝稱制，身為神宗皇后的向太后反無權力，即是明白的例證。慈禧在同治時以皇太后身分垂簾聽政，歷時達十一年之久，直到同治十二年正月，皇帝方纔「親政」。但同治雖已親政，到第二年十月便因「出痘」而臥床不起，慈禧藉口皇帝不能親理大政，仍以皇太后身分權理政務，則是慈禧太后在「歸政」一年十個月之後，又將政權掌握在自己手中了。此時同治崩駕，即使援立溥倫為嗣皇帝，慈禧太后升格成了太皇太后，但只要她始終把持政柄，不肯將政權交予同治的皇后阿魯特氏，則阿魯特氏即使貴為皇太后，又如何能擺脫慈禧的控制，而使自己成為宰制中國的女主？這是又得經過「辛酉政變」式的政局變動纔能實現的政權轉移，又豈是由皇太后升格太皇太后所能自動實現的？準此而言，慈禧之不願使溥倫成為嗣皇帝，並不是不願做太皇太后，而是因為她有更好的安排。這就是以奕譞之子載湉為帝，可以藉此掌握奕譞，使他成為自己的有效工具是已。

同治崩駕及慈禧太后決意援立載湉的情形，翁同龢日記中的記述極為詳細。抄錄一段如下，藉以窺見慈禧太后的真正意圖。翁同龢日記，同治十三年十二月初五日，記云：

初五日卯正二刻入宮……辰正三刻散……返寓小憩未醒，忽傳急召，馳入尚無一人也。時方日落，有頃，恭邸、寶（鋆）沈（桂芬）、英桂、崇綸、文錫同入，見於西煖閣。御醫李德立方奏事急，余叱之曰：「何不用回陽湯？」彼曰「不能，只能用麥參散。」余曰：「急灌可也。」太后哭不能詞。倉卒間，御醫稱：「牙閉不能下矣。」諸臣起立，奔東煖閣，上扶座瞑目，臣上前遽探，既彌留矣。天驚地坼，哭踊良久。時內廷有續至者，入哭而退。戌刻，太后召諸臣諭：「此後垂簾如何？」樞臣中有言：「宗社為重，請擇賢而立，然後懇乞垂簾。」諭曰：「文宗無次子，今遭此變，若承嗣年長，實不願！須幼者，乃可教育。現在一語即定，永無更移，我二人同一心，汝等敬聽。」即宣曰：某（按即載湉）。維時醇郡王驚遽敬唯，碰頭痛哭，昏迷伏地，掖之不能起。諸臣承懿旨，即下至軍機處擬旨。……

這段話中最可注意的地方有兩點。一是在皇太后召見王公大臣商議立儲人選時，慈禧所說的話：「若承嗣年長，實不願，須幼者，乃可教育。」這可以知道在未曾召集王公大臣討論此一問題時，慈禧心中，對此事早已有了腹案——須擇立幼君，乃可以太后身分繼續垂簾，握持政柄不放；而且幼君可藉教育方式加以控制，若年長則難以達此目標。二是奕譞在乍聽慈禧選立載湉的宣佈時，突然因驚怖過度而致昏迷仆地，扶掖不能起。可知慈禧之作此決定，事前並未徵求奕譞之同意，而奕譞則深知慈禧之為人陰狠毒辣，自己的兒子載湉一旦繼立為君，即落入慈禧掌握之中，此後之命運難卜，故不覺因驚怖過度而致昏迷仆地。這都是當時實際情形之紀錄，內容非常寶貴。既然慈禧蓄意選立載湉以控制奕譞，以奕譞之才能與器識，如何更能擺脫慈禧之操縱？關於此一決定對於此後滿清政局的影響，蕭一山清代通史中曾有極公正的論述，說：

載淳親政不及二年，慈禧即藉口子病，而欲垂簾。繼立幼主，亦早成竹在胸。盛年弄權，純為私慾，非關國政。蓋赤鳳之謠，楊花之歌，眾口流傳，幾成事實，慈禧之貪位攬政，圖個人享樂方便計耳。其初念殆與武則天相同，雖弒君酖母而不惜也。但則天饒有政治天才，雖易唐為周，而其治未衰；慈禧則只有機詐之心，最初利用奕訢，其繼利用奕譞，二人皆鬱勃以死。似此神差鬼使之結局，正象徵有清末葉之命運，一切事業之進行，冥冥中皆有為之牽掣者，故均不免於失敗，而樞紐則皆由於慈禧一念之差。

以奕訢與奕譞相比，奕訢的思想開通，識見明敏，深知清代中國當十九世紀西方侵略接沓而來的時候，非自強維新不足以立國。所以他一方面要支持曾國藩、左宗棠、李鴻章諸人的主張，設立製造、船政等局以謀自造輪船大礮，一方面又奏請在京師設立同文館，以求培植通曉洋務的人才，其目的無非在求師法洋人的科技政軍才能，以為自強維新之計。但因當時的守舊派勢力極強，奕訢的這些改革計畫，備遭守舊派之反對，如奕譞即是反對派人物之一。同治初年，輿論詆毀西洋教士的傳教活動，朝臣摭拾浮言上奏，奕譞即是贊助人之一。當京師北堂舊址重建洋式大教堂，樓高足以俯瞰禁中，言官奏請制止其建築時，奕訢以為不必禁止，奕譞即以奕訢之言論為大謬不然。及同治六年總理各國事務衙門籌議修訂外國通商條約，徵詢各省疆吏的意見，問他們是否可以同意外國人在內地傳教，而三口通商大臣崇厚深表贊同，以為「天主教無異釋道」，奕譞對之深表厭惡，至於上疏詆斥，自稱「沒齒鄙之」。其後，中法兩國間發生天津教案，曾國藩深知無法以強硬態度對抗法國，不得不以懲兇賠罪之條件了結雙方爭端，奕譞以為此是中國外交的奇恥大辱，憤而請辭一切差伎，表示恥與媚外之人同列。凡此種種，當然都是慈禧太后所深切了解的事。對於慈禧太后自己來說，她對於西洋人的近代文明並無認識，她當年在熱河逃難時吃過外國人的虧，對洋人當然沒有好感。奕訢主張效法洋人，主張學習洋人的製船造礮之術，以及守舊派對變法維新主張的反對態度，在她都沒有一定的主見，只覺得雙方面的互相攻訐，更利於她之操縱駕馭。及至奕訢在修復圓明園以供太后頤養一事上與慈禧太后站在敵對的立場，對於太監攜物出宮遭受護軍禁阻，慈禧太后堅欲違法將護軍處斬，奕訢又復以為不可，致與慈禧發生激烈的爭辯。種種新仇舊恨累積在一起，使得慈禧決心要將奕訢逐出政府，此時她就要利用奕譞的好大喜功之心，來實行逐去奕訢的計畫了。

光緒十年，中法二國因越南問題發生衝突，清政府尚未能決定和戰大計，法軍已由越北進兵桂邊，清軍節節失利，引起中外輿論之激烈攻訐，恭王身為首揆，當然成了責備攻擊之中心。此時，左庶子盛昱上一奏摺，要求皇太后嚴加責成，令奕訢等人戴罪圖功，認真改過，倘復仍前推諉，即予罷斥。這一道奏摺的本意原在提高奕訢等全班軍機大臣的警惕之心，使他們知道輿論的不滿已到了極限，如果仍舊不能惕勵奮發，就要請求皇太后將之罷斥了。卻不料慈禧太后早有逐去奕訢之心，苦於外廷無人發言，不能由宮廷首先發難。如今有盛昱的奏摺做題目，如何還能放過這個千載難逢的機會？當即由慈禧太后授意奕譞，使奕譞的親信人物工部左侍郎孫毓汶撰一諭旨，以恭親王奕訢以次全班軍機大臣「因循萎靡，委蛇保榮」、「知其決難振作，誠恐貽誤愈深」為理由，將全班軍機大臣奕訢、寶鋆、李鴻藻、景廉、翁同龢等五人悉予罷斥，另以禮親王世鐸、尚書額勒和布、閻敬銘、張之萬、侍郎孫毓汶、許庚身等六人為新任軍機大臣，以為代替。至於奕訢所兼管的總理各國事務衙門職務，亦由郡王銜貝勒奕劻接替。表面上看來，新任的領軍機大臣是禮親王世鐸，與奕譞無涉；事實上則世鐸一無所能，只是使他在名義上擔任此一職務，以便利奕譞之幕後操縱而已。而且不僅如次，清政府為了建設新式海軍，於光緒十一年九月正式成立海軍衙門管理其事，慈禧即以奕譞為總理大臣，而以奕劻及李鴻章為會辦。到此為止，奕譞不僅是事實上的首揆，還兼掌外交及海軍。所有軍事、政治、外交的大權都歸他一手掌握，慈禧透過他的關係從中指揮，自然更能得心應手，不虞掣肘。

何以知道慈禧在任用奕譞代替奕訢之後，對於軍事、政治、外交等一應措施更可以發揮指麾如意之效，這只要從奕譞秉承慈禧太后之意旨，挪用海軍經費及廣收報効，以完成頤和園之修建工程一事為例，就可看出其中之端倪，而這在奕訢柄政期間是決不能希望奕訢辦到的。關於此一事之內中秘辛，無聞老人所撰「綠靜簃雜記」論述甚詳，抄錄於後：

光緒帝既定期大婚，醇王奕譞以皇帝本生父之身分，謀所以博太后之歡心者，為歸政後頤養之地。太后原擬修復圓明園，但因破壞太甚，需款太鉅，無法辦理，遂西顧萬壽山昆明湖，為就阯重修之計；其名為頤和園者，則園工將竣時，南書房翰林承旨擬幾個園名，而奉旨選定者也。昆明湖為乾隆時命名，土名大泊湖，萬壽山即甕山，其麓為清漪園，亦乾隆時命名，為幾暇遊觀之所。議既定，而工費無出。閻敬銘管戶部，動用庫款，必不可能。其時總理海軍事務衙門已成立，醇王奕譞為管理大臣，奕劻、李鴻章為會辦，善慶、曾紀澤為幫辦，事由醇、李主之。此項園工，需款數百萬（一說三千萬，恐未必有如此之多），試問從何羅掘？於是挪用海軍經費，遂騰播於眾口。近與張君虹南談及此事，張官戶部多年，據云未見有此檔案，事係訛傳。余以為所說皆是也，而未考其詳也。茲錄光緒十五年正月上諭如下：「御史林紹年奏，督撫報効，有關國體民生，請旨飭禁一摺。海軍為經國要圖……需款浩繁，前經總理海軍事務衙門奏准，由兩江各省於正雜各款內騰挪巨款，分年撥解天津，交李鴻章發商生息，籌解之款，專備海軍不時之需，其每年息金，則以補海軍衙門放項之不敷，並無令各督撫報効之事。該御史此奏，乃以朝廷責貢獻，督撫肆誅求等語任意揣摩，危詞聳聽，實屬謬妄，云云。」海軍經費撥解天津逕交李鴻章，不解戶部，其開支由海軍衙門核准，亦不經由戶部。北洋支款，向海軍衙門報銷時僅憑單據，可以串通作偽，戶部並無稽核之權，開支報銷後不過咨部備案了事，在戶部必不見撥充修園之用款，此其一。園內風景點綴及屋內陳設，由各督撫報効，由李鴻章領銜，其數漫無限制。因湊集需時，先由海軍衙門生息項下墊付，外間不察，遂有海軍報効之說。其款收支，亦不經由戶部，逕由北洋解交內務府應用，林所奏即此。此其二。海軍經費與報効，本截然二事，而前述諭旨，乃將林影射到海軍經費，則是樞廷執筆者巧詞架接，以欺蒙觀聽耳。光緒甲午十月，太后六旬正壽，內外諸臣望風希旨，大事鋪張，由宮門經西直門至頤和園，沿途搭綵棚，陳百戲，懸燈結綵，援乾隆時皇太后萬壽慶典故事，名之曰萬壽點景，而不知其時事物力全非也。因中日開戟，敗訊迭傳，遂偃旗息鼓，落得一場掃興。綜計慈禧失德之事甚多，尤以修復園林，挪用海軍經費為最。奕譞、李鴻章逢君之惡，其罪惡更無可恕。……

這一段話考定奕譞、李鴻章挪用海軍經費修建頤和園為實有其事。挪用之外，尚有以報効名義貢獻之款，其用途均在修復頤和園供太后「頤養」，藉以博慈禧之歡心。無聞老人因感慨地說，奕譞如此苦心孤詣地努力博取慈禧之歡心，一方面固為謀保載湉之皇位安全起見，一方面亦深恐引起慈禧對他的猜疑，不得不在載湉繼位之後，加倍小心，弭首帖耳，惟慈禧之意旨是聽是從，不敢有絲毫之違背。這固然是奕譞之柔懦無能有以致之，亦足以證明慈禧之善於利用奕譞之弱點，深諳操縱駕馭之術。專制時代的統治者，最重視的問題是如何確保自己的統治能力，國家利益與民族利益乃是其次的問題，儘可以不必考慮。慈禧以女流而掌握滿清皇朝的統治權，她的政治意識當然亦不能越此範圍。所以，在她垂簾聽政的四十餘年之中，她所始終全神貫注的，就是如何抓緊統治權力，決不容許對她萌生背叛之心。對當時的朝中大臣如此，即是她自己所一手提拔的光緒皇帝，亦復如此。因為她始終認為光緒是她卵翼長大之人，對她應該永遠感恩圖報。在她還是大清帝國的女主時，光緒雖是皇帝，一樣得恪遵她的意旨行事，否則就是叛逆，就應當毫不容情的除掉。慈禧太后的用心狠辣如此，難怪奕譞在乍聽到載湉被選立為嗣君的時候，要當場驚怖昏厥的了。由後來的事實看來，奕譞當時的恐懼，確實有先見之明。光緒自嗣立以至成長，始終處於慈禧的積威壓制之下，只有恐懼之心，從不敢生反抗之意。自戊戌變法失敗，即遭幽禁於瀛臺，過著囚犯一般的生活。及至光緒三十四年慈禧病死，光緒亦在慈禧死前一日駕崩，其時間之巧合與死亡原因之離奇，在在使人懷疑，疑心這個苦命的皇帝始終在慈禧的嚴密控制之下，無法作自己生命的主宰者。慈禧對待光緒十分嚴苛，許多野史中都有類似的記載；但如要知道慈禧是怎樣一個可怖的人物，似乎還得看另外一些更為生動具體的記載，以便能有更明白清楚的了解。

清光緒二十六年八國聯軍攻入北京，慈禧太后挈帶了光緒帝后倉皇逃難，沿途備嘗飢寒之苦，直到察哈爾的懷來縣境內，纔得到比較周到的接待。懷來知縣吳永因此得到皇太后的賞識，即刻將他陞為四品的道員，並且命他擔任前路糧臺之職，隨著皇太后與皇帝、皇后一直到了西安。在西安停留期間，吳永常常有機會到行宮去陪伴慈禧閑話。有一次，吳永偶然向太后問及，死在庚子拳亂時的徐用儀、許景澄、袁昶三人，都是實心為國的忠臣，一般都以他們死非其罪為可惜，不知道太后是否可以開恩給予昭雪。不料吳永的話尚未說完，慈禧已經變了臉色。根據吳永記述在「庚子西狩叢談」中的話，慈禧當時之神情如此：

> 方言至此處，意尚未盡，突見太后臉色一沉，目直注，兩腮迸突，額間筋脈悉僨起，露齒作噤齘狀，厲聲曰：「吳永，連你也這樣說邪？」予從來未見太后發怒，猝見此態，惶悚萬狀，當即叩頭謝曰：「臣冒昧，不知輕重。」太后神色略定，忽將怒容盡斂。……予見

太后意解，始逡巡起立。莽遇此劈天雷電，忽而雲消雨霽，依然無迹，可謂絕大幸事，然予真已汗流浹背矣，不意太后盛怒時，威稜乃至如此。昔人謂，曾李兩公當時威權蓋世，一見太后，皆不免震慴失次，所傳固當不虛也。

吳永因猝遇太后盛怒，而後方知慈禧在發怒的神情極為可畏，在另一種記錄中也可看到類似的情形。無聞老人撰綠靜簃雜記，述及戶部尚書鐵良某次因言辭不當而遭慈禧嚴詞斥責，至於面無人色，汗濕重衣的情形，說：

光緒丙午，戶部尚書會辦練兵大臣鐵良，在軍機大臣上行走，又派兼督辦稅務大臣，上疏稱才力不及，事難兼顧，請收回成命。及隨慶王奕劻上去見面，奏對各事畢，太后忽怒目視鐵良，說：「你由筆帖式出身，在神機營當差，因看你尚勤謹，累加拔擢。本無才力，何言不及？乃亦效漢員之虛情假讓，跟我來這一套，實在不知好歹！」又面向奕劻說：「你下去擬旨，將鐵良一切差使悉予開去！」鐵良聞言，趕即下墊（軍機大臣照例賞跪墊）摘帽，在光磚上碰頭，口稱「奴才糊塗」。奕劻亦說：「鐵良辜負皇太后皇上天恩，奴才們下去，趕緊說他，叫他以後小心當差，勉圖報効。」亦均摘帽碰頭，代為乞恩。良久，不聞續有口諭，僅說：「你們下去吧！」遂相率退出。鐵良退至直房，面無人色，汗透重衣。時同值者有尚書榮慶，歸為其子熙棟述及，且云：太后嚴威，實在可怕。

慈禧太后發怒時的神情如此可怕，在旁人也許是難得一見之事，在光緒似屬不然。因為慈禧之所以要援立光緒，目的就在利用光緒年幼，以利於她的「教育」。據各種野史雜史的記載，光緒平生極為畏憚慈禧，猶如老鼠見貓一般，從來不敢有反抗之心。想必慈禧平素在宮中，就是常常拿這種威勢鎮懾光緒，以致光緒在積畏積懼之餘，早就養成了懼怕的心理。慈禧以這種方式「教育」光緒，藉以達成她的控制目的，在慈禧來說當然是很成功了，而身為四萬萬臣民領袖的大清皇帝，竟是如是孱弱無能的人物，對中國的前途又將發生何等不幸的影響？慈禧因一己的私心而將光緒塑造成如此這般的形象，真可說是國家民族之罪人，又豈止是斷送大清帝國列祖列宗所遺留下來的基業而已？

歷史家對慈禧太后的批評，大致認為她是一個權力慾望極強，自私心極重，而又沒有政治學識的庸妄女流。由於權力慾望極強，所以她不但要在同治患病不能理事之時就急切地希望恢復垂簾聽政的制度，更在同治病死之後迎立年只四歲的載湉，以便能以皇太后的身分繼續執掌國家大權。光緒柔懦畏怯，事事不敢違背慈禧的意旨，這正合乎慈禧心中的理想。卻不料他在長大以後，居然敢接納康有為、梁啟超等人的意見，妄想擺脫慈禧太后的控制。這當然是慈禧所無法容忍的「叛逆」行為，幽禁囚繫之不足，還要進一步將光緒廢黜、殺害。但因光緒的遭遇極為外國列強所同情，他們希望光緒的帝位能夠保全，以致慈禧的廢立陰謀竟無法實現。惱怒之餘，她妄想藉義和神拳的力量，將外國人逐出中國。不料又因義和團殘殺洋人之故而引起八國聯軍的慘酷報復。中國到此地步，幾乎走上了亡國滅種的道路，慈禧對近代中國所造成的禍害，至此亦充分為國人所體認。這可說是近世以來中外人士對慈禧其人的公認評價。但是其中還漏掉了很重要的一點，就是這個心腸惡毒而器量狹窄的老太婆，即使在她將要死亡之前，還念念不忘地緊握住宰制大清帝國的權力，不肯隨便放棄。無聞老人「綠靜籙雜記」中有一條云：

> 據溥忻告余，太后之決立溥儀，並非臨時定策。太后見光緒帝多病，又無皇子，將來總要擇人繼承。及溥儀既生，此計乃定。遂令載灃為軍機大臣，使其預為練習。是看準載灃不致翻戊戌、庚子之案，竟將萬鈞重擔，畀諸不克負荷之人，祖宗基業，輕輕斷送於葉赫那拉氏之手云云。溥忻係近支宗族，觀察較為深切，立言自當如是。……

溥忻即溥雪齋，乃是道光第九子奕譓之孫，在光緒末年已經年長，所說當然很有根據。至於載灃，則是光緒的同父異母之弟，奕譞之子，在奕譞死後襲封醇親王，其後又以溥儀生父的身分做到監國攝政王的「小醇王」。載灃入軍機，是光緒三十三年五月間的事，其時正是溥儀出生之第二年，可見溥忻所說慈禧有意立溥儀為帝，而令載灃先入軍機學習，以便將來付予大政之說，是有道理的。載灃之懦弱無能，較之奕譞及光緒更甚。慈禧因為載灃易於控制而選立其子為帝，其用心與當年選立奕譞之子為帝，如出一轍。正因為其動機極端自私，其對於國家前途的影響，當然也十分惡劣。這只要看載灃後來的表現，便可知道。

胡思敬國聞備乘卷四，「張翼倚醇府勢盜賣官礦」一條說：

載灃初監國時，咸謂宜移宮中，太福晉不許。其弟載洵、載濤倚太福晉勢，肆意要求，監國不能制也。監國正福晉即榮祿女，亦時與外廷通關節，有所祈請，監國以二弟故，不得不屈意從之。於是太福晉毀福晉，福晉又毀載洵、載濤，監國大為所困。張翼舊在醇府飼馬，官至內閣侍讀學士，庚子亂時，盜賣開平礦產，為袁世凱所參，入英涉訟經年，久之始議贖回。至是，恃監國寵，與英商勾結為奸，力護前非，主中外合辦。直隸士紳聯名合爭，監國不能詰，卒從老福晉言，徇翼謀，悉依前約。中國自辦商務以來，唯開平獲利，至是竟不能保，聞者恨之。

從前慈禧太后專政之時，雖然威福自恣，但因太阿獨操之故，任何人都不敢違抗她的意旨；所以纔能以一介女流，統治大清帝國達四十餘年之久，無論是她的母親兄弟姐妹與伯叔子姪，人人都須承望其顏色。而由上面的記述看來，監國攝政王載灃雖是堂堂鬚眉男子，卻內受制於母妻，而外受制於兄弟，事事無法貫徹其意旨。以致空有監國之名，對於其母親妻子兄弟奴才等人之攘臂爭利，目無法紀之情形，一籌莫展。慈禧太后選中這樣的人物來擔當國家大任，其目的本在易於駕馭驅策。卻不料她自己年已老邁，在光緒三十四年做完了七四大壽之後就一病不起，大清帝國的舵柄，竟莫名其妙地落到了載灃手裡。以這樣柔懦無能之人來做國家的領導人，其不致斷送大清帝國命運者，幾希！慈禧柄國四十餘年，生平從不知留意培植人才，以致所進用的都是闒茸無能之輩，其政治識見之凡庸低下，不難想見，與武則天相比，相去何可以道里計！

十六、井底臙脂說珍妃

西太后與珍妃的故事，過去已曾一再被掌故家當作掌故題目來寫文章，而且也曾一再被搬上電影與電視。看起來，這已經是一個人人皆知的熟悉故事，又有甚麼理由來由筆者再另寫一遍？筆者之所以不憚辭費也不怕讀者的厭煩，當然也還是有其理由。

只要是歷史上的有名人物與有名故事，永遠會成為人們談論的對象，問題在於所談的內容是否一樣？所持的觀點是否與眾不同？筆者為此，亦曾在本欄寫過許多大家所熟知的物，如賽金花、陳圓圓、李香君、沈壽等均是。假如所寫的內容與前人所寫別無新奇之處，這樣的文章大可不必再寫；但如所持的觀點與所用的資料與人並不相同，那麼，即使所得的結論不一定有很大的價值，也仍然值得提出來作為參考，因為那是不同的內容與不同的觀點。如西太后與珍妃的故事，也是一樣。因為以筆者的觀點看來，這雖然是一個極熟的題目，而前人的重點都着重在探究珍妃殉國而死的具體情狀如何，以及後人對她的悼念與惋惜又如何如何，而很少就珍妃當時的環境遭遇及其立身行事情形，作一整體性之研究探討。以致所寫的文字雖多，對於珍妃之何以有取死之道，畢竟不甚了了。既然談論西太后與珍妃的故事，如果不能把這些問題交待清楚，顯然是極大的缺憾。基於此一觀點，所以筆者以為，這仍然是一個可以另寫的題目。

提起珍妃，大家都知道她是光緒皇帝的寵妃，只因失愛於慈禧太后之故，先則被幽囚於鍾粹宮的北三所，長時間過著拘繫囚禁的生活，及至八國聯軍攻入北京，慈禧挈同光緒帝后倉皇逃奔，又命二總管崔玉桂將珍妃推墮於貞順門旁之井中，香消玉殞，從此寃沉井底。宮廷政爭的悲劇，必須要由一個弱女子來演出悲劇的結局，當然是太悽慘也太可憐了。以此之故，出現在詩人及掌故家筆下的珍妃故事，大都充分表示其哀念悼惜之意，哀感頑豔，令人發生無限的低徊不盡之思。通過這些詩文的介紹，讀者心目中的珍妃故事，大抵只是悽豔哀感的愛情悲劇，對珍妃的不幸遭遇，亦只有給予最大的同情而罕及其他。揆之事實，珍妃的遭遇固然值得同情，其致禍之因，亦並不完全由於慈禧之無理壓迫。作者此文，目的就在分析這裡面的關係，而希望對珍妃有一個較為公正的評價。

清史稿后妃列傳中有珍妃的小傳。根據清史稿所記，珍妃姓他他拉氏，滿洲鑲紅旗人，與其姊瑾妃同為侍郎長敘之女，於光緒十五年同時冊立為嬪，後進為妃。當冊嬪之時，珍妃十四歲，其姊瑾妃十六歲。按，光緒皇帝在位三十四年，自四歲即位，十七歲親政，十九歲大婚，到了二十八歲那一年，就發生歷史上極有名的「戊戌政變」，光緒被慈禧幽禁於瀛臺。從此喪失了統治國家的權力，只做名義上的傀儡皇帝，以迄於三十八歲死亡為止。綜其一生，只冊立過一后二妃。一后，就是後來稱為隆裕太后的「德宗孝定景皇后」，葉赫那拉氏，滿洲鑲黃旗副都統桂祥之女，慈禧太后之姪女；兩妃，即是前述之瑾、珍二妃。光緒寵珍妃而不喜皇后，由此招致皇后之嫉恨，間接引起慈禧之不滿。由於慈禧太后以婆婆的身分直接干涉到光緒的妻妾糾紛中來，宮廷之間由此多生事端。關於這個問題，談者已多，讀者亦久已耳熟能詳。現在先引據清亡以後的有關記述，將慈禧太后如何以她的太后威權壓迫光緒，逼令他選立隆裕為皇后的情形一說，藉以明瞭此一宮廷鬥爭的緣起為何。

民國十九年五月故宮博物院所出的故宮週刊三十期，一名為「珍妃專號」，專門搜輯有關珍妃的歷史記載，其中有太監唐冠卿的談話紀綠，說到當年光緒選婚時的內幕實情如此：

光緒十三年冬，慈禧太后為德宗選后，在保和殿召被選之各大臣少女進內，依次排立。與選者五人，首列那拉氏，都統桂祥女，慈禧之姪女也；次為江西巡撫德馨之二女，末列為禮部左侍郎長敘之二女。當時太后上坐，德宗侍立，榮壽固倫公主及福晉命婦立於座後。前設小長棹一，上置鑲玉如意一柄，紅繡花荷包二對，為定選證物。（清例，選后中者，以如意予之，選妃中者，以荷包予之。）太后手指諸女，語德宗曰：「皇帝，誰堪中選汝自裁之，合意者即授以如意可也！」言時，即將如意授予德宗。德宗對曰：「此大事，當由皇爸爸主之（據宮監云，當時稱謂如此），子臣不能自主。」太后堅令其自選。德宗乃持如意，趨德馨女前。方欲授之，太后大聲曰：「皇帝！」並以口暗示前列者。德宗愕然，繼乃悟其意，不得已，乃將如意授其姪女焉。太后以德宗意在德馨女，即選入妃嬪，亦必有奪寵之憂。遂不容其續選，匆匆命公主各授荷包一對與末列二女，此珍妃姊妹之所以獲選也。嗣後德宗偏寵珍妃，與隆裕感情日惡，其端實肇於此。

按照清代的皇帝選婚制度，選中皇后的秀女授予如意，選中妃嬪的授予荷包，各家稗史的記載均同，可知太監唐冠卿的談話極為可信。至於慈禧太后之必欲其姪女中選為皇后，當然更有道理。「慈禧軼聞」中亦有關於此事的記述，云：

隆裕亦葉赫那拉氏，即慈禧之姪女；袒護母族，為我國婦女之通病，雖太后亦不能免焉。況其用意更有不止於此者，一則於宮闈之間可刺探帝之動作，一則為將來母族秉政張本。觀於慈禧臨終之懿旨，謂此後國政完全交付監國攝政王，若有重要之事，由監國攝政王奏陳皇太后（指隆裕）裁奪云云可見矣。然帝后之間，遂終其身為形式上之夫婦。蓋自選后之日起，識者已早知其必無良好之結果矣。

光緒與隆裕之間沒有夫婦之愛，其原因固然由於隆裕之姿貌平庸有以致之，更主要的因素，還是由於慈禧在選立皇后時的橫加干涉引起光緒之反感，更加深了光緒與隆裕之間的感情距離之故。由於這一緣故，光緒在他所立的一后二妃之中，自然容易選擇溫柔婉孌而聰慧可人的珍妃。

關於這方面的情形，可以參看下面的記述：

白蕉撰「珍妃的悲劇」，引珍妃姨姪鮑蘋侶女士之言，云：

瑾、珍二妃姊妹行，瑾四珍五，均為庶出，生小美慧絕倫。

徐珂撰「清稗類鈔」宮闈類「孝欽后逼死珍妃」一條云：

德宗所最寵幸者為瑾妃珍妃，二妃為同懷姊妹，珍妃色尤殊。

故宮週刊「珍妃專號」引白姓宮女之言，云：

珍妃貌美而賢。

光緒寵珍妃而冷落皇后，已足以招致慈禧之不滿，如果珍妃更因言行舉止之不慎而使慈禧有所藉口，則一場因妻妾爭妬而引起的宮廷政爭，便可能由暗中的傾軋而變得表面化。不幸得很，當時的珍妃，正有這種事實可使慈禧資為藉口，於是便有了光緒二十年珍、瑾二妃降為貴人的嚴重處分，而當時使慈禧資為藉口的事實，則是珍妃的交通外臣，干預朝政，以及收受賄賂，鬻賣官爵二事。現在先說後一事。

光緒十五年，皇帝已經十九歲了，慈禧太后「垂簾聽政」至此，在理論上已經需要交出政權，由皇帝自行掌理，她不能再以聽政的名義戀棧了。因此之故，光緒在這年二月舉行親政大典。大典既畢，慈禧太后在名義上已經退隱深宮，朝廷大政，改由光緒皇帝自行處理。但事實上則慈禧在名義上雖已「歸政」皇帝，卻仍留下一條操縱朝政的尾巴，是即規定皇帝每日所閱的重要章奏，都需在事後封送頤和園備太后閱看；朝廷內外二品以上大員的黜陟，亦需詣頤和園稟承太后決定，皇帝不得自專。慈禧之所以要定此兩項規定，用意非常明顯，一是對光緒不能完全放心，二是要繼續把持政柄，不肯完全放鬆對光緒的控制。唯其因為如此，內外大臣黜陟進退之中，如果有利可圖，亦始終掌握於慈禧之手，利權不致外溢。說到這裡，我們就當進一步研究，慈禧秉政二十餘年，是否亦曾有賣官鬻爵，營私圖利的行為，其答案應該是肯定的。不過，慈禧雖然亦曾藉賣官鬻爵之事營私圖利，她所鬻賣的官爵，還是有選擇性的，并非不分皂白，不論輕重，一概視官論價，惟利是圖。這一點，看王照寫在方家園雜詠紀事詩中的紀述，便可知道其具體情形。「方家園雜詠紀事詩」：

> 慈禧賣各色肥缺，以為常事，珍妃曾一效之，遂立敗。然牆茨之言，惟珍、瑾無之耳。凡太后所賣之缺，分為數類。一，粵、閩海、淮、崇文門、殺虎口、張家口、山海關各監督、寧、蘇、杭各織造，此皆專為應賣之品，可以明掛招牌者也。一，各省三品以上大員，此為帝心簡在，公私不易分析者也。一，學政、主考。此乃清貴之官，似不至有此卑鄙。實因考差例不發榜，然心簡所在，必有御筆暗記之名單，則近侍窺及，得以出而招搖，久之而風氣自然敗壞，翰林官與閹人遂成密切之地位。此奇怪之現象，實始於慈禧。一，道府內放之缺，遇有素稱肥缺者，部中書吏，將應開列請簡之名，贈與太監而招搖之，多為撞木鐘，非真太后出賣也。至宣統年，則外省出應外補之缺，忽由內放，攝政之

破壞祖法，竟過於慈禧。然亦由於女謁，實亦慈禧之遺毒也。

按照清代的制度，內務府被視為是皇帝之管家，遇有各省海關及內地關卡的監督，及南京、蘇州、杭州等織造衙門的主官出缺，向例由內務府人員派充；由於入息優厚之故，到了慈禧太后秉政的時候，便按官論價，公開買賣。雖然說這種官員的任免調遣不致直接影響到實際政治，但既然因此而開啟了賣官鬻爵之風，影響所及，便會逐漸在其他方面也出現類似的行為。此所以王照要在第二、三條內說到，即使是各省三品以上大員之除授，及學政主考之選派，也會逐漸出現營賄倖進的情形。至於京官外放各省的道府，如照王照所說，向來還只有太監在外面招搖撞騙，而沒有慈禧直接賄賣的情形，但到後來卻也居然有了例外，那就是光緒某年木廠掌櫃滿人玉銘外放四川鹽茶道的故事。清朝野史大觀第三輯清人逸事卷四有關於此事的記載，說：

玉銘者，都下木商，籍隸內務府，入貲捐同知職銜，清光緒年間忽放四川鹽茶道。其謝恩召見時，光緒帝詢：「爾向在何處當差？」對曰：「奴才向在某某。」帝不解，又問之，則曰：「皇上不知某某乎？某某者，西城第一大木廠也，奴才向充管事。」帝哂曰：「然則木廠掌櫃耳！木廠生意甚好，何忽棄而做官？」對曰：「因聞四川鹽茶道之出息，比木廠更多倍耳。」帝是時已怒甚，然猶隱怒未發，復問：「爾能國語乎？」曰：「不能。」「能書漢文乎？」囁嚅久之，始對曰：「能」。帝乃以紙筆擲地，令一太監引之出，於乾清宮階上默寫履歷。待之良久，始復命繳卷，僅有「奴才玉銘，某旗人」數字，字大如茶杯，而脫落顛倒不可辨識，甚至「玉銘」兩字亦復訛不能成書。帝始震怒，立命以同知歸部候選。玉既失官，復歸木廠，承辦醇賢親王祠大工，以乾沒巨款，並勾通內監盜邸中物售諸西人使館事覺，詔提督衙門逮捕。乃披剃為僧，遁入西山佛寺。

玉銘以一木廠掌櫃出巨貲行賄，而得外放為四川鹽茶道，其目的在希望藉所管的鹽茶官賣事宜中得獲巨利，此即所謂「出息比木廠更多倍」的本意；不料因其應對荒謬又復胸無點墨，而在引見時被光緒當場斥革，仍以同知本官到部聽候銓補，真所謂「偷雞不着蝕把米」，倒霉之至。這一段記事雖未著明發生之時間，但若以其他稗史參考，可知即是發生在光緒親政期間的事，惲毓鼎撰崇陵傳信錄云：

上既親政，以頤和園為頤養母后之所，間日往請安。每日章疏，上閱後皆封送園中。是時權操於上，亦頗有通內營進者。玉崑者，木廠商人也，以入貲助園工，得道員，忽授四川鹽茶道。召見日，上見其舉動粗鄙，心惡之，因詢其曾否讀書？玉對曾讀百家姓及大學。上授以筆，命書履歷，良久僅能成玉崑二字。上怒斥出，即日罷之。

所記與上文繁簡略異而內容大致相同，所不同者，一作玉銘而一作玉崑，一未著明得官之由而一記明由捐貲助修頤和園，一未著明發生之時間而一說明為親政以後發生之事。由於二者的內容大致相同，可知所記實為一事，只是略有姓名之異而已。玉銘或玉崑由入貲助修頤和園而得道員，這是興修頤和園期間藉以歛財助工的主要辦法；但即使「得為道員」亦只是虛銜而已，如需得缺，而且是四川鹽茶道這樣的著名「肥缺」，當然還需要有另外的「報効」。已曾報効而已透過最重要的人事關係得到了最為人所艷羨的「肥缺」、居然臨時仍被砸鍋，可知得款人必非光緒皇帝的親信，如其不然，光緒就勢必要曲予包容了。這可以舉出另一個魯伯陽之事為例，以證明此說不虛。清朝野史大觀第三輯清人逸事卷四「魯伯陽」一條說：

清光緒朝，滬道聶緝椝升某省臬司，次日樞臣入見，袖關道記名單以進，請德宗簡員補授。帝閱之無言。忽出白紙條寸許，署「魯伯陽」三字，麼頟授樞臣，俾詳查其籍貫履歷。諸臣奉旨，退至軍機處，徧檢各種道府存記名單，並無其人，即持以復命。帝猶欲召吏、戶兩部堂官查詢其出處。諸臣徐悟其故，乃頓首曰：「上果知此人可用，即逕行簡放可也，必欲確查出處，恐吏戶二部亦無籍可稽耳。」上凝思久之，必欲確查而授之。魯奉旨南下，時劉坤一方督兩江，知其所由來，固靳之，終不令其赴任，數月後藉事劾去之，魯奉旨開缺。聞魯於此缺先後運動費耗去七十餘萬，竟未得一日履任。因憤而入山，著道士服不復出。

魯伯陽耗去運動費七十餘萬買得上海道聶緝槼升某省臬司以後的遺缺，何以知其所走的門路便是光緒的親信？則可以看看曾任監察御史的胡思敬所撰的「國聞備乘」卷一之記：

魯伯陽進四萬金於珍妃言於德宗，遂簡任上海道。江督劉坤一知其事，伯陽蒞任不一月，即劾罷之。

此外，則惲毓鼎所撰崇陵傳信錄亦說，魯伯陽通賄德宗宮禁而得上海道。兩書的記載相同如此，所記當屬不虛。黃濬撰「花隨人聖盦摭憶」記此。說：

珍妃得罪之由，實不勝太監婪索，奔訴那拉后。太監恨之，因悉舉發魯伯陽等事，以有乙未十月之譴。

乙未，是光緒二十一年。據清史稿后妃傳，瑾、珍二妃之由妃降為貴人，是光緒二十年十月間的事，翁同龢日記中曾記其降謫情形如此：

光緒二十年十月二十九日。太后召見樞臣於儀鸞殿，次及宮闈事，謂瑾、珍二妃有祈請干預種種劣跡，著降為貴人等因。臣再三請緩辦，聖意不謂然。是日上未在座，因請問上知之否？諭云：「皇帝意正爾。」命即退，前後不及一刻也。次日，上論及昨事，意極坦坦。又次日，太后論及二妃，語極多，謂種種驕縱肆無忌憚。因及珍妃位下內監高萬拔諸多不法，若再審問，恐興大獄，於政體有傷，應交內務府扑殺之。即寫懿旨交辦。

綜合上面這些記載可以知道，珍妃之得罪，其主要原因，固然是由於得受魯伯陽的賄賂向德宗關說，為魯伯陽謀得上海道一事「東窗事發」，另一方面的原因，亦是因為珍妃不肯接受慈禧跟前的太監勒索，以致被這些太監將她的受賂鬻官事狀向慈禧告密，等到搜得證據而罪狀明確之後，連光緒皇帝也覺得不便加以包庇，只好任令慈禧太后按宮中規矩處治，從妃位降為貴人。但珍妃雖有通賄之實跡，瑾妃並無類此之情事，又何以亦與珍妃同科，一併降為貴人呢？這就與皇后及文廷式之事有關聯了。徐珂編清稗類鈔卷十二「孝欽后逼死珍妃」一條，記述珍妃因皇后之譖妬及稱譽文廷式之才學而遭慈禧之嫉恨情形，說：

德宗所最寵幸者為瑾妃珍妃。二妃為同懷姊妹，珍妃色尤殊。孝欽以隆裕后不得志於德宗，遷怒二妃，遇之甚苛。一日，隆裕為其父乞督外省，德宗領之。隆裕退，珍妃以漢外戚傳諷上，事遂寢。隆裕深銜之，日伺其隙。珍妃於上前稱文廷式才，隆裕遂奏孝欽，謂婦女不應干國政，乃廢妃。德宗雖痛之，而無如何也。

這一段話說明光緒、隆裕、珍妃及慈禧太后之間的四角關係雖然大致不錯，但是珍妃的真正得罪原因，還不僅僅由於隆裕所指責的「婦女不可干政」這一點。因為文廷式與新黨人物的關係甚深，珍妃保舉文廷式而使文廷式得到光緒的信任之後，君臣之間所建立起來的關係頗為密切，使得慈禧太后因此而大為警惕，覺得文廷式是一個十分討厭的人物，不加以斥革驅逐不快。以慈禧太后的地位與權力，斥革驅逐一個翰林小臣如文廷式者，自然非常容易。但即使文廷式被逐，慈禧太后仍然餘怒不息。她認為文廷式等一班帝黨人物是在幫著皇帝對付太后，在憤怒之餘，不但要對光緒皇帝大肆報復，更要追論薦舉文廷式的始作俑者，於是珍妃乃成了首當其衝的罪魁禍首。這纔是宮廷政爭的真正內情，清稗類鈔以為珍妃之被廢，是由於隆裕指責她不應以宮眷身分干預政治，未免淺乎言之。關於這其中的實際情形，曲折甚多，必須逐一剖析清楚，方能洞悉其源委脈落。今先從文廷式與珍妃的關係說起。

根據清末以來的野史相傳，多說文廷式曾是瑾、珍二妃的老師，所以珍妃從小就對文廷式有很深的了解。如惲毓鼎崇陵傳信錄云：「初，珍妃聰慧得上心，幼時讀書家中，江西文廷式為之師，頗通文史。廷式以庚寅第二人及第，妃屢為上道之。甲午大考翰詹，上手廷式卷授閱卷大臣，拔置第一。擢侍讀學士，充日講官。」又，慈禧軼事：「珍妃貌既端莊，性尤機警。髫齡時，曾受書於芸閣學士，能通經史大義。」又，「百鍊會談故」云：「珍妃姊妹皆文道希女弟子，昆弟中如志銳、志鈞、志錡，均一時聞人。」又，魏元曠「光宣僉載」云：「珍妃瑾妃，長敘之女，志銳之從妹也，皆有寵於德宗。將入宮，居志銳家，師文廷式講授。」諸家記述並同，可以相信文廷式確實曾經教過珍、瑾二妃讀書，其時間則在光緒十四年兩妃將入宮之前。其時文廷式尚只是舉人身分，遊京師則是因為他昔年曾在廣州將軍長善署中居幕，與長善之子志銳素有交誼，志銳早已由進士入翰林，時方為詹事府詹事，二人交誼既篤，文廷式遂時常往來廣州，京師、與江西之間，多事交遊，以資結納時流，廣通聲氣。文廷式本有才氣，詩詞古文均為一時之作手，既有志銳等為之延譽，自不難聲聞日起，名動公卿。文廷式年譜光緒十五年之記事中，有如下一段文字，大可參考，錄之如下：

是時朝士有所謂清流者，奉李高陽為魁，而南皮張孝達（之洞）、豐潤張簣齋（佩綸）、閩縣陳弢庵（寶琛）、瑞安黃漱蘭（體芳）皆其傑；先生與瑞安黃仲弢（紹箕）、閩縣王可莊（仁堪）、旭莊（仁東）、盛伯熙（昱）、張靄卿（華奎）皆預焉。

李高陽即李鴻藻，乃是當時的協辦大學士兼軍機大臣，清流黨人之領袖。清流黨人對於光緒初年的朝局，有很大的影響力。此時雖因張佩綸革職充軍，陳寶琛辭官歸里之故，暫時風流雲散，而另一股新興勢力，卻已在「常熟相國」翁同龢的延攬物色之下逐漸形成，隱隱然成為繼承清流黨之後的新興政治集團。翁同龢是江蘇常熟人，他所延攬的亦多是籍貫南方各省的名士，如江西萍鄉籍的文廷式，江蘇南通籍的張謇，均是其中的最著名人物。文廷式在光緒十六年庚寅恩科中式一甲第二名進士，俗稱榜眼，其所以能得此高科的原因，完全由於翁同龢的大力支持。原來文廷式的殿試卷中，在「閭閻而」一句中漏寫了一個「閻」字，文章變得不通，而又無法挖補添改，只好將「闔而」改為「閭面」，希望能矇混過去，卻不料仍被閱卷大臣看出，斥為杜撰不通，將予剔出。翁同龢亦是閱卷大臣之一，知是文廷式的試卷，一意要加以保全，力言「閭面」二字亦有來歷，並非杜撰，更說他自己亦曾以「閭面」對「簷牙」「詎誤邪？」由於翁同龢是狀元宰相，此時又是光緒帝的師傅，在皇帝面前極有發言力量，其他各閱卷大臣不願得罪他，馬馬虎虎地接受了他的說法，文廷式因此纔得以高中一甲第二名進士。即使如此，「閭面」榜眼的典故，也畢竟傳聞遐邇，成了一時之笑談。由於文廷式是翁同龢所識拔之人，他的大名，又常由珍妃在光緒皇帝面前提起，稱譽他如何有才學而能文章，於是連光緒也知道新取中的榜眼文廷式是有才學之人，不但當面稱讚，並且有意要加以不次之拔擢，以便倚為股肱心膂。光緒二十年翰林大考，文廷式能以一等第一名的榮譽，由正七品的翰林院編修超陞至從四品的翰林院侍讀學士，其故在此。據翁同龢日記所述，當大考卷由御前發下時，禮親王世鐸及軍機大臣孫毓汶面傳光緒的旨意，「除第一名及另束五本毋動外，餘皆可動。」這經由皇帝內定的第一名試卷，就是文廷式的。文廷式能邀光緒的特達之知，親自拔置為一等第一名，當然與珍妃的鼓吹有關。但更重要的原因，還是由於文廷式此時的政治思想與言論，極能投合光緒的意向，致使光緒認為文廷式乃是可加倚任的有用人才。亦正因為如此，才會使文廷式成為慈禧太后所厭惡的人物，連帶地也使舉薦他的珍妃也大受其累。關於這其中的關係，黃濬所撰的花隨人聖盦摭憶中曾有論述，其言極有見地，可資參考，抄錄一段如下：

以予所聞，道希被革，出於那拉后授意。其時后與帝不相容，已如水火，道希在當日，則於內政外交已極有主張。葉緣督日記：「光緒二十年九月八日，道希、木齋約赴謝公祠，議聯銜奏阻款議，及邀英人助順。又道希主稿，請聯英德以拒日。」此可見常熟一系當日之政策。又某筆記載：「德宗戇直，上書房總師傅翁同龢亦頻以民間疾苦外交之事誘勉德宗。德宗常言：我不能為亡國之君。語侵慈禧，而廢立之說興焉。時坤宮與德宗不睦，頻以讒間達慈禧，故事機益迫。甲午清兵潰，軍艦被擄，吳大澂魏光燾督師關外，劉坤一督師關內，李鴻章議約多損失，幾定約焉。翰林學士文廷式習聞宮中諸事，知內憂外患交乘，國將覆，往見坤一，請力爭約款。坤一未會意，謂弱國無權利可言。廷式請屏左右，以廢立之說相告；且謂宮中蓄謀久，榮祿以疆臣督兵，將不應恫之。慈禧每所作，每詢疆臣等意思若何？是宮中滋疑疆臣。疆臣資高負宿望者，今惟君。某知爭約必不成，俾內廷知斷斷爭約，知廢立之難實行，則曲突徙薪之效見焉。坤一屬廷式代起草，而廢立之謀以止。」據此，道希為德宗謀不為不忠，從權變不為不智，西后必去之心，已躍然愈急。論者乃以大考通關節事並誣其才，非知言也。大抵清流黨以及所謂名士，意氣皆凌厲無前，前之張繩庵以此招忌，後之文芸閣亦然。……

文廷式字芸閣，號道希，上文所說的文道希與文芸閣，所指都是文廷式一人。按，發生在清光緒二十年甲午的中日朝鮮戰爭，中國戰敗，訂立了喪權辱國的馬關條約，於割讓遼東與臺灣以外，還需賠償巨額軍費，中國的損失重大，變法維新的思想因此而起。文廷式張謇等一班名士，處身在這動盪劇烈的大變亂之中，目擊中國之所以戰敗，正是因為朝政不綱，及慈禧太后以海軍軍費興建頤和園之故，自不免因不滿時政而時時有激烈之思想言行。適逢光緒皇帝自身亦有不滿之傾向，雙方視為志同道合的同志而懷有相似的革新思想，自然足以引起慈禧太后之敵視。一旦情勢發展到了高潮，不但贊助光緒的「帝黨」人物要成為慈禧太后的排斥對象，即是光緒自己，其地位亦岌岌難保。在這種情形之下，文廷式、張謇，以及翁同龢等人固是明顯的「帝黨」，即珍妃又何能例外？從光緒二十一年以後，慈禧太后的排斥帝黨行動漸漸見諸表面化，但是，直到這年的十一月為止，慈禧太后似乎還是以優容懷柔的態度在對待光緒皇帝的。關於這一點，可以從瑾、珍二妃恢復妃號一事上看出其中端倪。

瑾、珍二妃因罪被降為貴人，是光緒二十年十月間的事；到了光緒二十一年的十一月，復封為妃。清德宗實錄中有關於此事的記載，說：「光緒二十一年十一月戊申，命禮部右侍郎溥善為正使，內閣學士堃岫為副使，持節齎冊，晉封瑾嬪他他拉氏為瑾妃。命內閣學士宗室壽耆為正使，內閣學士溥顯為副使，持節齎冊，晉封珍嬪他他拉氏為珍妃。」據野史相傳，兩妃之得復封號，光緒皇帝對於慈禧太后的這一逾格慈恩十分感激，在謝恩之時，表達了十分歡悅的感情，而此時的慈禧亦非常高興，說：

皇帝近來甚為盡孝，果能如此，余復何說？其從前之所以疏闊，必有人從中離間，盍言其人。

據說慈禧太后當時所懷疑的離間之人，是常熟相國翁同龢，如能由光緒自己說出來而即時加以罷斥，慈禧的懷柔手法，便可收到最大的政治效果了。卻不料光緒對此亦深有警惕，他既不能說出翁同龢曾有離間感情之事，而在當時的情形之下，又不能不有所應付；適因前一日曾經召見另二個帝黨人物吏部右侍郎汪鳴鑾，與戶部右侍郎長麟，倉卒之間，只好以這兩個人的名字擋災。於是此二人遂以「離間宮廷」的罪名革職斥逐。看慈禧的這一番舉動，頗有藉恩威並用之法駕馭光緒，使他逐漸打消對自己反抗意圖的打算。卻不料在光緒二十二年二月以後，連續發生了兩次宮中太監寇連材勸諫太后應歸政皇帝，勿攬政權，及太監聞德興因忠於光緒而被責罰充軍寧古塔之事。不久，御史楊崇伊上疏參劾文廷式私通內侍，聯為兄弟，以圖刺探朝廷陰事。這使得慈禧太后大生警惕之心，連帶地想到寇連材與聞德興之敢於反對慈禧，很可能即是出於文廷式的教導。遠從甲午戰爭發生以來，文廷式及當時朝中的一般名士，對於政治問題就有許多極為激烈的主張。如建議起用恭親王復主軍機，奏劾軍機大臣孫毓汶貪黷誤國，以及反對北洋大臣李鴻章對日議和等等，無一不是使慈禧十分頭痛的事。恭王是慈禧的政敵，孫毓汶與李鴻章則是慈禧所最倚信之人，文廷式等人建議起用恭王，又嚴劾孫、李二人，看起來顯然是在反對慈禧而為皇帝張目，如今更發生了結交內侍之事，然則其交通宮廷之目的，顯然是在隨時探聽宮廷動靜，以便為光緒効力的了，此而不除，後患將何所底止？於是，光緒皇帝在慈禧的壓迫之下不得不頒佈一道諭旨，指稱文廷式「遇事生風，常於松筠庵廣集同類，互相標榜，議論時政，聯名執奏，並有與太監文姓結為兄弟情事」。著即革職，永不敘用，並驅逐回籍，不准在京逗留。由葉昌熾的緣督廬日記中可以知道，文廷式之被革，顯然是慈禧太后對帝黨人物所下的殺手。日記中說：

道希為楊莘伯所糾，牽涉松筠庵公摺及內監文姓事，革職永不敘用，驅逐回籍，毋許在京逗留。餘黨之禍，近在眉睫，明哲之士，所當深戒。

由這一條日記不難看出，慈禧太后對帝黨人物的憎恨，此時已到達極點，隨即而來的，便當是不容情的報復斥逐了。果然，翁同龢在不久之後亦被逐歸里，不必等到戊戌維新失敗，光緒左右的心膂股肱便已斥逐殆盡。及至戊戌政變發生，六君子被殺，光緒被幽禁於瀛臺，珍妃亦被囚於北三所，帝黨人物無不遭遇慘酷的命運。珍妃與瑾妃是姊妹，也同是隆裕所嫉恨的對象，何以瑾妃後來並未與珍妃一樣地被幽禁？這顯然又與她們之是否參預政治活動有關。大概珍妃本來就是與慈禧同一類型的人物，富有貪心，權力慾望也極強。她認為慈禧太后已是過時的人了，以她在光緒跟前的地位，正應該仿效慈禧過去的作法，攬權干政，參預實際政治，好好的表現一番。所以她在政治思想上與光緒站在同一陣線，希望把握政治權力，擺脫慈禧的控制，在實際作為上則支持文廷式、翁同龢，及維新黨人的保皇主張，與慈禧立於明顯的敵對地位。這使得慈禧太后認之為叛逆，必需要痛加懲治。戊戌政變發生後，康梁亡命，六君子被殺，光緒形同廢放，珍妃亦被囚禁。再接下來的行動，就是要廢光緒而立溥儁，卻不料因列強之反對而無法遂願。慈禧因此遷怒洋人，於是乃有後來的義和團運動，及接踵而來的八國聯軍之戰，北京失守，太后和皇帝狼狽西奔，這卻是大出乎慈禧意料之外的變故。當慈禧太后狼狽出奔的時候，光緒皇帝是她的傀儡，必須將他帶著一同逃難；帶不走的宮眷，只好留在宮中。至於珍妃，則是慈禧心目中的仇人，不殺不快。於是珍妃乃逃不掉被推入井中溺死的噩運。

關於珍妃被推入井中溺死的事，頗有各種不同的傳聞記載。故宮週刊珍妃專號引據宮中太監唐冠卿所說，是由慈禧太后命令總管太監崔玉桂下手，推墜於井中溺死的，另一個白姓宮女所說亦同。但另一種名為「景善日記」的野史則說是李蓮英所推墜入井。至於官修的清史稿后妃傳則記述殊為含糊，只籠統含混的說，「二十六年太后出巡，沉於井」，而不說明是否為人所推墜下水致死。關於這一問題，芝翁高拜石所撰的古春風樓瑣記曾作考證，以為當以景善日記所說最為可信；因為景善是當時的內務府總管，當庚子拳亂時連日記載京中大小諸事，俱屬信而有徵，以此類推，日記中所記的珍妃死狀，當然也最近於事實。其實則高拜石先生並不知道，這所謂「景善日記」也者，乃是出於有心人士所偽造的假史料，其目的在為當時的首席軍機大臣榮祿開脫其附和拳匪的罪名，以免成為八國聯軍所指目的「戰犯」。關於這個問題，已經有歷史學家考證明白，這裏無須多贅。所可以資為參考的則是景善日記並無採信的價值，推墜珍妃入井之人，仍當以唐姓太監及白姓宮女所說為可信。因為王照寫在方家園雜詠紀事詩中的珍妃之事亦作此說，可以相信即是當時的事實。

珍妃之死，一直都是詩人所感嘆的悲劇題目，自清末以來，詩作極多，而且有很多都是寫作極佳的好詩。最著名的是金兆蕃所寫的「宮井篇」，仿照大詩人白樂天的長恨歌及吳梅村的圓圓曲，寫成一千餘字的古樂府，是史詩亦是掌故，哀感頑豔，傳誦一時。此外則曾廣鈞所撰的落葉詞十二首，所詠亦是珍妃殉國故事，亦為一時之名作。不過，珍妃雖然死非其罪，其遭遇十分值得後人同情，但如她當時不是處在宮廷政爭的失敗一方，又假如她能在戊戌政變時成功地成為勝利者的話，她後來的情形，又將如何？這是一個很少被人討論到的問題，在此提出一說，似乎也是頗有趣味的一種嘗試。

黃濬所撰的花隨人聖盦摭憶，曾經引述清末時人吳介清的說法，介紹了一段有關珍妃的故事，說：

> 甲午十月，豫撫裕寬入都祝嘏，覬覦蜀督，先謀之李闍，所索奢，未能滿其慾。裕故與珍妃母家為近姻，乃輦金獻之珍妃，俾伺便言之上前。未及行，為李偵知，憾裕舍己之珍，遂以告孝欽。孝欽果大怒，立召珍親詢之。妃直自承不諱，且曰：「上行下效，佛爺不開端，孰敢為此乎？」孝欽怒，杖之百，賴先朝諸妃嬪及大公主環跪乞恩，乃與瑾妃並降為貴人。

這一則記事與納魯伯陽之賂一事頗為相似，可知先緒二十年十月珍妃降為貴人，罪名實在不止納魯伯陽之賂一端。上文所說的「李闍」，即李蓮英，「孝欽」，即慈禧。李蓮英向來是替慈禧從事居間賣官之人，珍妃因習聞其事而如法炮製，雖說是上行下效，其意義殊不尋常。因為此時的珍妃不過只是皇帝的寵妃，居然便敢侍寵妄為，如果她將來也能有慈禧太后那樣的地位與權力，她的黷貨貪財，禍國殃民之罪行，豈不將比慈禧更勝若干倍麼？由此看來，珍妃之所以不免得罪，未始不是由於她的種驕妄不法行為，使慈禧太后對她倍生警惕之故。自來悼念珍妃的詩詞文章，很少深入這種潛在的政治因素，在此附帶一說，庶幾可以對珍妃之為人，能有一個較為具體而客觀的認識。

十七、孽海奇葩賽金花

一

提起賽金花，自然而然地就會聯想到曾孟樸的那部長篇小說——孽海花。此書以狀元夫人傅彩雲為主角，以之貫串晚清三十年的歷史，曲折離奇，多采多姿，故事主角傅彩雲更是光彩四射，籠罩一切，讀來很有趣味。以一個不識之無的風塵女子，單憑她的大膽風流，居然能夠成為晚清三十年歷史中的風雲人物，實在很不尋常。所以，此書之取名為孽海花，意謂傅彩雲乃是孽海中之奇葩也。只此一點，就可以想見傅彩雲之為人。她之有資格入選為中國歷史上的名女人之一，以此。

孽海花中的人物，其姓名多出於隱射，所以傅彩雲並不真叫傅彩雲。以真實人物而言，她通常被稱為賽金花，本姓趙，蘇州人。其上代本為徽商，到她父親時已經貧困，所以在她長大之後，她父親纔會將她賣入娼家。貧女作娼，一般的遭遇都很悲慘。但賽金花的命運卻頗為奇特。因為她後來嫁與狀元洪鈞作妾，洪鈞被清政府派充駐俄德奧荷四國的公使，把她帶到了歐洲，成了身分高貴的公使夫人兼狀元夫人。單憑這一份頭銜，就足以歆動中外人士，更何況後來還有與聯軍統帥瓦德西的那一段戀愛故事呢？從此以後，賽金花所至之處，都被人刮目相看，視為傳奇性的人物。其實則關於她的那些傳奇性故事，有很多實在是出於有意無意的附會或偽造，與事實真象相去極遠。試以下面所引的兩條資料為例，便可以見其一斑。

楊雲史致「靈飛集」編者書，有云：

文人至不足恃也。孽海花為余表兄所撰，二十六年初屬稿時，余曾問：「賽與瓦帥在柏林私通，兄何得知之？」孟樸曰：「彼二人實不相識，余因苦於不知其此番在北京相遇之由，故虛構來迹，則事有線索，文有來龍，且可鋪述數回也。」言已，大笑……

由這一段話可以知道，曾孟樸撰孽海花，不但編造瓦德西與賽金花在北京的荒唐故事，更為了故事發展的便利計，連賽金花洪鈞出使柏林的時期中，也讓她與瓦德西發生了私通的關係。其屬於不負責任的隨意杜撰，可想而知，這是有關賽金花的傳奇性故事不盡可信的證據之一。至於證據之二，則是丁士源所撰的梅楞章京筆記，直捷說明賽金花與瓦德西根本全無瓜葛，傳說之來，完全由於好事者之捏造。丁士源的筆記，原文甚長，今據林熙撰「我所見到的賽金花」一文中之引述，轉錄如下：

丁士源的「梅楞章京筆記」，曾透露為什麼有「瓦賽艷史」的來源，可與齊如山隨筆所記並閱。丁是浙江吳興人，聖約翰大學畢業後，留學英國，光緒末年回來，便在北京政府服務，後在陸軍部做司長，一直做大官。他在筆記中說，當時德國有個翻譯官叫葛麟德，嗜好甚多，常光顧賽金花開在石頭胡同的妓館及吸大煙，因此該處的妓綰如有被德軍侵擾，就託賽轉懇葛麟德查辦。這時候，丁士源與王文韶之子排日往賽金花處應酬。某次，她對葛麟德說：「葛大人，我們相識一個多月了，上次求您帶我入南海遊玩，您答應了，又不見實行。」葛說：「瓦德西大帥在南海紫光閣辦事，軍令森嚴，我們小翻譯不能帶婦女進去的。」說到這裏，葛對丁說：「閣下曾入南海見過瓦帥數次，昨天又見參謀長，由您帶她去，一定沒阻碍的。」丁答應，但要她改裝男人，假充他的隨從。一同乘馬到南海的大門，軍士說瓦德西因事外出。問參謀長，說是和瓦德西一起同行。失望而歸，時已下午一點。午餐後，丁、王兩人分別離去。住在丁士源家裏的，有浙江人鍾廣生和湖南人沈藎，他們是幫同丁士源辦理公務的。他們見丁很遲才回家，說他必有韻事。丁只好將改裝賽金花騎馬同往南海，不得其門而入的經過，一一向他們說明。回到房間，鍾、沈二人各戲寫一段短文，一寄上海游戲報主筆李伯元，一寄新聞報張主筆，說賽金花被召入紫光閣，和瓦酋如何如何，繪影繪聲，活龍活現。筆記這一段，末後數語說：「妄人又構孽海花一書，蜚語傷人，以訛傳訛，實不值識者一笑。」……

丁士源以當時留居北京的中國官員身分出來說明「瓦賽艷史」之經過由來，並直斥孽海花編造此事之為「妄人」虛構，「蜚語傷人」，當然可以證明此事實在出於好事者之蓄意造謠，藉以聳動視聽，其實「不值識者一笑」。以此與上文所述曾孟樸自承虛構情節的證據合看，足以明瞭此事之實情，確屬好事文人向壁虛構。但因小說的傳播力量甚大，即使有人闢謠，大多數的讀者還是相信「瓦賽豔史」之實有其事，而不願傾聽反對者之意見。漸到后來，連賽金花也覺得，承認這一段虛構的故事可以增加廣告力量，為自己招來更多的實際利益，於是連她自己也變成了造謠的一份子，竭力要為讀者塑造不確實的印象，藉此為圖利之計。林熙撰「我所見到的賽金花」一文中，就有這方面的記述說：

我問她是否和瓦德西同住在儀鸞殿，有時還一同策馬郊遊？她說絕對沒有這種事情，都是好事文人揑造來毀謗她的。但她承認見過瓦德西一次，僅僅一次而已。這次見面的時間很短。因為有德軍到她家找花姑娘，聽見她會講德國話，大為詫異，下一天便帶了兩個軍官，到她家裏談天。但她的德話講得很壞，不能暢所欲言，於是找人來翻譯。那些德國軍人才知道她是十幾年前中國駐德欽使的夫人，從此對她很為優禮。後來有個比較高級的軍官帶她去見瓦德西。

這些資料足以澄清「瓦賽艷史」之類無稽讕言之不可信，然後乃可以撥開雲霧，看清楚賽金花之本來面目。

二

根據「瑜壽」君所撰「賽金花故事編年」，賽金花出生於清穆宗之同治三年，死於民國三十六年，享壽七十三歲。以此推算，洪鈞在光緒十三年納賽金花為妾時，洪鈞五十歲，賽金花二十四歲。「二南隨筆」記洪鈞在當時曾對賽金花說過這樣的話：「我年倍於汝，他日倘不測，當畀汝五萬金以終老。」此亦足以證明，賽金花當時已有洪鈞年齡之一半。倘如賽金花後來自己所說，於十四歲即嫁洪韵為妾的話，「年倍」之說便不能成立。何況賽金花死了之後，她的義僕顧媽也曾說過：「太太成仙時，的確已過了七十。」以此而言，則洪鈞在同治七年大魁天下時，賽金花已經五歲了。這就又可以廓清一個傳說已久的迷信故事，證明賽金花與洪鈞所牽涉到的另一個情場糾紛，是沒有關係的。

洪鈞是蘇州人，其父以賣酒為業，洪鈞則是讀書的秀才。洪楊之亂，蘇浙均成戰區，洪鈞奉母避難，逃到山東的煙臺，以遊幕為生。當時煙臺有一個名妓李靄如，自視甚高，但卻極為欣賞洪鈞之才貌氣度，願委終身。洪鈞處館所得菲薄，靄如經常幫助他解決生活困難。洪鈞回江蘇應試，得中舉人，靄如又變賣衣飾，資助洪鈞入京會試。洪鈞感激靄如的這份情義，臨行之前，刺臂盟誓，決不負心，並相約在南宮得捷後即來迎娶靄如。自洪鈞入京應試後，靄如覓屋另居，杜門謝客，決心要做洪家的新婦了。而洪鈞也不負靄如期望，禮部會試，得中第二百二十五名貢士。殿試之時，主考官本來預定取中江蘇常州籍的王國均為狀元，但慈禧太后卻嫌「王國均」三字與「亡國君」諧音，一定要另挑一個名字比較有吉祥喜氣的作狀元；結果洪鈞中選，一舉而大魁天下。消息傳到煙臺，靄如和她母親高興之極，逐日到各廟去燒香酬神。洪鈞也有信來，表示即將派人來接靄如母女入京團聚。不料自此之後，消息沉沉，不但始終不見洪鈞派人來接，即信息亦復杳然。靄如不測底裏，派僕人入京探問，洪鈞置之不理。迫不得已，靄如只好與她母親自往北京相尋。卻不知洪鈞此時業已決心棄靄如不顧，匿不見面，只願償還靄如的舊欠，再不提嫁娶之事。靄如至此，自恨遇人不淑，痛不欲生，回到煙臺就懸樑自盡。她母親哀傷之餘，也跟著女兒上吊。高拜石撰古春風樓瑣記，有一篇「洪狀元煙臺舊事」，寫的就是洪鈞當年負心無義的往事。高陽撰歷史小說「狀元娘子」，更將這故事推衍成為數十萬言的長篇小說，哀感頑艷，看起來更能使人一掬同情之淚。等到賽金花的風流艷事一樁一樁地上場之後，人們就說，賽金花便是李靄如的後身，以專使洪鈞出乖露醜的方式來報復她當年所受的冤屈。但如以賽金花的出生年分來推算，便可知此說毫無事實根據。這種傳說所反映出來的心態，正足以說明舊時代的中國人，對於洪鈞的絕情負義是如何的不滿，以及對李靄如的不幸遭遇是如何的致其同情之意，如此而已。

說完了不相干的故事，再來看看賽金花與洪鈞的結合經過，以及賽金花的家庭背景，對於賽金花在洪鈞死後的種種作為，便會有與前不同的看法。

在舊時代的中國社會裏，貧富懸殊，而作官之人賺錢非常容易。來得容易的錢，花起來也不會吝嗇，所以那時候的社會上專供有錢人吃喝玩樂的處所很多，設備豪華而人物俊美的高級娼寮妓院。在大城市中比比皆是。賽金花因家貧而被賣入娼館，洪鈞是在作官發財之後尋歡作樂而到娼館中去從事酒食徵逐，自然很容易發生接觸。所使人不甚明瞭的是：洪鈞中狀元之後，所做的都只是筆墨文字方面的工作，他何來如許金錢？以及洪鈞本在京中為官，他又怎會在蘇州的娼館中結識賽金花，從而娶之為妾的？凡此種種都需要先加交待。

在舊時的科舉制度中，讀書人的功名分為三等：秀才、舉人、進士；狀元不過只是進士之第一名，頭銜格外好聽而已。秀才由童生中考拔，各縣均有一定名額，每年由學政按臨考試，錄取的即可成為當地縣學的「生員」，俗稱秀才。學政的任期為三年，其來源出於皇帝的欽派，多數由翰林官之中點充；狀元的頭銜高貴，點中的機會更多。洪鈞是同治七年戊辰科的狀元，授職翰林院修撰，秩從六品。舊時的科舉制度，新科進士只有一甲三人榜下即授翰林官職，其餘的人如想進入翰林院，需要先被點中為庶吉士，再入庶常館教習三年，期滿考試及格者，二甲進士授翰林院編修，秩正七品，三甲進士授翰林院檢討，秩從七品。教習期間的庶吉士尚非翰林，不能點充「學政」、「主考」之類的差使；但一甲三人的狀元、榜眼、探花因已授職修撰編修之故，有此特殊權利。洪鈞就是在中狀元之後不久，就被點派為湖北學政的。湖北學政三年任滿，又相繼被派充陝西、山東二省的鄉試主考官，再任江西學政，等到他在光緒十二年因母喪丁憂而回籍守制時，早已宦囊充盈，面團團作富家翁了。學政與主考只是衡文之官，宦囊從何而來？這就是當時考試制度與現代的不同之處了。

依照清代的考試制度，三年學政，須定時巡迴按臨所屬府州縣，在考拔新秀才之外，更同時甄試舊秀才，視考試成績予以升降黜革，其名曰歲考。考取新秀才例有贄敬，三年任滿，通常可得萬金之譜。如果是四川廣東這樣的大省甚至可得數萬銀子。至於鄉試的正副主考，則職在考拔秀才為舉人，其所得全在該省大小文武官員所餽贈的「程儀」，通常亦可每次得銀三、四千兩之譜。洪鈞在丁憂回籍之前，兩任學政，一任主考，所得的例規收入少說亦可有三、四萬兩銀子。清朝末年，銀子的購買力很高，二百兩銀子可以買妾，十兩銀子可以買丫頭，洪鈞挾貲巨萬，如何不能盡量揮霍？何況賽金花在賣入妓館之後不過數年，就因為她的貌美與聰明而致聲譽鵲起，又如何不使洪鈞因愛慕她年輕漂亮而量珠聘去呢？所不免使人覺得意外的是，洪鈞正當母喪丁憂，在喪服未除之時，居然便狎妓娶妾，未免為名教所不容。由此亦不難想像，賽金花的才貌必有過人之處，否則當不致使洪鈞甘冒不韙，在居喪之時為違禮之事的。

三

賽金花的照片，在很多有關文章中尚能看到。不知道是否由於攝影技術欠佳，還是由於化粧術不高明之故，在照片上實在看不出賽金花有什麼沉魚落雁之容，閉月羞花之貌。但若從當時人的文字描述中看來，賽金花又的確是極能使人動心的人間尤物。如清末曾任御史的陳恒慶，在他所撰的「諫書稀菴筆記」中說，賽金花初來北京經營妓業時，曾來他家請安數次，見其「光艷照人」，至於「目不敢逼視」，「恐亂余懷也」。洎後因虐殺所蓄雛妓之故，被捕送刑部訊辦。

至則「錄供者筆落於地，司刑隸手軟不能持鎖」，由此不難想見其媚惑力之強。屈同鈞撰「樂素堂詩存」，光緒二十九年所作「獄中觀妓賽金花感賦」之五古一首，前有小序，云：「適代署提牢，入獄察諸囚，次及花，果然麗出肌表，雖秋娘已老，猶嬌嬈如處子，洵天生尤物也！」以「光艷照人」，「天生尤物」等等的文字描寫賽金花的容貌，足以使人想像，賽金花容或不是一個極美的女人，但卻自有光艷照人的美麗外表，能夠叫男人一見即失卻其自持之能力。這樣的條件，自然足夠被稱為「天生尤物」的了。

以賽金花的生卒年分推算，她在光緒二十九年時，已經四十歲。四十歲的女人，還能有如此強烈的勾魂攝魄之能力，然則當她二十年華之時，當然更加要使洪鈞愛如拱璧的了。於是乎，我們的洪狀元乃甘心干犯名教，在居喪期間娶妓為妾，而賽金花也就在如此這般的情形下成了「狀元夫人」。

古今文史半月刊第五十三期，收有洪鈞在同治十年四月初一日寫給友人吳瀋人的一封信，託他在蘇州買妾。其中曾經說到，洪鈞的原配妻子因曾經產難之故，不能再為洪鈞生兒養女，而洪鈞兄弟四人，已死其三，嗣續念重，不得不早為子息打算，所以除了重託「曉翁」其人代為物色外，如有需款之處，請吳瀋人兄代為墊付，云云。由這一封信可以知道，洪鈞在中狀元以後的第三年，就以「嗣續」的理由為藉口，在託人物色適當的人選，以為納妾之計了。舊時的中國士大夫通行多妻制度，三姬四妾，極為平常，所謂嗣續念重，無非只是一項可資藉口的理由而已，即無此理由可資藉口，仍不妨礙納寵之事。何況他當年還有那一段煙臺故事，更可知道洪鈞是一個及時行樂的享受主義者。如今事隔十五年，洪鈞已經官居二品，而且腰纏數萬，一旦遇到色藝冠羣的賽金花願意委身相許，豈有不亟予接納之理？於是，賽金花成了狀元公的新寵，在光緒十四年洪鈞奉旨起復之時，隨同洪鈞一起到了北京。

洪鈞在丁憂時開去的本官，是內閣學士兼禮部侍郎。光緒十三年，中國駐德、奧等國的公使許景澄任滿，需要另換他人。總理衙門提出洪鈞為繼任人選，得到慈禧太后的同意，不等洪鈞丁憂未滿，就急急忙忙的降旨起復來京，命他仍以原官充任駐俄德奧荷四國的公使，儘速前往歐洲履任。公使是外交官，照例要攜眷前往。然而當時的中國官場，不但官員視派往外國為畏途，他們的妻子更不敢到外國去和洋人應酬交際。但是賽金花卻有這個膽量，因此就被冒充為「夫人」的身分，隨同洪鈞到歐洲去作了兩年多的公使夫人。由於曾經到過德國，賽金花確實曾經學會了一些簡單的德語，但離「精通」的程度還遠得很。這有兩種原因。第一是洪鈞在歐洲出使，首尾不足三年，而且還需要前往俄、奧等國接洽公務，在德國居留的時間頂多不會超過兩年，那裏會有充分時間讓她學習德語？第二是那時的中國人觀念尚未十分開通，與外國人交往，多存顧忌之心，彼此之間的接觸既不很頻繁，學習語言的機會當然不會很多。有此兩種原因，賽金花即使能夠學到德語，也很有限。齊如山隨筆說，賽金花因為知道齊如山的德語好，而她自己的德國話不夠，所以想請他幫忙。林熙的訪問記也說，賽金花並不能講流利的德語。這都可以證明，賽金花其實並不精通德語。何況八國聯軍攻破北京，是光緒二十六年八月十五日的事，瓦德西在兩個月後方由德國來華，擔任聯軍總司令之職，當北京城破之後的兩個月，瓦德西並不在北京。而賽金花所時常對人說的，卻是：「她是在洋兵侵入北京後到京，沒幾天就遇到德國兵來騷擾。她用德國話應付，德兵大驚奇。於是談起聯軍總司令瓦德西也是相識。德兵回去報告，第二天，瓦德西便派車來接」云云，實在也不過是蓋仙伎倆，亂吹法螺，不能相信的話。惟一可以相信的是：因為她能說德國話而與德國人頗有交道，由此而為淪陷在北京城中的中國人做過一些事，於國人不無貢獻，則是不錯的。其他的逾格譽揚，並不可信。

洪鈞娶賽金花那一年，他已經五十歲了。到外國去了兩年多，回國後被派在總理各國事務衙門辦理外交。又過了三年，洪鈞還只有五十六歲，竟然一病不起，死在北京，看起來似乎顯得奇怪。五十六歲尚非衰暮之年，洪鈞究竟因何病致死？這也是頗值得注意的問題。

表面上看來，洪鈞之死，似乎與當時的中俄外交糾紛有關。原因是他曾繪製一幅中俄交界圖，將帕米爾高原畫在中國的國界線外，而這一幅地圖不知如何，竟落入了俄國人的手中。俄國外交部據此向總理各國事務衙門交涉，要求承認帕米爾地區屬於俄國所有，理由是中國駐俄欽使洪鈞所繪地圖如此。這一來引起了軒然大波，總理衙門固然為此費盡唇舌，都察院中的都老爺們更不肯放過機會，對洪鈞大肆譏彈，指責他顢頇錯誤，以致招釁致禍，罪當罷斥。洪鈞為了替自己辯白，當然也費盡周章。這件事發展到後來，由於李鴻章的斡旋而得無事，帕米爾高原也沒有被俄國人強索而去，但洪鈞因此而受的刺激，仍是很大的，與他的死亡不無關連。但若從深一層觀察，帕米爾問題只是外在的因素，真正可以使洪鈞致命的原因，似乎並不就是這一件外交糾紛。

我們知道，賽金花雖然並非絕色美女，但卻是天生尤物；這只要看陳恆慶屈同鈞兩人寫在文字上的觀感和印象，便可以得到清楚明白的了解。所謂「天生尤物」一類的女人，生來便具有顛倒眾生的異常能力，而且因生理之異常，對異性的需要亦特別強烈。洪鈞不過是一個文弱書生，而且年逾半百，如何能應付得了這一類型的人物？所以我們很可以這樣猜想，從洪鈞五十歲那一年納賽金花為妾時開始，洪鈞的健康狀況就已逐漸走下坡。到五十六歲那年，又發生了帕米爾問題的中俄交涉事件，公務繁累之餘，猶有美姬蠱惑，當然更加縮短了他的壽限。從前曾經流行過這麼一種笑話：你若是對某人存心過不去而又希望他早點死掉，最好的辦法就是勸他多娶幾個小老婆。洪鈞的情形，大概正此之類。因為「尤物」型的女人一個可抵幾個普通的女人，洪鈞不幸而娶得這樣一個小老婆，其不致促壽早死者，幾希？

由於洪鈞之促壽早死，做了六年「狀元娘子」與「欽使夫人」的賽金花，失掉了有力的靠山，必須面臨新的抉擇了。

四

賽金花嫁與洪鈞作妾時，年方二十四歲；六年之後洪鈞病死，賽金花亦只三十歲。三十盛年，既無兒子，又是出身青樓的娼門中人，自然難以守志不嫁。洪鈞的元配夫人看到這一點，料定絕不能一定將她留在洪家為丈夫守節，與其日後玷辱門庭，何如及早遣去？因此在洪鈞死後，洪夫人就與賽金花公開談判，給了她五萬兩銀子，作為她離開洪家的條件。但亦另外有一項限制：賽金花將來如果仍舊重操舊業，決不可以再到北京去做生意，以便能為死者保留顏面。凡此種種，瑜壽撰「賽金花故事編年」時，曾經詳諮博詢，最後方能得出這一結論，相信當為事實。曾孟樸撰孽海花，說賽金花在扶送洪鈞靈柩回蘇的途中，就與小廝阿福一同坐了小船逃走，恐有不實。因為逃妾決不可能從洪家分得鉅貲，而賽金花在離開洪家時曾經得到五萬銀子，乃是賽金花所親口承認的。而由後來的事實看，賽金花在離開洪家後賃居上海垃圾橋保安里，不久即以「曹夢蘭」之名在上海開張妓院，正式從事花業，光是經營這門生意的本錢及居留在上海的花費，就不是少數目的錢所能應付。從洪家逃走決不可能挾帶巨貲，然則這些錢又從何而來？以賽金花之精明老到，相信決不致出此下策。小說之所以為小說，正是因為小說常常需要製造一些離奇怪誕的情節來取悅讀者之故，其中所述，固不盡可信之故。

從光緒二十年到二十四年，賽金花在上海經營妓院，前後有五年之久。據瑜壽撰賽金花故事編年所說，當開業之初，人人知道賽金花就是狀元洪鈞的下堂妾，「狀元夫人的聲名鬨動上海」，所以妓院的生意極好。她此時所嫁的丈夫名孫少棠，乃是出身商人身分的一個票友。由於二人的享用豪侈，開支浩大，妓院的收入不敷支用，幾年下來，就將洪家所帶來的五萬銀子耗用得差不多。錢用光了，在上海混不下去，必須另外設法。此時，北方的天津正逐漸發展成為一個大商埠，商業興盛，樂戶業的生意也很好做。因此她又和孫少棠開碼頭到了天津，以「金花班」的名義在天津江岔胡同開業。她在此時取名為賽金花，從此以後，「賽金花」這個名字，就正式見於各種記載了。天津密邇北京，在京津鐵路修成之後，來往極其方便。為了發展業務，賽金花也曾從天津來到北京，觀察北京方面的商業氣候。據說賽金花想把她的金花班搬到北京來，因為她認為在北京要比在天津更有發展。可是因為擔任北京步軍統領的載瀾禁止內城設娼之故，使得賽金無法租到合適的房子，遷京之議，只好作罷。其後不久，發生了義和團事件，天津情勢混亂，賽金花逃到北京來定居，開始了她此後的傳奇性故事。論其發生契機，還是由於她在天津期間。曾經多次到北京來探察情勢，預先定下了遷京計畫的緣故。

關於八國聯軍佔領北京以後賽金花的種種遭遇，知道的人太多，其訛謬不實之處，亦已在前文稍予論述，今不必多贅。所需要引述的，還是賽金花自己所說的一段話。原文見於林熙所撰「我所見到的賽金花」，其中說到他在多次訪問賽金花後，談到傳說中關於賽金花與瓦德西的種種故事時，從賽金花口中得到的資料如此：

我第一次訪問之後，過了半個月左右，獨自一人去訪問她，坐了半個鐘頭。以後又去過幾次，當然每次都有禮物送給她。她對我也熟落了，彼此之間不太拘禮，談話也不太過客套了，她才坦白地對我說，她只見過瓦德西一面而已，和他沒有什麼關係。我就指出，申報的北平通訊所載她對記者的談話，其中有該記者問她在宮裏住過幾天。她答在儀鸞殿一共住了四個月，瓦德西走時，要帶她一同往德國，她不肯；他又叫她，宮中的寶物可以隨便要，她也不敢。我問她，對記者所說的，難道完全是撒謊的嗎？她微微一笑，似是同意，歇了一會才答道：「可不是嗎？」我問：「為什麼要這樣呢？」她答得頗有道理。她說：「人們大多好奇，報館的人和讀報的人更甚。如果我對他們說真話，他們一定不信，還以為我不肯老實說。我只好胡謅一些來打發他們，滿足他們的好奇心。同時又可以博取人家對我同情，幫幫我忙。像先生您既不是新聞記者，又不是賣文餬口的人，我怎好向您說假話呢？」到此時我才明白，她為什麼要撒謊的原因。

從這一段話中可以知道，賽金花之所以要胡吹亂蓋，逢人就亂說她在八國聯軍之亂時如何和聯軍統帥瓦德西相好，如何向瓦德西爭取寬恕中國的寬大條件等等，無非因為人們都已經相信有這樣的事，為了自抬身價及趁機博取社會人士對她的同情，她不但親自加以證實，還特別加以誇大吹噓，終於使得這些故事愈來愈變得誇張離奇，論其實在，固屬子虛烏有。至於追溯此一故事的發端何自？則曾孟樸的孽海花實難辭其咎。

曾孟樸寫孽海花，其預定的宗旨，是要「以賽金花為經，以清末三十年朝野為緯，寫成一部長篇小說。」既是小說體裁的書，其中的故事難免有渲染誇張，不能信為實事。可是因為孽海花中所編織的賽金花故事實在太奇妙，與瓦德西的戀愛更為曠古奇聞，遂使此一故事隨着孽海花之暢銷而傳播四海，成了人人熟知的「歷史軼聞」。孽海花的出版在光緒三十一年，到了第二年，賽金花就成了第一號傳奇人物，以致她此時在上海所開的妓院生意鼎盛，其鬨動的程度甚且超過她脫離洪家初營妓院的情況。當她初離洪家時，人家抱着一看「狀元娘子」的好奇心而來光顧她的妓院；此時因孽海花的宣傳，她又成了人人爭欲一覩的人海奇女子，以致「京都賽寓」的戶限幾穿，由此不難知道小說宣傳所造的效果如何。在這一方面為之推波助瀾的，還有大詩人樊樊山所撰的前後「彩雲曲」，渲染賽金花的事蹟，更為誇張而諛美。彩雲曲的文字甚繁，抄一段十朝詩乘中的撮要介紹如下：

樊雲門彩雲曲，為傅彩雲作也。彩雲吳妓，負盛名，洪文卿侍郎納之。從文卿使海外，攝暈翟。傳聞駐英時嘗與女皇維多利亞宴遊攝影，蓋閨襜之奇逢，在樂籍為僅見。文卿既還使舶，旋赴玉樓，飄泊狂花，復淪曲部。其詩所謂：「章臺依舊柳毿毿，琴操禪心未許參。杏子衫痕學宮樣，枇杷門榜換冰銜」者，綺夢迷離，不堪回首矣。庚子之變，適寓鳳城，聯軍統帥瓦德西者，夙耳其名，香驄親訪，猶認藍橋，寶扇迎歸，並棲青瑣，綢繆星月，依附風雲。蠻獠服其微辭，朝吏仰其餘息。德軍挾憤而來，得稍戢淫威者，彩雲力也。後以凌虐養女故，流徙江南。雲門復作後彩雲曲，有云：「柏林當日人爭看，依稀記得芙蓉面。隔越蓬山二十年，瓊華島畔邀相見。隔水疑通銀漢槎，催妝還用天山箭。將軍攜手下瑤墀，未上迷樓意已迷。罵賊翻嗤毛惜惜，入宮自詡李師師。誰知九廟神靈怒，夜半瑤臺生紫霧。火馬飛馳過鳳樓，金蛇𦩣舑燔雞樹」，蓋指儀鸞殿被災事，或言瓦酋挈之僭居，實讆言也。……

樊樊山的前後彩雲曲，文字優美，音韻鏗鏘，其中所描述的事蹟更富於哀感頑艷之美感，與孽海花中的故事桴鼓相應，愈使人增加對賽金花的錯誤認識。尤其是彩雲曲中說到，瓦德西與賽金花同住於儀鸞殿中，忽然夜半起火，瓦德西裸體抱着賽金花於火中跳窗逃出，言之鑿鑿，一似確有其事者然。但若由黃濬所撰的「花隨人聖盦摭憶」中看來，黃濬曾以此事面詢樊增祥，問他此事是否屬實？樊增祥的回答，亦不過是「得之傳說」。然則前後彩雲曲的文字雖美，所述何嘗是信史？林熙批評他說：「樊山詩人，富於幻想。他的前後彩雲曲確是寫得很有趣，以詩言，不失佳作，如訕以為『詩史』，就未免那個了。」可謂篤論。準此而言，我們如果透過孽海花和前後彩雲曲所描寫的內容去瞭解賽金花這個人，當然是要發生錯誤的。

五

孽海花與彩雲曲把賽金花描寫成了一個富於傳奇色彩的人海奇女子。這一個千載難睹的孽海奇葩，到了晚年，卻變得落拓困窮，潦倒不堪，說起來似乎十分值得大家的同情。在賽金花的整個歷史中，這是比較不為人知的隱蔽部分，值得在此一說。

清光緒三十二年至三十四年，是賽金花在上海經營花業最順利的時間。原因是孽海花和彩雲曲這一書兩詩，使她的聲名大噪，她所開的妓院生涯鼎盛，獲利極豐。她在脫離洪家時所嫁的丈夫孫少棠，已在光緒三十一年與她脫離關係，原因是孫少棠本人並無生產能力，只靠賽金花養活，而又花費無度，對賽金花只是沈重的負擔。但是賽金花自己，亦是揮霍成性之人，錢雖賺得多，因極端浪費之故而並無積蓄。到了宣統二、三年之後，人們對賽金花所感到的新奇熱忱已經逐漸衰退，上海花界又不斷出現新的人才，賽金花的妓院受到來自同業方面的激烈競爭，生意大不如前，因此已有無法維持之苦。此時他結識了一個在滬寧鐵路任總稽查之職的曹瑞忠其人，願意與她同居。於是乃結束了她所經營的妓院，宣告從良。這一年，賽金花是四十八歲。卻不料曹瑞忠到第二年就病死了，賽金花只好三度下海，重操舊業。時為民國元年，賽金花四十九歲。其後她結識了一個曾任國會議員的江西金谿人魏斯炅，其人身材肥胖，面目黧黑，形容甚不美觀，而賽金花居然與他情好甚篤，據說由於魏斯炅在某方面有特殊才能，能夠滿足賽金花的需要之故。由此看來，洪鈞之促壽早死，與曹瑞忠之不能克享天年，都與賽金花之為「天生尤物」，大有關係。這個魏斯炅也活得並不長久，他與賽金花在民國七年正式結婚，其時賽金花五十五歲，魏斯炅的年歲則不詳。隔了三年，即民國十年，魏斯炅也死了。林庚白「孑樓隨筆」謂其死因是「以淫佚死」。由此可知賽金花實在是一個禍水，即使年將六十，仍然有其異常的稟賦，有如唐朝的女皇帝武則天一般。這一類天賦異稟的女人多半老壽，賽金花亦是如此。不過，由於她揮霍成性而又沒有豐裕的經濟來源，其老壽不死，徒然只增加了她晚年生活的窮困可憐，說起來實在無可稱道之處。

賽金花在嫁與魏斯炅的時候，恢復了她的本姓，並取名靈飛。從此以後，她就一直使用「魏趙靈飛」這個名字，還印成名片，隨時致送與前來造訪的新聞記者或文藝界人士。魏斯炅之死，對賽金花的打擊很大。原因是魏此時不但是她所深愛的男人，而且他的財產也足以維持她一定水準的生活。可是因為魏斯炅在原籍本有一妻一妾之故，賽金花雖然與他結婚，卻不能取得他的財產繼承權。一場官司打下來，賽金花敗訴，從此斷絕了可靠而豐富的收入來源。而賽金花此時已經五十八歲，雖然看起來還只像是四十多歲的女人，畢竟人老珠黃，不容易找到像魏斯炅這樣有錢的男人了。於是賽金花開始陷入極大的苦悶，也吸上了鴉片煙，企圖藉鴉片煙的麻醉忘記生活的痛苦。由此直到民國二十五年病死為止，她有二十多年的時間一直生活在窮愁潦倒的困難情況之中，景況甚為可憐。瑜壽撰賽金花故事編年，曾有關於賽金花晚年生活的訪問記錄，可以看出實際情況之一斑。文中說：

民國二十三年六月，作者到北京，兩次訪問賽，先後和她作了六小時的談話。她的居仁里十六號住屋，雖是單院獨住，卻很小，不是北京普通五合院式，而是齊眉單式。賽蓄袖珍貓四，叭兒狗二，都很俊秀華美，和她全院窮困的氣象不相稱。她的居室，是左首朝裏一間，破木床，帳被都已變色。桌上除破花瓶、火柴、茶壺、黃曆、及雜報一疊外，無他物。近床一張几上，放了一座金色雙面小自鳴鐘，是她所有陳設中最漂亮的。所着為拷綢褂褲，已很舊；藍緞鞋子。身矮，面瘦，有煙容，頭髮白的卻不很多。說話帶八成北京口音，對客謙和而不委瑣，很注意保持她的身分。顧媽旁立打扇，她完全習慣地在領受着。紙煙癮很大，統計一小時中，她吸了五枝或六枝煙。……

據瑜壽的訪問所知，賽金花此時的生活，完全靠兩種來源的收入。一種是她開在家中的佛堂，吸引附近的迷信婦女前來燒香許願，藉此為斂財之計；一種是好心訪客的餽贈與接濟，因為她的一生歷史始終是好事文人的研究對象，如瑜壽與林熙之常常前往訪問，便是每次帶着禮物餽贈的，其他訪問者的情形亦然。此時更有一位北京大學的教授劉復，計畫為她撰寫一部「賽金花本事」，希望以銷售所得的利益幫助她的生活。不料劉復中途病死，由商鴻逵負責續成的此書，出版後備受各界攻擊，沒有利潤可言。又過了兩年，賽金花老病侵尋，饑寒交迫，終於在民國二十五年的十月間因寒餓而死。死時的境況極為窮困，凄慘可憐。回想她七十三年中所曾經歷的錦衣玉食，擬於王侯的生活，真如南柯一夢。

從前人曾有句云：「美人自古如名將，不許人間見白頭。」意思是說，人間的美女乃是上天所精心琢製的完美藝術品，只適宜在綺年玉貌之時讓人充分欣賞，而不可以使她變老變醜，以免破壞此一美麗藝術品的完整形象。根據此一理論，紅顏薄命，似乎正是理所當然之事；由此方能使人產生無限的惋惜與悵惘，留下永恆的懷念與悼惜。賽金花如果亦是薄命早死，相信也會在人間留下類似的感懷。然而她卻很不幸地一直活到七十三歲，方纔因困窮老病而死，由此使人對他所留下的印象，已不復是美艷嬌媚的人間尤物，而只是老醜貧病的皤然一嫗。由比而言，賽金花的老壽，不但不像是上蒼對她的厚愛，反倒是有意的懲罰。果屬如此，上天對她的懲罰，也未免太殘酷了一些，是嗎？。

在照料其生活、治療其疾病外，還寫過許多一往情深的戀詩，事實俱在，無庸諱飾。余覺因此而指責張謇霸占其妻，亦不無理由。最荒唐不過的，又莫過於沈壽在南通病死之後，張謇竟然以沈壽的遺命為言，擅自在南通縣的黃泥山麓為沈壽營葬，墓用極厚的水泥澆製，以防止余覺之遷葬；墓上只刻「世界美術家吳縣沈雪宧女士墓」，不見余家之姓，一似墓中所葬者為未嫁無夫之女，與余覺全無關係者然。像這樣完全撇開余覺與沈壽的夫婦關係，又完全不理會余覺的丈夫權利的作法，不但使余覺十分難堪，也完全是不卹人言而一意孤行的霸道行為，又如何不使人懷疑，張謇與沈壽之間，確實有如余覺自撰的對聯中所說：「佛云，不可說，不可說。子曰，如之何，如之何」的那種情形呢？余覺和張謇都是能文之士。余覺指責張謇霸占其妻，寫了長篇累牘的「余覺沈壽痛史」，在上海最有名的小報——晶報上逐日連載；張謇為了答覆余覺的指責，也在他自辦的南通日報上刊載辯駁的文章。像這樣地雙方對罵，互揭對方瘡疤的「筆戰」，最能使報紙的讀者看得過癮。可是這兩個對罵的男人似乎都忽略了一點：像這樣互揭瘡疤式的罵來罵去，可曾想到已為所牽涉到的女主角帶來多大的困擾與痛苦呢？因為就事實而言，此時的張謇，已是行將七十的花甲老翁，他之愛慕沈壽，充其量只是精神之愛而已，於余覺的丈夫權利何損？何況沈壽更是疾病支離的帶病延年之人，她縱然因感激張謇之關愛照顧而無法峻拒張謇對她的愛慕之心，彼此間的關係亦只能到此為止，余覺又何必惟恐天下人不知，努力撰文宣揚，徒然為沈壽增加不必要的精神刺激？所以，說來說去，這一場似是而非的三角戀愛故事，實在只是余覺和張謇各逞意氣所造成的無謂糾紛，雖有三角，絕無曖昧，又如何可以將它看作一般所謂的三角戀愛故事呢？若是因傳述沈壽的歷史之故，硬要把這段莫名其妙的故事搬出來當作主要內容，以為非如此便不足以了解沈壽，那豈不是更荒謬滑稽的想法麼？

沈壽死於民國十年，距今已有六十餘年。試一檢查六十餘年來記述沈壽歷史的有關文字，幾乎沒有一篇不是以此作為主要內容，而在沈壽、余覺、張謇這三個人的關係中大做其研究考證的；至於沈壽如何能以她的聰明與努力，在刺繡工藝上得到輝煌成就的原因，反倒略而不提。以這種態度來傳述沈壽的生平，那就不免使人誤認為，沈壽在刺繡工藝上的成就實在沒有什麼太值得稱道之處，所值得談論的只是那一件使她受累無窮的三角戀愛故事而已。事情之本末顛倒，輕重不倫，恐怕沒有這樣更使人莫名其妙的了。這一篇小文，只是有關沈壽生平的傳記性文章，筆者在這裡先指出這一點，目的即在說明，一般所瞭解的所謂沈、余、張三人間的三角戀愛故事，其實不值得重視，而本文的重點除了介紹沈壽的大概生平以外，還要進一步探究沈壽在刺繡藝術的卓越成就究在何處？以及她是憑藉了什麼條件而能得此非凡成就的？沈壽在生前既已得有繡聖之名，凡此種種，正是沈壽生平事蹟中最值得重視，最與眾不同的地方。不從這些方面去瞭解沈壽，而只是搬述一些看似有趣而實無意義的傳奇性故事，又何貴乎繡聖二字之榮譽頭銜呢？

民國五十三年，臺北的暢流半月刊雜誌曾連載過錢佚樵先生所撰的「張謇與沈壽」一文，共計六萬餘字，費時一年方纔登完，其後又另出單行本，銷路亦頗不惡。此書雖然亦是余覺沈壽歷史的傳記性文字，但其重點還是放在余覺、沈壽、與張謇的三角關係上，不脫一般類似文章的窠臼。所不同的是此書的資料特詳，可信程度最高，故而不論編者與讀者，對之都相當重視。筆者今寫此文，在談到沈壽的生平大略時，必需參考此書中的資料，但寫作態度及寫作重點則與此書完全不同，所以在彼此間全無勦襲雷同之嫌。錢佚樵先生撰「張謇與沈壽」一文，費力極多，筆者在此利用其有用的資料，自當敬致感謝之忱。合先聲明，以誌謝意。

根據錢先生大著第三章，「沈壽夫人小傳」中的記述，沈壽原名雲芝，字雪君，沈壽之名，乃是她在光緒三十年因進獻所繡佛像蒙慈禧太后激賞，親書「福」「壽」二字為賜以後所改，其目的即在紀念此一非凡之殊榮。原籍江蘇吳縣，父名沈椿，居浙江鹽運使幕中凡二十年，乃是以幕賓為生的舊式讀書人。母宋氏，生三男二女，沈壽最幼。七歲時就喜愛針黹，十二歲時所習繡的花鳥，已經有人願出高價購買。十六歲時許嫁浙江紹興籍的舉人余覺，二十歲結婚，當時她的刺繡藝術已經超越最有名的露香園繡品了。余覺善畫，結婚以後，沈壽的刺繡圖案便是出自余覺的畫筆。二人朝夕共事，沈壽的繡藝益精。到了光緒三十年，沈壽以所繡佛像八幀獻呈慈禧太后而得蒙太后之激賞以後，其名益噪。慈禧太后為了發揚中國的刺繡藝術起見，特命商部在京師設立繡工科，招訓女工，傳習刺繡藝術，即命余覺沈壽二人分充總理及總教習之職。光緒三十一年，清政府派余覺偕同沈壽前往日本，考察彼邦之繡事。沈壽在留日期間，極其留心觀察日本人的刺繡方法，吸收日本之所長，以改進她自已的刺繡藝術，回國以後，技藝愈精。當時她曾繡過一幀意大利皇后的肖像，由清政府作為贈送意國政府的禮品，因為繡得實在太好而被意后視為奇蹟，致書清政府備致讚揚之外，更致贈鑽石時計及皇家徽章等物，以為答謝。民國成立後，京師繡工科已停辦，沈壽改應張謇之聘，到南通來擔任南通女子師範學校附設的女工傳習所所長。民國四年，世界博覽會在巴拿馬舉行，中國送去展覽的出品中，有一件是沈壽刺繡的耶穌像，維妙維肖，巧奪天工，獲得一等大獎，成為世界最有名的美術品，當時的價值為美金一萬三千元。此外則沈壽在四十六歲時曾繡美國女明星培克的肖像一幅，值美金五千元。至於其最後傑作，則是她在民國六年養病南通時所繡的「謙亭髮繡」，尤其是精美無比的高貴藝術品。沈壽體質素弱，來南通後，因工作繁劇而患血崩之症。張謇為愛才敬賢起見，一面為之延醫診治，一面自動割借謙亭精舍為沈壽養病之用。沈壽雖在病中，仍不肯放棄她的教學責任，終於醫藥罔效，延至民國十年六月八日病歿，享年四十八歲。其平生習繡的心得，曾由沈壽口述，張謇筆錄，撰成「沈壽繡譜若干卷」，云。

以上所述沈壽生平的概略，乃是由錢佚樵先生的大文中節錄而來。其他如左舜生所撰萬竹樓隨筆、邵鏡人撰同光風雲錄、高拜石撰古春風樓瑣記等書中，亦有關於沈壽張謇故事的記述，但都沒有錢佚樵先生所撰「張謇與沈壽」一文之始末詳贍，資料齊備。所以筆者引述沈壽生平的資料，亦以錢文為主。這不僅因為錢先生的大文敘述最詳，亦因為錢先生在文前曾有自述，凡是他所引用的資料，均得自余覺之口授，其中最重要的許多證據，並有余覺親自贈送的實物或照片可證。為了使讀者諸君瞭解錢佚樵先生撰寫「張謇與沈壽」一文的可信資格，進一步使大家確信其敘述內容之翔實可信起見，且先將錢文中關於余覺託付錢先生撰寫此文的經過情形轉錄於後，藉以見其一斑。錢文的開頭部分說：

我要編寫這篇「張謇與沈壽」，已不是一朝一夕的心願了。卅七年的秋天，我既決定舉家遷臺的前夕，走訪我師石湖老人余覺先生於滬西中行別墅他的女婿吳君的寓所。余老先生一見了我，真是歡喜極了。等到我向他稟明了要來臺灣，更堅持的要留我對飲。那一年，余老先生雖已八一高齡，但依然是耳聰目明，燈下作書，尚不架眼鏡，健飯善飲，一如少年，的是一位很少見的老人。既夕，老人出其夫人的手澤「髮繡」，和幾本舊得變了色的書籍，與一些零星的紙片，安放在我的面前，同時他很傷感的說：「我已老了，將來能不能有西窗話舊的一天，恐在可期與不可期之間。所以我非得將久藏的心事鄭重的託付，願賢樂為接納。」這時，他一面摩挲著夫人的髮繡，一面老淚涔涔，哽咽了好一會，說：

「以此託贈，聊寄別情。這是稀世的文物，價值萬金，同時也可說是一文不值的東西。夫人的一生，賢雖未及親見，但知之最深，請為之傳，俾與髮繡同垂千古。」最後，他指著桌上這堆書籍與紙片說：「這是當年我與張謇之間一段因賓主而結為親家，由親家而變為寃家，後來又由寃家恢復為親家的一些可供參證的資料，一併由你保存。將來你細看之後，希望你能拋開你和張余兩家的世誼，站在第三者的立場說句公平話，讓天下後世，不要因為任何一方面的言辭，或者以訛傳訛的當作一般才子佳人間的艷聞相看。這應該是張謇、余覺、沈壽三方面的人格的表見。」老人說到這裡，唏噓不已，同時緊緊的執著我的雙手，意思是，此一公案，要我來作一次覆正的敘述。……

由錢先生所述，余覺親自託請他將張謇沈壽之間的公案作一公平覆正的敘述，所以錢先生就在後來寫了這一篇洋洋六萬餘言的大文，詳述張謇沈壽之間的關係及張謇余覺之間的糾紛，並將余覺所交付給他的有關資料照相製版，公諸當世。從這裡可以使我們得到一些概念——由於錢先生的撰寫資料得自關係人余覺的親自交付，其可靠性當然沒有問題，比起其他若干著作之得自道路傳聞者，其可信程度高得太多了。果真如此，則錢先生根據了余覺所提供的資料，以及他早年所瞭解的此案始末，應該對張謇沈壽的有關事實得到清楚明白的認識纔是。然而，就在錢先生的敘述中，便可看出一些極其不合事實的敘述。這些不合事實的敘述裡面，有的地方足以使人窺見，余覺雖是沈壽的丈夫，但是他對沈壽的性格、才能、及藝術成就的不凡之處，並沒有很完整明白的認識。身為沈壽的丈夫，對於自己妻子竟有這麼多的隔閡，又如何能說他與沈壽之間絲毫沒有感情上的矛盾？這是一個很重要的破綻，不先加指出，就無法進一步瞭解余覺沈壽之間的夫妻感情，究竟是否如余覺所說的始終恩愛美滿，也無法確定張謇在這方面對余覺所作的指責，究竟是否有若干可信之處。現在且先將錢先生大文中的不符事實之處指陳於後，然後再作進一步的補充說明。

錢文中不符事實的敘述，見於「張謇與沈壽」一文的第三章，「沈壽夫人小傳」的結末部分。這是最重要的一點，原文說：

沈壽病重的時候，張謇擔心著像這樣的專門技藝不能流傳下去，於是他親自在病榻之旁，叩詢沈壽的鍼法。……於是不殫瑣屑的，將沈壽學繡的經過，詳為書記，並且反覆諮詢，三易其稿，歷時三月，成余沈壽繡譜若干卷。可惜這部僅有的繡譜，沒有刊行問世，現在更不知道散佚到何處去了。……

錢先生撰「張謇與沈壽」，其主要內容既然悉數得之於余覺的提供，關於沈壽口述而張謇筆錄的這部繡譜存佚問題，自然亦是得之於余覺的告知，應無疑問。然而這卻是一個極大的錯誤。因為這部有名的繡譜，早在民國七年時便由翰墨林書局為之排印出版，其時沈壽尚在，余覺對此不應毫無所知。到了沈壽病死之後，名出版家陶蘭泉認為翰墨林書局的鉛印本印刷不精，像這樣富有學術價值的藝術名著，應該以精美的印刷使其廣為流傳，方是傳播中國文化的道理。因此他又將此書收入他所編印的「喜詠軒叢書甲編」之內，以精美的印刷及精緻的裝潢重新印行，其時則民國十六年丁卯之夏間也。時至今日，翰墨林書局鉛字印行的初印本雖已不可得見，收入喜詠軒叢書甲編中的精印本則仍有流傳，紙墨精美，印刷精良，而且是線裝書的形式，凡是看過此書的人，都十分喜愛，相信它會長久地在學術文化史上流傳下去的。余覺身為沈壽的丈夫，而且克享遐齡，在民國三十七年壽逾八十之時依然耳聰目明，健飯善飲如少年之人，不知道他何以對生平摯愛不渝的沈壽所著之書，竟絲毫不知其刊刻流傳的情形如此？如果他鄭重託付錢佚樵先生的目的，真的是希望沈壽的精神不死，名傳千古，那末，他應該將重點放在對沈壽繡事的研究與了解上面，不應該捨本逐末，斤斤計較於沈壽生前所涉及的那一段似是而非的三角戀愛故事。由這種輕重倒置的情形看來，余覺之所以鄭重託付，要求錢佚樵先生務必要以第三者立場平停此一重公案，其真正的目的，或許並不是真的為了紀念沈壽，而是要藉此為自己「留芳千古」吧！果真

然，則重其人甚。明年，送一女生於京師，從之學。又明年辛亥，京師繡科罷散，壽旋天津，教繡自給。謇恐其藝之不果傳也，則於南通女師範學校附設繡工，延壽主任，始識其人。間叩所謂鍼法，紛紜連犿，猝不易曉。未幾壽病，病而劇。謇益懼其藝之不傳而事之無終也，則借以宅，俾之養病，病稍間，則時時叩所為法。壽之言曰：「我鍼法非有所受也，少而學焉，長而習焉，舊法而已。既悟繡以象物，物自有真，當傚真。既見歐人鉛油之畫，本於攝影。影生於光，光有陰陽，當辨陰陽。潛神潛慮，以新意運舊法，漸有得。既又一遊日本，觀其美術之繡，歸益有得。久而久之，遂覺天壤之間，千形萬態，但入吾目，無不可入吾鍼，即無不可入吾繡。」謇聞其言而善焉，以為一藝事也，而有廣大精微之思，而壽一女子，於繡得之也。乃屬其自繡之始迄於卒，一物一事，一鍼一法，審思詳語，為類別而記之。日或一二條，或二三日而竟一條。次為程以疏其可傳之法，別為題以括其不可傳之意。語欲凡女子之易曉也，不務求深；術欲凡學繡之有徵也，不敢涉誕。積數月而成此譜，且復問，且加審，且易稿，如是者再三，無一字不自謇出，實無一語不自壽出也。……

張謇的這一段話，雖然是自述寫作此書之緣起，但其中也透露出了沈壽對於刺繡之領悟及其進步的過程。以中國畫中的山水、人物、花鳥與西洋畫中的同類事物相比較，中國畫重神韻而不重形似，西洋畫則先求形似然後旁及精神。所以西洋畫注重光線明暗，距離遠近，及物體之大小位置等實質條件，中國畫則只是隨意為之而不加講究。等而下之的中國畫匠之畫，在刻意求似之外，又不同時注意光線的明暗及距離遠近等等的差別，那就既不像西洋畫也不像中國畫，純粹只是工筆素描而已。以沈壽的繡製品與同時人的繡製品相比，沈壽的繡製品好像是上乘的西洋油畫，明暗面清楚，距離的遠近合宜，鍼法細緻，畫面極為生動悅目，幾乎不能令人相信那是出自鍼線所繡製而成；至於同時人的其他繡製品，畫面非不鮮麗奪目，形像非不神似，然而各種顏色的調配都不甚措意，又沒有所謂明暗面與遠近距離，結果就使所繡製的繡品只是一幀手工精美的好看東西，根本不具備真善美的藝術三要件。關於這些問題，歷來所有記述沈壽生平事蹟的文章都不曾談到過，但在雪宧繡譜這本書中都有明白的記述，足以使我們看出，沈壽之所以能夠被人稱為繡中之聖，確實是有她不平凡的成功條件的。因為這也是有關沈壽生平的重要環節，不瞭解這些，就不能進一步窺見她的性格、愛好，與得病之原因，必須加以注意。所以應先將雪宧繡譜中的有關部分資料摘抄一部分於後，藉以明瞭沈壽之為人。

雪宧繡譜第四章「繡要」，論「妙用」一節說：

> 色有定也，色之用無定。鍼法有定也，鍼法之用無定。有定，故常；無定，故不可有常。微有常弗精，微無常弗妙。以有常求無常在勤，以無常求有常在悟。昔之繡花卉無陰陽，繡山水亦無陰陽，常有一枝之花而數異其色，一段之山，一本之樹，而歧出其色者，藉堆垛為燦爛焉耳，固不可以繡有筆法之畫，與天然之景物。余憾焉，故不敢不循畫理，不敢不師真形，雖謂自余始，不敢辭也。言乎色，若余繡耶穌像，稿本油畫，繡意大利皇后像，稿本鉛畫，皆本於攝影。影因光異，光因色異，執一色以貌之而不肖，潛心默會，乃合二三色穿於一鍼，肖焉。旋悟雖七色可合而和也，分析之雖百數十色亦可合而和也，故曰：色之用無定也。……

沈壽不滿意舊時刺繡只是藉堆垛色彩為燦爛畫面的笨拙方法，更覺得攝影與西洋畫之所以能逼真而神似，是因為畫面上有明顯的光線強弱區分之故，因此她要將攝影與西洋畫的這一長處融合到刺繡之中，在力求刺繡畫面之逼真與神似之外，進一步更能藉繡線色彩區別之精，藉畫面色澤之美麗，勝過那些只有簡單色調的西洋油畫，與全無色彩之美的鉛筆畫及攝影畫。由於她的鍼法高妙，表達的能力極強，最後所能得到的結果，自然能精麗華美，巧奪天工，遠駕於一切繪畫與攝影所能達到的表達效果之上。沈壽之所以能達到這一水準，除了聰明與悟性之外，更重要的，還需要有小心謹慎的技巧，與持之以恆的耐心，否則又如何能在長達幾個月始能完成的工作時間中，始終以細膩的鍼法來完成極其繁難的刺繡工作呢？由此而言，刺繡不但可以培養人的敬業精神，也可以磨鍊人的品性，使他們或她們在不知不覺中養成小心翼翼的工作態度，從而學成謹慎而有耐性的人。雪宧繡譜同一章中的「績性」一節說：

繡，小技也，有儒者致曲之誠；女紅也，有君子研幾之學焉，其引端在績性。績性從審查筆法，體物形態始。繡一切花卉、鳥獸、人物、山水之有陰陽面者，若何而濃，若何而淡，若何而高與遠，若何而下與近，若何而動靜不同，若何而正側忽變，若何而勢便，若何而情得，非績其性不能。而於鏡攝及鉛畫油畫之見在人像，於人像之口角眼角鬚髮，則尤宜加績焉。余往者嘗求肖所繡之像，而欲得其神，費數十分或數十刻之時間，反覆審視而忽有得；及其既得，則只著一二鍼，一呼吸之頃耳，性之不可不績如此。言其用，則繡鬚髮之線較鬚髮為細，細則易斷。知其易斷，則落鍼須輕，起鍼更須輕，起鍼時之小指尖用以撇線者，亦須輕。此皆非績性不可者。況審勢也，配色也，求克也，肖神也，妙用也，無一而不須績性。而績性非第耐性之謂。耐性，靜象也。績性則靜中有動，動中有靜焉。觀人之繡者，觀其鍼跡之勻淨與否，而測其性之安靜與否者，十輒得七八。則刺繡之須縝其性，豈非要務哉？

沈壽在「刺繡須縝性」這一點上，能講出這一番大道理，足見她是一個十分小心縝密而富有最大耐心之人，否則她決繡不出刺繡工藝上空前絕後的精品，最後並且終於博得繡聖的雅號。但是，長時間在繡棚架前耗費極大的精神與耐性，畢竟是一件十分傷身的工作；刺繡愈精，工作愈勤，對於健康的斲傷亦必愈甚，這必定是不易之理。而在雪宧繡譜第七章「繡節」中，沈壽自己就有坦白的陳述，說：

余自笄齡，晝夜有作，嘗過夜分，炷燈代燭。及於為婦，未懈而績。中饋之餘，晷催漏促，坐是致疾，傷及任督。令我權之，二時而足，或起或行，稍間而復。是謂繡節，致余忠告。

由這段話的敘述中可以知道，沈壽之所謂「繡節」，乃是刺繡工作應該在工作時間上有所節制之意，否則便不免損及健康，非養生所宜了。沈壽在自己的健康已經遭受嚴重斲傷之後方纔了解到這一點，足見她的健康便是因早年時刺繡工作過度而受到重大傷害的，所以然之故，一方面固然是為了生活問題，另一方面也可能與家庭問題有關。這兩種可能性中的後一種，明顯地與她的丈夫余覺有關，而余覺在他所寫一切有關沈壽的文章中從不提及，足見他的文章頗有不實不盡之處，不能以他的一面之辭作為「天下後世之公論」。現在且將錢佚樵先生「張謇與沈壽」一文中所述，張謇在這些地方對余覺所作的攻擊，引述一段於後，以見其一斑。錢文第五章第一節，「張謇的控訴」云：

沈壽是從他學詩學字的弟子，又是他的親家。這位識大體明大義的女藝術家，因為遇人不淑，幽憂抑鬱，以至於病，以至於死。他為哀悼沈壽的才藝德行，所以必需要為這位女親家仗義執言。又因為要說明沈壽的遇人不淑，更直溯到余覺當年向沈家求婚的情形。他說：當年余覺向沈家求婚的時候，沈家本不同意。但因余覺的任智給辯，載卻載求，同時沈母怵於余氏為獨子，深恐求婚不遂，余覺要走向尋死出家的消極途徑，就這樣，沈母動了不忍之心，始應訂婚的。余覺的這種求婚方式，張謇比作「雄鳩之佻巧」，他認為這段婚姻根本是勉強的。沈壽既嫁之後，事繡必至夜分，而白天裏裏外外的家務，又都由她一人去操作，一日三餐，從不假手於人。沈壽因為不勝久立之苦，賴小凳；用一足更番半跪，冰汲暑爨，終歲無一刻之閒，工作的苛細，甚至旁及小姑的盥澡。沈壽婚後如此的艱辛，而余覺竟毫不加以憐惜，實非人情。婚後三年不孕，即置篷室，使沈壽受氣傷心。余覺平日令沈壽日供六簋，與寵姬酣飲宴樂，而沈壽自以二蔬侍太夫人。此等事，直是浪子的行為。……

張謇後來與余覺成了生死寃家，由他口中說出來的攻訐之言，當然不能完全作數，但也有若干地方是可以相信的。比如說沈家當初並不樂意將沈壽許嫁余覺，所以這段婚姻根本就很勉強；以及沈壽婚後操持家務過勞，三年不孕，余覺即行娶妾；平時與寵姬日事飲樂，沈壽卻只能以蔬食自奉等等，必定與事實相去不遠。老報人包天笑先生所撰的釧影樓回憶錄中，也有一段專記余覺與沈壽之事。據說他在宣統元年南京舉行南洋勸業會時初次晤及余覺沈壽夫婦，在他們的寓所中就看到余覺的兩個姨太太。余覺並為之介紹，說是準備將她們送往日本學刺繡，以便將來能作沈壽之傳人。包先生在這段話之後，接著說：

辭出後，我想，沈壽自己也不過三十，竟讓她的丈夫納妾，而且一納就是兩人，誰說婦女善妒是天性呢？

這幾句，已經是很重要的參考資料了，而包先生在這幾句話後面所加的按語，則更為重要，原文所說如此：

按，後知沈壽有隱疾，性冷感症，故亦無所出。

將包天笑先生所提供的這些資料與雪宧繡譜中的沈壽自述，及張謇對余覺的攻訐理由互相比看，我們可以確定一件很重要的事實，即是沈壽早年所患的疾病，確實是因刺繡工作的過度勞累而起，而她所患之病則是因經血不調而起的婦人隱疾，時下的新名詞稱之為「性冷感症」。得有這種病症的婦女，對男女間的床笫之事沒有興趣，因之纔會使余覺有足夠的理由去娶小老婆，而且一娶就是兩個！關於這個問題，沈壽的自述中就曾明明白白的說過：「及於為婦，未懈而續。中饋之餘，晷催漏促。坐是致疾，傷及任督。」所謂「任督」，就是人身中的任脈與督脈。黃帝內經素問篇「上古天真論」釋「任脈」云：

女子七歲，腎氣盛，齒更，髮長。二七而天癸至，任脈通，大衝脈盛，月事以時下，故有子。註：「任脈衝脈，皆奇經脈也。衝為血海，任主胞胎，二者相資，故能有子。」

又，難經「二十八難」對於督脈的解釋是：

督脈者，起於下極之俞，並於脊裏，上至風府，入屬於腦。

這些文字的解釋雖然不能與現代醫藥的觀點相合，但有些事實仍是可以瞭解的。此即是古時人所說的任脈與督脈，乃是人身發育及榮衛極有關係的重要血脈。傷及督脈的後果如何雖不可知，傷及任脈，必將使發育期間的少女月經受阻，進一步影響其以後的生育能力。這就分明與包天笑先生所說，沈壽「身患隱疾」的情形若合符節了。沈壽因刺繡過勞而致幼年時發育不良，結婚以後的情形更為嚴重，當然會影響到夫婦間的性生活，造成了余覺的納妾原因。余覺納妾，固然可以看作是他對沈壽有欠憐惜體諒；但沈壽在勤勞持家之外，不但需要每日以美食供奉余覺與其二妾的口腹之享，她本人還不能中輟她在刺繡工作方面所必需支付的體力消耗，這豈不將使她本來並不健康的身體，更遭受嚴重的損傷麼？從這些地方可以證明，沈壽的病，還是與家庭生計及婚姻生活這兩種因素有關，而余覺實不能辭卸責任。

余覺生平，只中過一個舉人。清朝的讀書人，從科舉考試中得官甚難。除了一甲三名的狀元、榜眼、探花可以榜下即授翰林外，點入翰林院的，需要教習三年期滿，考試及格以後方纔得授為翰林院的編修、檢討之職，如果只是普通的一名進士。則不論是內任部曹或外任知縣，都需要在吏部候補，往往一候十年，尚不能得缺。兩榜出身的進士猶且如此，一榜出身的舉人又那來作官的機會？此所以余覺在中舉之後並不求官，只與沈壽合作從事刺繡工藝，余覺作畫而沈壽刺繡，藉此得貲以解決他們夫婦的生活問題也。但這裡面也就出現了一些問題：余覺作畫甚易，沈壽將畫刺成繡品，就非經年累月不為功。沈壽因經年累月的長時間勞動而累壞了身體，余覺則在逍遙自適之中還對沈壽之不能適應他們之間的床笫生活而別置篷室，又復不恤其勞苦而仍以家事相責，這樣的為夫之道，顯然就是張謇可資以提出指責的理由了。就事論事，沈壽在家庭經濟方面作出了如此巨大的貢獻與犧牲，余覺實在不應該只把她當作製造鈔票的機器看待，一方面侈言夫婦之感情美滿，一方面儘情與寵姬享受他們之間的畫眉于飛之樂，這種夫權至上的男性沙文主義，即使是在重視舊禮教的當時，恐怕也不是常人之所能忍受的吧！張謇在這些地方為沈壽仗義執言，也不是全無理由。不過，沈壽畢竟是一個溫柔賢淑而每事自甘忍讓的舊式女人。她自己在傷心命苦之外甘心隱忍不較，卻沒法忍受這兩個自稱極端愛她的男人，把她當作鬥爭的工具，明爭暗鬥之不足，竟然還要在報紙上公開這些並不好聽的「新聞」，毫不顧及沈壽對此事的感受。張謇指責余覺應對沈壽之因病致死負責，說沈壽之病起因於余覺之納篷室，使「沈壽受氣傷心」，其後更因備受余覺之欺淩，「而致於含怨積憤而死」，所說誠非全無理由。但是，像張謇這樣在南通日報上公然撰文侮蟣的作風，難道又不會使沈壽傷心氣痛麼？明於責人而闇於責己，在余覺張謇這兩個人的行為上都可以看到明顯的事實，然則我們又豈能完全相信他們的指責之言呢？

張謇所撰的張季子詩錄卷七，有「惜憶四十八截句」，味其詩意，完全是在沈壽病死之後，張審為懷念他與沈壽間的交誼而作，其中有幾首充滿了他對沈壽的想念之情，可以相信張謇之於沈壽，確實是傾倒之至，情難自禁。抄錄幾首於後，以略見其一斑。

感遇深情不可緘，自梳青髮手摻摻。繡成一對謙亭字，留證雌雄寶劍函。

割宅分牆自一家，乘春暖暖七香車。釵頭燕好新過雨，燭頂蟲祥已報花。

棐几當年絲褥隨，料量留贈有餘悲。誓將薄命為蠶繭，始始終終裹雪宧。

曾指西山有有亭，亭邊割壤葬娉婷。那堪宿約成新讖，丹旐來時草尚青。

張謇為沈壽所作的詩，諸如此類而且更為露骨的，還有。余覺將這些詩作為把柄，公開指責張謇恃勢霸占其妻，雖不免有自彰其醜的笑話，而張謇流露在這些詩中的戀情，卻也是有目共睹之事，賴也賴不掉的。對於這重公案，余覺雖然以為他所說的就是「天下後世之公理」，其實並不很對。照筆者個人的淺見，以為包天笑先生寫在釧影樓回憶錄中的話，纔是比較客觀的公論。現在也將它抄在下面：

平心而論，張謇余覺，都有不是處，而沈壽最是可憐。她以身懷隱疾，專精藝術，兩方竟挾以相爭，釀成似是而非的三角戀愛，怎得不憤鬱以促其生命呢？其最無聊者，張忽自作多情，寫出了許多纏綿悱惻，鴛鴦蝴蝶派的詩詞，貽人口實。這位殿撰公，算是怎麼一回事呢？

包天笑以為張謇之大做戀情詩是自作多情，沈壽之促壽早死更是因為這兩個無聊男人挾以相爭所給她帶來的憤鬱難伸而起，都很合於事實。對於張謇之自作多情，他的心理狀態是容易瞭解的。因為張謇在南通素來有土皇帝之稱。他出身狀元，官至總長，在南通擁有極大的事業。挾此聲勢與才名，已足以籠罩一切，何況他當時年已六十有五，足夠資格倚老賣老了。他恃有年齡身分才學等等條件為護符，相信不會有人懷疑他對女人還會存有覬覦之心，藉口愛惜人才而對沈壽表示愛慕，所謂此心可對天地，又有甚麼可以落人口實的？他卻不曾想到，余覺居然會利用這種不尋常的形勢對他大肆攻擊，毫不顧忌地加以過分渲染，適足以為三方面帶來不利的影響，實非其始料所及。至於余覺，他為甚麼要在這種情勢之下公然指責張謇霸占他的妻子，完全不管他自己與沈壽也將成為被人議論指摘的對象呢？這誠然是一個十分微妙的問題，很值得深入探討一番。

清朝初年，冒辟疆的愛姬董小宛被清人掠奪北去，傳說她後來成了順治皇帝的寵妃。冒辟疆一方面不甘心愛姬被奪，一方面又不敢公然說明董小宛是被滿清人掠奪北去的，因此他就以董小宛被掠之時作為她的死時，聲言董小宛於順治八年正月初二日得急病而死，廣徵名流題詠，以後又將這些題詠的詩詞與各方友好的弔唁誄辭彙為一書，刊刻出版，題名「同人集」，與他所自撰的憶念之文「影梅菴憶語」一併廣為流傳。由於同人集及影梅菴憶語這兩本書中都充滿了閃爍恍惚的疑似之言，讀此書者，對於董小宛究竟是真死抑假死的問題發生了極大的興趣，由此而使董小宛即董鄂妃的傳說成了清宮最大的疑案，連帶地使冒辟疆的大名也因董小宛之事而流傳千古。名小說家高陽先生撰寫董小宛與冒辟疆的故事，曾引清順治時人丘石常的詩，以為此是冒辟疆的有意安排，目的即在為自己製造知名度。丘石常之原詩如此：

銀河只隔水盈盈，詔下文姬不許行。
才貌如卿值一死，風流無主奈多情。

嫌寵嬌鳥鬧何日？抱柱迂生哭有聲。
聞道南宮皆賜配，夢中囈語望成名。

丘石常此詩，似乎隱指董小宛在入宮以後，原有希望可由原夫領回；而冒辟疆則因志在藉此成名之故而不往領回，終使董小宛老死宮中。故此詩之最末一句直揭冒辟疆用心之深刻，指出他重名之心勝於愛董小宛之心，故而他寫在影梅菴憶語中的種種傷心悼惜之言，也就都成了矯揉文飾之辭，不盡可信了。董小宛與冒辟疆之間的當初情形是否果屬如此？這是另一個可以研究的問題。但若以此況彼，所謂「夢中囈語望成名」也者，如果用來描寫余覺，倒似乎沒有什麼不妥當的地方。因為余覺本來無籍籍之名，被他藉了這個似是而非的三角戀愛故事大鬧一番以後，知道沈壽張謇的人，就不會不知道余覺了。人死留名，豹死留皮，余覺希望在千秋之後還能夠留名青史，其出發點本來沒有什麼不對。只是，他所用的方法實在有欠光明。余覺如果真的只是希望藉此而留名千古，他的用心未免太深刻，也未免太愧對他的賢妻沈壽了。

Do人物07　PC0369

中國古代名女人

作　　者／蘇同炳
主　　編／蔡登山
責任編輯／林泰宏
圖文排版／楊家齊
封面設計／秦禎翊

出版策劃／獨立作家
發 行 人／宋政坤
法律顧問／毛國樑　律師
製作發行／秀威資訊科技股份有限公司
地址：114 台北市內湖區瑞光路76巷65號1樓
電話：+886-2-2796-3638　傳真：+886-2-2796-1377
服務信箱：service@showwe.com.tw
展售門市／國家書店【松江門市】
地址：104 台北市中山區松江路209號1樓
電話：+886-2-2518-0207　傳真：+886-2-2518-0778
網路訂購／秀威網路書店：https://store.showwe.tw
國家網路書店：https://www.govbooks.com.tw

出版日期／2014年1月　BOD一版　**定價**／490元

|獨立|作家|
Independent Author
寫自己的故事，唱自己的歌

中國古代名女人 / 蘇同炳著. -- 一版. -- 臺北市 : 獨立作家, 2014.01
面 ;　公分. -- (Do人物. 7 ; PC0369)
BOD版
ISBN 978-986-90062-8-6(平裝)

1. 女性傳記

782.22　　102025343

國家圖書館出版品預行編目

讀者回函卡

感謝您購買本書，為提升服務品質，請填妥以下資料，將讀者回函卡直接寄回或傳真本公司，收到您的寶貴意見後，我們會收藏記錄及檢討，謝謝！如您需要了解本公司最新出版書目、購書優惠或企劃活動，歡迎您上網查詢或下載相關資料：http:// www.showwe.com.tw

您購買的書名：________________________________

出生日期：________年________月________日

學歷：□高中（含）以下　□大專　□研究所（含）以上

職業：□製造業　□金融業　□資訊業　□軍警　□傳播業　□自由業

□服務業　□公務員　□教職　□學生　□家管　□其它_____

購書地點：□網路書店　□實體書店　□書展　□郵購　□贈閱　□其他

您從何得知本書的消息？

□網路書店　□實體書店　□網路搜尋　□電子報　□書訊　□雜誌

□傳播媒體　□親友推薦　□網站推薦　□部落格　□其他__________

您對本書的評價：（請填代號　1.非常滿意　2.滿意　3.尚可　4.再改進）

封面設計____　版面編排____　內容____　文／譯筆____　價格____

讀完書後您覺得：

□很有收穫　□有收穫　□收穫不多　□沒收穫

對我們的建議：________________________________

____

____

____

請貼
郵票

11466
台北市內湖區瑞光路 76 巷 65 號 1 樓
獨立作家讀者服務部 收

（請沿線對折寄回，謝謝！）

姓　　名：____________ 年齡：________ 性別：□女　□男

郵遞區號：□□□□□

地　　址：____________

聯絡電話：(日) ____________ (夜) ____________

E-mail：____________